SOCIÉTÉ

DES

ANCIENS TEXTES FRANÇAIS

MÉLIADOR

I

MÉLIADOR

PAR

JEAN FROISSART

ROMAN COMPRENANT LES POÉSIES LYRIQUES

DE

WENCESLAS DE BOHÊME, DUC DE LUXEMBOURG ET DE BRABANT,

PUBLIÉ POUR LA PREMIÈRE FOIS

PAR

AUGUSTE LONGNON

TOME I

PARIS

LIBRAIRIE DE FIRMIN DIDOT ET Cie

RUE JACOB, 56

M DCCC XCV

JOHNSON REPRINT CORPORATION
11 Fifth Avenue, New York, N.Y. 10003

JOHNSON REPRINT COMPANY LIMITED
Berkeley Square House, London. W. 1

Publication proposée à la Société le 20 juin 1894.

Approuvée par le Conseil dans sa séance du 21 novembre 1894, sur le rapport d'une Commission composée de MM. Gaston Paris, Raynaud et Roy.

Commissaire responsable :

M. G. Raynaud.

First reprinting, 1965, Johnson Reprint Corporation
Printed in the United States of America

INTRODUCTION

L'existence d'un livre de Froissart intitulé *Meliador* est clairement établie par deux allusions qu'y fait cet auteur, l'une dans les *Chroniques*, l'autre dans le *Dit du Florin*, à l'occasion de son séjour à Orthez, chez le comte de Foix, Gaston Phébus, vers la fin de 1388. Voici d'abord celle que renferment les *Chroniques* :

L'accointance de luy a moy fut telle pour ce temps que je avoye avecques moy porté un livre, lequel j'avoie fait a la requeste et contemplation de monseigneur Wincelaut [1] de Boesme, duc de Luxembourg et de Brabant, et sont contenues ou dit livre, qui s'appelle de Meliador [2], toutes les

1. Kervyn de Lettenhove a imprimé *Wincelant,* mais il faut lire évidemment *Wincelaut,* conformément au vers 302 du *Dit du Florin.*

2. L'édition de Kervyn de Lettenhove donne ici *Meliader,* et antérieurement Buchon avait imprimé *Meliadus,* en indiquant la variante *Melliades.*

chansons, ballades, rondeaulx et virelais que le gentil duc fist en son temps ; lesquelles choses, parmy l'imagination que j'avoie de dittier et de ordonner le livre, le conte de Fois vit moult voulentiers. Et toutes nuits après souper, je luy en lisoie, mais en lisant nulluy n'osoit sonner mot, ne parler, car il vouloit que je fuisse bien entendu [1].

Froissart est un peu plus explicite dans le *Dit du Florin :*

Car toutes les nuis je lisoie
Devant lui et le solaçoie
D'un livre de Melyador,
Le chevalier au soleil d'or,
Le quel il ooit volentiers,
Et me dist : « C'est un beaus mestiers,
« Beaus maistres, de faire tels choses. »
Dedens ce romanc sont encloses
Toutes les chançons que jadis,
Dont l'ame soit en paradys,
Que fist le bon duc de Braibant,
Wincelaus dont on parla tant ;
Car uns princes fu amourous,
Gracïous et chevalerous,
Et le livre me fist ja faire
Par tres grant amoureus afaire,
Comment qu'il ne le veïst onques.
Après sa mort je fui adonques
Ou pays du conte de Fois,
Que je trouvai larghe et courtois,
Et fui en revel et en paix
Près de trois mois dedens Ortais,
Et vi son estat, grant et fier,

1. *Œuvres de Froissart*, édition de l'Académie royale de Belgique, tome XI des *Chroniques*, p. 85.

Tant de voler com de chacier.

. . . .

Revenir voeil a mes raisons.
Gaston, le bon conte de Fois,
Pour l'onnour dou conte de Blois,
Et pour ce que j'oc moult de painne
Tamaint jour et mainte sepmainne
De moi relever a minuit,
Ou temps que les cers vont en bruit,
Sis sepmainnes devant Noel
Et quatre après, de mon ostel
A mie nuit je me partoie
Et droit au chastiel m'en aloie.
Quel temps qu'il fesist, plueue ou vent,
Aler m'i convenoit. Souvent
Estoie, je vous di, moulliés,
Mès j'estoie bel recoeilliés
Dou conte, et me faisoit des ris :
Adont estoiie tous garis,
Et aussi, d'entrée premiere,
En la salle avoit tel lumiere,
Ou en sa chambre, a son souper,
Que on y veoit ossi cler
Que nulle clareté poet estre;
Certes a paradys terrestre
Le comparoie moult souvent.
La estoie si longement
Que li contes aloit couchier,
Quant leü avoie un septier
De foeilles. Et a sa plaisance
Li contes avoit ordenance
Que le demorant de son vin,
Qui venoit d'un vaissiel d'or fin,
En moi sonnant, c'est chose voire,
Le demorant me faisoit boire,
Et puis nous donnoit bonne nuit.

En cel estat, en ce deduit,
Fui je a Ortais un lonc tempoire;
Et quant j'oc tout parlit l'istoire
Dou chevalier au soleil d'or
Que je nomme Melyador,
Je pris congié, et li bons contes
Me fist par la chambre des contes
Delivrer quatre vins florins
D'Arragon, tous pesans et fins,
Des quels quatre vins les soissante,
Dont j'avoie fait frans quarante,
Et mon livre qu'il m'ot laissié,
Ne sçai se ce fut de coer lié,
Mis en Avignon sans damage [1].

Des deux témoignages que nous venons d'emprunter à Froissart lui-même, il ressort clairement que le roman de *Meliador* avait été composé à la demande de Wenceslas de Bohême, duc de Luxembourg et de Brabant, et que son auteur y avait enchâssé toutes les poésies lyriques de ce prince. Il en résulte aussi que le livre n'était pas terminé lors de la mort de Wenceslas en 1383 et qu'il présentait un certain développement, puisqu'à raison de « sept feuilles » par veillée, la lecture qu'en fit Froissart à Gaston Phébus n'avait pas duré moins de dix semaines [2]. Mais jusqu'à ces dernières années,

1. *Œuvres de Froissart*, édition de l'Académie royale de Belgique, tome II des *Poésies*, pp. 228-231.

2. C'est-à-dire soixante-dix jours environ, ce qui semble indiquer que l'exemplaire lu par Froissart au château d'Orthez se composait de 500 feuilles en chiffre rond. Il est donc probable que « feuille » doit être pris ici au sens de « page » et que le

on ne savait rien de plus de *Meliador* et c'était tout à fait gratuitement que Dinaux [1] désignait ce roman comme le livre offert par Froissart, lors de son dernier voyage en Angleterre, au roi Richard II [2].

La découverte que nous fîmes en 1891 de quatre fragments de cet ouvrage dans la reliure de deux registres des Archives nationales permit alors de constater que *Meliador* était un poème de la Table-Ronde et vraisemblablement le plus moderne des poèmes de ce cycle, car M. Gaston Paris signalait récemment comme tel *Escanor,* de Girard d'Amiens, composé un siècle auparavant, vers l'an 1280 [3].

manuscrit en question, comprenant 250 feuillets environ, présentait une disposition sensiblement analogue à celle des deux manuscrits aujourd'hui connus.

1. *Les trouvères brabançons, hainuyers*, etc., p. 153.

2. L'affirmation de Dinaux est tout à fait contraire à l'assertion de Froissart, dont nous croyons utile de reproduire les paroles même : « Et avoie de pourveance fait escripre, grosser et enlu- « miner et fait recueillier tous les traittiés amoureux et de mora- « lité que, ou terme de XXXIIII ans, je avoie par la grace de Dieu « et d'Amours fais et compilés..... Et voult veoir le roy le livre « que je luy avoie apporté. Si le vey en sa chambre, car tout « pourveü je l'avoie, et luy mis sus son lit. Il l'ouvry et regarda « ens, et luy pleut tres grandement, et bien plaire luy devoit, car « il estoit enluminé, escript et historié, et couvert de vermeil « velours à dix clous attachiés d'argent dorés et roses d'or ou « milieu, a deux grans frumaus dorés et richement ouvrés ou « milieu de roses d'or. Adont me demanda le roy de quoy il « traittoit. Je luy dis : d'Amours. » (*Œuvres de Froissart,* édit. de l'Académie royale de Belgique, t. XV *des Chroniques,* pp. 141 et 167).

3. *Histoire littéraire de la France,* t. XXXI, p. 153.

Aujourd'hui, grâce au manuscrit 12557 du fonds français de la Bibliothèque nationale que nous eûmes le plaisir de pouvoir identifier avec le livre composé par Froissart à la requête du duc Wenceslas, il nous est permis d'offrir aux amis de notre ancienne littérature le texte presque entier du roman de *Meliador*.

I. — ANALYSE DE *MELIADOR*.

Le sujet du poème est en lui-même assez simple. Afin d'échapper aux trop pressantes poursuites d'un outrecuidant chevalier, l'héritière présomptive du trône d'Écosse a fait vœu d'épouser le guerrier qui, après cinq années d'épreuves, sera proclamé le plus vaillant. Mais, en raison du grand nombre des chevaliers qui prennent part à la quête de la belle Hermondine, l'action est singulièrement touffue. Un reproche plus grave encore doit être adressé à Froissart : l'intérêt du lecteur se concentre à certains moments sur des personnages qui, dans une œuvre mieux composée, ne se présenteraient pas avec le même relief. Agamanor et Phénonée d'une part, Sagremor et Sébille de l'autre, font trop souvent oublier les véritables héros du roman. Dans ces conditions, une analyse un peu détaillée du poème nous a paru absolument nécessaire, afin de permettre au lecteur de se rendre un compte exact de la marche du récit et de se reporter plus facilement aux épisodes qui auraient attiré son attention.

Hermond, roi d'Écosse, qui avait épousé la sœur de Loth, seigneur de Montgriès, en Northumberland, reste veuf après sept ans de mariage, avec une fille unique, Hermondine. Contraint de soutenir contre le roi de Suède une longue guerre où l'accompagne son beau-frère, il confie la jeune princesse aux soins de Florée, fille de Loth, et les deux cousines demeurent ensemble au château de Montgriès. Non loin de là se trouvait le château de Camois, appartenant à un chevalier du nom de Camel. Les hasards d'une chasse au cerf conduisent un jour Camel jusque sous les murs de Montgriès, en un préau où il sonne l'hallali. Il accepte l'hospitalité de Florée; mais, malgré les instances de celle-ci et par un motif qu'il ne saurait avouer, il refuse de passer la nuit à Montgriès : il était, en effet, atteint de somnambulisme, et, malgré toute sa bravoure, il n'avait point coutume de dormir sans être veillé (v. 364).

Camel s'en retourne donc de nuit à Camois ; mais, poussé par l'amour, il revient le mois suivant à Montgriès. Cette fois, Florée pénètre les sentiments de Camel à l'égard d'Hermondine et ne lui montre au départ qu'une politesse assez froide. Elle fait part de sa découverte à la jeune princesse, et, pour préserver celle-ci de la recherche d'un chevalier sujet à des accès de somnambulisme, elle décide qu'à l'avenir Hermondine ne paraîtra plus devant lui. A une troisième visite de Camel, Florée explique l'absence de la princesse par une indisposition. Une autre fois, l'entrée du château lui étant refusée sous prétexte de l'état de santé de Florée, il laisse à l'adresse d'Hermondine une lettre par laquelle il déclare son amour. La situation apparaît alors à Florée pleine de périls, mais l'achèvement de la guerre vient la tirer d'embarras, car le roi Hermond rappelle sa fille près de lui (v. 1019).

Après cinq ans et demi d'absence et à la grande joie de chacun des leurs, Loth est rentré à Montgriès et Hermondine au château royal de Signandon où son père exprime le désir de la marier. Cependant Camel, impatient d'une réponse, se met en chasse et poursuit, dans la direction de Montgriès, un cerf qui vient mourir à la porte de cette place. Au son de l'hallali, Loth sort du château, fait bon accueil à Camel qu'il connaît de longue date, et l'invite à souper; mais le seigneur de Camois, informé du départ d'Hermondine, quitte Montgriès moins joyeux qu'il n'y était entré. Furieux de sa déconvenue, il charge une sienne cousine d'exprimer son mécontentement à Florée et de l'avertir qu'il se vengera sur Loth, si elle ne fait pas revenir Hermondine auprès d'elle. Florée s'excuse de son mieux, mais elle ne parvient pas à apaiser la colère de Camel qui se décide à agir (v. 1205).

Sous le prétexte d'un différend entre ses gens et ceux de Loth, Camel ne tarde pas à lui déclarer la guerre. Il s'empare de la personne de Loth et l'emmène prisonnier à Camois; il adresse ensuite message sur message à Florée, la menaçant de faire périr son père en prison, si elle ne consent pas à s'employer pour lui. Florée vient alors à un rendez-vous que Camel lui a assigné et ce chevalier lui fait connaître le prix qu'il met à la liberté de Loth : elle devra se rendre auprès d'Hermondine et la disposer à accepter le seigneur de Camois pour époux. Florée se résout à faire le voyage d'Écosse, après avoir obtenu « assurance » pour la terre de Montgriès. Après qu'elle est partie, Camel se relâche un peu de sa rigueur envers Loth; il promet à celui-ci de lui rendre la liberté et même d'amender le dommage qu'il lui a causé, si Florée réussit dans la mission qu'elle a entreprise (v. 1483).

Arrivée à Signandon, après un voyage de cinq grandes journées, Florée informe Hermondine du malheur de Loth ainsi que des prétentions de Camel, et elle lui demande son sentiment. La princesse demande quinze jours de réflexion, quinze jours durant lesquels le roi d'Écosse reçoit pour elle cinq demandes en mariage : trois de rois, deux de ducs. Pressée par son père, elle se garde bien de lui dire ce qui la préoccupe non moins que Florée et s'excuse sur sa jeunesse : elle n'a point encore quatorze ans révolus. Enfin, sur les conseils de sa cousine, elle déclare au roi Hermond qu'elle a fait vœu d'épouser le chevalier qui, en la cour du roi Artus, sera, après cinq années d'épreuves et de l'aveu de tous, reconnu pour le plus vaillant. Florée estime que cet arrangement, grâce à une lettre qu'Hermondine écrira à Camel, est de nature à donner satisfaction à celui-ci, sans engager cependant l'avenir d'une façon irrévocable. Après avoir pris l'avis de ses conseillers, le roi Hermond condescend au vœu de sa fille : il envoie six chevaliers à la cour du roi Artus, à Carlion, pour faire connaître les conditions de la quête, c'est-à-dire du concours, et, sous la dictée de Florée, Hermondine écrit à Camel une lettre destinée à le convaincre que tout a été combiné pour favoriser son amour (v. 2198).

Florée, prenant alors congé du roi d'Écosse et d'Hermondine, rentre à Montgriès. Le lendemain même de son retour, elle se rend à Camois et remet à Camel la lettre de la princesse. L'annonce de la quête, qu'elle lui représente comme un artifice imaginé en sa faveur, le comble de joie. Il remet donc son prisonnier en liberté, l'accompagne durant plus de deux lieues et revient en son château, convaincu qu'il sera un jour époux d'Hermondine et roi d'Écosse (v. 2446).

L'été venu, le roi Artus songe à donner une fête qui est fixée à la Pentecôte. A cet effet, il envoie des messagers à Tarbonne, vers le duc de Cornouailles, Patris, dont le fils Méliador, âgé de dix-huit ans environ, donne les plus grandes espérances. Si le duc y consent, Méliador sera fait chevalier à la fête prochaine. Le duc ayant répondu affirmativement, Méliador se rend à Carlion : il est au nombre des deux cents nouveaux chevaliers que crée le roi Artus et remporte le prix aux joutes qui ont lieu à cette occasion. Alors que les fêtes se terminaient par un dîner d'adieu, arrivent les six chevaliers envoyés par le roi d'Écosse, accompagnés d'un héraut sur le bouclier duquel est représentée une dame vêtue de bleu et portant couronne d'or en tête, image de la belle Hermondine. Le héraut proclame la quête et en fait connaître les conditions : elle aura pour juges douze guerriers nommés, moitié par le roi Hermond, moitié par le roi Artus; tout chevalier qui y prendra part ne devra emmener avec lui qu'un seul écuyer et il lui est interdit de faire connaître son nom. Cette annonce est accueillie avec enthousiasme par tous les gentilshommes bretons, et les six chevaliers écossais, comblés de présents par le roi et la reine de Bretagne, partent de Carlion cinq jours après l'achèvement des fêtes pour rentrer à Signandon auprès de leur souverain qui les entend avec plaisir faire l'éloge d'Artus (v. 3219).

Méliador, demeuré à la cour du roi de Bretagne, décide qu'il participera à la quête. Pour se différencier des autres prétendants, il portera comme signe distinctif des parures bleues en l'honneur d'Hermondine et ornera son bouclier d'un soleil d'or. Il s'ouvre de son dessein à Lansonnet qu'il a choisi pour écuyer et le charge de faire préparer son équipement, à Carlion, tandis qu'il retournera passer quelques jours à Tarbonne. Lorsque tout est prêt, il quitte cette ville, sans prendre congé de sa famille et court les aventures. Il se mesure tout d'abord avec Fernagus, qu'il désarçonne et qui, en tombant, se casse le bras. Il apprend ensuite, dans un manoir où il reçoit l'hospitalité, qu'un tournoi aura lieu prochainement devant le château de la Garde et il se remet en route (v. 3503).

Méliador rencontre Gobart des Marais, joute avec ce chevalier qu'il blesse au bras droit et lui ordonne d'aller à Carlion rendre compte du combat au roi Artus. Plus loin, il trouve une petite compagnie de trois damoiselles et de trois écuyers, en quête d'un champion disposé à défendre la dame de Carmelin contre les entreprises d'un chevalier nommé Agamar. Il se dirige donc vers Carmelin, tandis que Camel de Camois, à qui un ordre d'Hermondine interdit de quitter la contrée où il demeure, garde le pays contre tous chevaliers errants, se mesure avec les guerriers que lui envoie Florée et envoie tenir prison à Montgriès ceux d'entre eux qui se rendent à lui (v. 3815).

Méliador arrive à Carmelin où il est reçu à grande joie. Il en sort presque aussitôt pour combattre Agamar, le défait et le reçoit à merci. Après avoir juré désormais de vivre en paix avec ceux de Carmelin et s'être engagé d'aller conter son aventure au roi de Bretagne, le chevalier vaincu recouvre la liberté. Le lendemain, Méliador rencontre sur la route Aramé, oncle (ou cousin) d'Agamar, qui chevauchait vers Carmelin dans l'espoir de venger la défaite de son parent et qu'en raison de la similitude des parures il prend pour son adversaire de la veille. L'oncle est vaincu comme l'avait été le neveu, et le chevalier au Soleil d'Or lui ordonne de déposer les armes à Carmelin avant de partir pour Carlion où il devra faire au roi Artus le récit de ce nouveau combat. Méliador n'est point seul alors à parcourir la Grande Bretagne quérant les aventures, d'autres chevaliers se sont mis en route dès la première année de la quête, cherchant les combats et la gloire. Plus de vingt-quatre chevaliers, ou même plus de deux cent quarante, brûlent de se mesurer avec lui, chacun d'eux voulant surpasser les autres en prouesse et en renommée (v. 4466).

Parmi les preux qu'animait l'espoir de conquérir Hermondine, Agamanor, originaire de Normandie; était l'un des plus distingués. La couleur de ses parures le faisait appeler le Chevalier Rouge et son écuyer répondait au nom de Bertoulet. L'avantage lui demeure dans une rencontre avec le vaillant Agaiant, et il envoie son adversaire témoigner de ce fait d'armes à Carlion. Le même jour, il défait un autre chevalier appelé Gondré et s'en vient coucher au Destour-Manoir, où il entend parler d'un tournoi qui doit se tenir à la Garde, aussi bien que des exploits du chevalier au Soleil d'Or. Le lendemain, il se remet en route, l'esprit tout occupé de la belle princesse d'Écosse (v. 4731).

C'est aussi l'amour d'Hermondine qui avait porté Gratien à quitter l'Italie, sa patrie, pour courir le monde, en compagnie de son valet Manessier. Chevauchant un jour dans une forêt, son attention est éveillée par les cris plaintifs d'une damoiselle nommée Florée, que le félon chevalier Bégot, venait d'enlever à la maison paternelle. Il prend la défense de la jeune fille et force le traître à demander merci. Ce Bégot s'étant précédemment mesuré avec Méliador, avait failli à la promesse d'aller à Carlion rendre compte du combat dans lequel il avait eu le dessous. Gratien ramène Bégot et Florée au château de Montgoffin, chez les parents de la damoiselle, fort heureux de revoir en santé une enfant qu'ils croyaient perdue à jamais, et l'on décide que le déloyal chevalier sera conduit par six ou sept des vassaux de Montgoffin à la cour du roi Artus qui prononcera sur son cas (v. 5192).

Gratien, quittant le château et recevant de la jeune fille un annelet, se déclare à tout jamais son chevalier et lui dit son intention de participer au tournoi de la Garde. Le lendemain même, il trouve une nouvelle occasion de se signaler en attaquant et en tuant un ours qui menaçait la vie d'une autre damoiselle, la sœur d'un jeune chevalier de la quête, Clarin, gravement blessé dans une rencontre avec Camel. La jeune fille avait failli être victime de sa tendresse fraternelle : c'était effectivement en allant puiser de l'eau à une fontaine, par laquelle Clarin se flattait de l'espoir de recouvrer la santé, qu'elle avait rencontré le terrible animal. Elle remercie son sauveur [qui la ramène saine et sauve au château paternel] (v. 5500).

Un autre chevalier de grand renom, Dagoriset, loge un certain soir chez un vieillard, Banidan, dont le fils, de même nom, s'était aussi engagé dans la quête. Il se plaint de n'avoir trouvé depuis longtemps déjà aucune aventure digne de lui, mais Banidan, a eu la veille pour hôte un autre chevalier, également avide de rencontres, et fournit à Dagoriset quelques indications qui lui permettront de le rejoindre : c'est Hermonicet, de Carthage. Le lendemain, tous deux joûtent ensemble, déployant l'un et l'autre un grand courage, sans qu'on puisse décider lequel est le meilleur chevalier. Lassés enfin de combattre sans résultat, ils se quittent en prenant rendez-vous au tournoi de la Garde (v. 5807).

Gratien pénètre dans le Northumberland, et le hasard dirige ses pas vers les bois, où, par ordre d'Hermondine, se tient Camel de Camois, lequel a déjà tué en combat singulier cinq ou six chevaliers et en a envoyé plusieurs autres tenir prison à Montgriès. Il frappe à la porte de ce château, y est reçu par Florée, et comme il témoigne le désir de se mesurer avec quelqu'un des prétendants à la main d'Hermondine, la fille de Loth lui parle de Camel. Le seigneur de Camois, aussitôt avisé de l'arrivée de Gratien, vient le combattre sous les murs de Montgriès et le défait. Le vaincu, contraint de rendre les armes, est livré comme prisonnier à Florée qui apprendrait volontiers la mort de Camel, car, en dépit de la valeur de ce chevalier, elle ne ressent aucune amitié pour lui (v. 6087).

Après cette nouvelle victoire, Camel rentre à Camois. Il serait heureux d'aller au tournoi de la Garde et voudrait qu'Hermondine l'y autorisât. Il le lui demande par une lettre que Florée est chargée de porter à son adresse. Hermondine inclinerait à donner l'autorisation que sollicite un si brave guerrier, mais Florée est d'un avis contraire. Elle pense que sa cousine doit éviter tout ce qui pourrait amener le succès final de Camel : malgré sa valeur, ce chevalier est indigne de la princesse, en raison des accès de somnambulisme auquel il est en proie et qu'elle lui révèle. Hermondine se déclare convaincue, et Florée lui indique alors la ligne de conduite qu'il y a lieu de tenir à l'égard de Camel : elle se rendra au tournoi de la Garde avec l'espoir d'y rencontrer un chevalier capable de vaincre le seigneur de Camois. Elle prend alors congé de la fille du roi d'Écosse et, de retour à Montgriès, elle notifie à

Camel l'ordre de continuer à garder sa « frontière »; celui-ci s'y soumet. Florée part ensuite pour la Garde, en compagnie d'Argente, sa chambrière, et prend en route Argentine, la damoiselle de Carmelin (v. 6489).

Revenons à Méliador qui se rend au tournoi, brûlant de s'y distinguer et d'attirer ainsi l'attention de la princesse d'Écosse qui occupe toute sa pensée. Parmi les deux cents chevaliers réunis pour les joutes qui ont lieu devant le château de la Garde, Agamanor est évidemment l'un de ceux qui recueillent le plus de gloire; mais, de l'avis de tous, c'est le chevalier au Soleil d'Or qui emporte l'honneur de la journée et Florée le juge digne d'être opposé à Camel. Les joutes terminées, Méliador se retire au logis qu'il occupait la veille et c'est en son absence qu'on lui décerne le prix du tournoi, un épervier. Les fêtes se prolongent durant plusieurs jours et plusieurs nuits, et c'est seulement le quatrième jour après le tournoi que chacun songe à rentrer chez soi (v. 7094).

Camel, informé du retour de la damoiselle de Montgriès, vient entendre de la bouche de celle-ci les nouvelles du tournoi. Florée lui dit les prouesses du chevalier au Soleil d'Or, le héros de la journée, et, faisant aussi l'éloge du Chevalier Rouge, elle fait naître chez le seigneur de Camois le désir de se mesurer avec ces preux : il prie donc la jeune fille de vouloir bien l'avertir au cas où l'un ou l'autre serait vu dans le pays. Au courant du mois, Florée va passer en Écosse quelques jours auprès de sa cousine, pour l'entretenir de l'espoir qu'elle met en Méliador. Dans le même temps, les chevaliers du roi Artus qui avaient assisté au tournoi de la Garde rentrent à Carlion et font à ce monarque le récit de la journée, récit qu'on enregistre aussitôt (v. 7240).

Tandis qu'Agamanor se remet en route fort soucieux, Méliador chevauche le cœur plein d'espérance. Le troisième jour après son départ de la Garde, il joute sans résultat avec Sorelais, un vaillant chevalier. Sorelais court le monde sur l'ordre d'une dame, qui, en récompense de la gloire qu'elle voudrait le voir acquérir, lui a promis son amour. A la prière de Méliador, il chante un virelai qu'il a composé en souvenir de sa belle, et les deux chevaliers prennent ensuite congé l'un de l'autre (v. 7566).

Parlons maintenant de Phénonée, la sœur de Méliador. Son père a vu, à la cour du roi Artus, l'épervier qu'on a décerné au vainqueur des joutes de la Garde. Elle s'informe de celui-ci et pense que ce peut bien être son frère. Pour l'attirer à Tarbonne, elle prie le duc Patris de vouloir bien ordonner un tournoi semblable à celui dont il vient d'être parlé. Patris y consent et envoie en tout pays des hérauts pour annoncer la fête. La nouvelle en arrive à Méliador qui se promet bien d'assister à ce nouveau tournoi (v. 7730).

Le chevalier au Soleil d'Or poursuit son chemin et, certain jour qu'il sommeillait dans un bocage, entre Montgriès et Carmelin, passe une demoiselle accompagnée d'un page : c'était Florée dont Camel se servait pour rabattre vers lui les chevaliers errants qu'elle pouvait rencontrer. Après avoir éveillé Méliador par le chant d'un rondeau, elle lui dit l'histoire de Camel et l'origine de la quête : il devra donc, ou se mesurer avec le seigneur de Camois, ou lui abandonner ses armes et s'engager à ne plus jamais penser à la princesse d'Écosse. La jalousie mord Méliador au cœur : il s'informe si ce Camel, qui lui semble un amant favorisé, a paru au tournoi de la Garde et se dit fort heureux d'avoir à combattre avec un guerrier aussi renommé. Il accompagne donc à Montgriès Florée, qui, à sa targe, le reconnaît enfin pour le chevalier au Soleil d'Or. Le combat aura lieu le lendemain ; en attendant, la demoiselle conduit Méliador à la chambre où sont déposées les armes des chevaliers vaincus par Camel. Il examine d'abord les blasons de dix chevaliers prisonniers et reconnaît les armoiries de plusieurs qu'il délivrerait volontiers ; il considère ensuite les blasons de dix autres chevaliers qui ont mieux aimé mourir que de se rendre. Il ressent alors une grande admiration pour la valeur militaire du seigneur de Camois ; mais il déclare néanmoins que son blason prendra le onzième rang parmi ceux des morts ou que Camel mourra de sa main (v. 8650).

On soupe et, dans la soirée, Florée fait dire au seigneur de Camois que le héros du tournoi de la Garde est à Montgriès, disposé à le combattre. Camel se présente le lendemain de bon matin, et se montre tout d'abord assez dédaigneux pour Méliador. Les deux chevaliers en viennent aux mains et font l'un et l'autre de grandes merveilles d'armes. Camel parvient à blesser son adversaire à l'épaule et l'accable de railleries. Bientôt après cependant, Méliador lui coupe le bras dont il tenait l'épée. Le seigneur de Camois, qui a eu un moment l'idée de fuir, se ravise et tente de frapper Méliador au cœur à l'aide de sa targe ; mais le chevalier au Soleil d'Or pare le coup et lui enfonce l'épée dans la gorge. Camel n'est point le seul dont l'amour ait causé la mort : le poète rappelle le souvenir de quelques-unes des plus fameuses parmi les victimes de ce sentiment. A la vue du cadavre de Camel, Florée sent que désormais elle peut vivre en paix, et elle le fait transporter à Camois. La première pensée de Méliador, en rentrant à Montgriès, est de faire sortir de prison les dix chevaliers auxquels on rend leurs armes et leurs chevaux, et qui reçoivent de Florée l'ordre d'aller se présenter au roi Artus. On s'occupe ensuite de la blessure du héros dont la guérison exigera un mois au moins. Tandis qu'on le soigne à Montgriès, les dix chevaliers qu'il a délivrés arrivent à Carlion, où on enregistre le récit des prouesses accomplies par le chevalier au Soleil d'Or, et chacun d'eux se remet en route pour tenter de nouveaux exploits (v. 9364).

Pendant que Méliador est retenu par sa blessure au château de Montgriès, une remarquable aventure arrive à quatre lieues de cette place. Alors que tant de chevaliers songent à se distinguer par leurs faits d'armes, deux frères, Savare et Feughin, ont quitté la maison qui les abritait l'un et l'autre pour tenter les chances de la quête, s'entourant, d'un commun accord, de toutes les précautions nécessaires pour sauvegarder leur incognito. Un certain jour, ils se rencontrent en Northumberland, à la lisière d'une lande et d'un bois; ils joutent ensemble comme deux braves chevaliers qu'ils sont, et Feughin blesse grièvement Savare. Il est désespéré en reconnaissant son frère dans l'adversaire qu'il a mis en si mauvais point; mais Savare le rassure et assume toute la responsabilité de ce malencontreux engagement. La litière qui venait de conduire à Camois le corps de Camel sert à transporter le blessé à Montgriès, où la demoiselle du lieu accueille fort courtoisement les deux frères. Alors que Feughin y prodigue ses soins à Savare, Méliador recouvre la santé et prend congé de Florée, dans l'intention de courir de nouvelles aventures (v. 9603).

Florée, voyant Méliador disposé à partir, lui remet un anneau à secret, à l'intérieur duquel se lit une inscription qui le désigne d'une façon suffisamment claire et dont il ignore l'existence : elle prie le chevalier au Soleil d'Or de le porter en souvenir d'elle jusqu'au jour où il pourra dignement l'employer, et celui-ci en prend l'engagement. Méliador quitte alors Montgriès. Florée, après l'avoir suivi des yeux aussi loin qu'elle a pu, écrit à la princesse d'Écosse pour lui apprendre la mort de Camel et lui fait porter la lettre par un écuyer (v. 9770).

Méliador chevauche à travers le Northumberland en songeant à Hermondine et il parvient ainsi jusqu'à la Severn. Remontant alors le cours de cette rivière qui arrose tout le royaume de Norgalles, il rencontre bientôt une demoiselle qui, avec sa suite, venait de descendre d'un bateau, et il s'informe de l'objet de son voyage. Une riche héritière de la contrée, la demoiselle de Montrose, orpheline avec un frère trop jeune encore pour lui être d'un grand secours, l'a envoyée auprès du roi Artus pour implorer la protection de ce prince contre quatre chevaliers ses voisins, quatre frères, qui la veulent dépouiller de sa terre. Méliador offre ses services; on les accepte. Après le coucher du soleil, il s'embarque avec la messagère et arrive le lendemain à Montrose où chacun se réjouit de sa venue. Les ennemis de la jeune dame sont aussitôt avisés de l'arrivée d'un champion déterminé à les combattre. Les quatres frères se nomment Madrigais, Balastre, Cobastre et Griffamont; le plus âgé n'a que vingt ans et ils visent tous quatre à acquérir le renom de parfaits chevaliers (v. 10431).

Le château de Montrose, que Jules César a fait construire sur un bras de la Severn, a depuis quitté ce nom pour celui de Chepstow. Méliador y reçoit un accueil digne de lui, et bientôt les quatres chevaliers viennent le défier et poser les conditions de la lutte. L'un d'eux se mettra d'abord à la disposition du champion de Florence, la dame de Montrose: si celui-ci le défait, il aura le lendemain affaire à un autre adversaire; de même le troisième jour si le sort lui demeure favorable; enfin, au cas d'une nouvelle victoire, il devra se mesurer le quatrième jour avec celui qui n'aura point encore combattu. Ils règlent ainsi l'ordre de bataille, afin de n'encourir aucun reproche, et trois d'entre eux se retirent (v. 10509).

Griffamont a obtenu de ses frères de se mesurer le premier avec le chevalier au Soleil d'Or, mais il est bientôt forcé de se rendre, et Méliador l'emmène prisonnier au château de Montrose. Ses trois frères se concertent pour le combat du lendemain où Cobastre a le même sort que Griffamont. Tandis que Méliador prend quelque repos après cette seconde victoire, arrivent au château de Montrose un chevalier errant et son écuyer égarés depuis quatre jours dans le pays de Galles. Tangis, c'était le nom du chevalier, est accueilli par la demoiselle et, au récit que lui fait Florence de l'entreprise de Méliador, reconnaissant dans celui-ci le héros du tournoi de la Garde, il n'hésite pas à déclarer qu'elle ne pouvait trouver un meilleur champion. Par discrétion, il n'accepte point l'offre qui lui est faite d'entrevoir le chevalier au Soleil d'Or, mais il témoigne le désir d'assister cependant à l'issue de la lutte engagée. Après l'avoir recommandé à ses gens, Florence prend congé de lui et le laisse avec son écuyer (10960).

Méliador, qui s'est éveillé assez tard dans l'après-midi, se remémore une ballade qu'il a faite en l'honneur de sa dame et, bientôt après, on le vient quérir pour souper. Le lendemain matin, Balastre se présente pour lutter contre lui, et Tangis assiste auprès de Florence au combat que termine une troisième victoire du chevalier au Soleil d'Or. Madrigais, envisageant alors les divers aspects de la situation, s'arrête à l'idée de traiter avec la dame de Montrose de la délivrance de ses frères : il lui adresse à cet effet un chevalier qu'accompagne un héraut. Sur l'avis de Méliador, Florence consent à la paix, moyennant que les quatre frères iront à la cour du roi Artus faire l'aveu de leurs torts et s'engager par serment à servir en toute occasion leur ennemie de la veille. Madrigais accepte les conditions qui lui sont faites. Tangis prend sur ces entrefaites congé de la dame de Montrose et s'embarque sur la Severn dans une nacelle qui le conduira à Bristol; là il prendra la mer afin d'arriver en temps utile au tournoi de Tarbonne (v. 11532).

Méliador quitte également Montrose par eau dans le dessein de se rendre à Tarbonne. Le premier jour, tout marche à souhait et il entre en mer; mais, bientôt une tempête s'élève qui se prolonge durant toute la nuit. Le lendemain, au jour, il descend à terre avec ses compagnons dans l'île de Man où s'établira bientôt le roi des Cent Chevaliers : le gros temps le force à y séjourner quatre jours entiers. Au cinquième jour, des pêcheurs de harengs lui disent qu'il est entre Irlande et Écosse : il s'informe alors s'il existe non loin de là quelque ville, grande ou petite, et il apprend que de l'autre côté de la mer se trouve Aberdeen, d'où viennent les pêcheurs et où ils retourneront le lendemain. Méliador se décide alors à partir avec les pêcheurs et débarque à Aberdeen, tout désespéré de renoncer au tournoi de Tarbonne (v. 11827).

Lansonnet, son écuyer, le reconforte, en lui représentant l'heureuse chance qui l'amène en Écosse, à moins d'une journée du château de Montségur qu'habite Hermondine. Il lui conseille de s'introduire auprès de la princesse sous un habit emprunté, en se présentant comme joaillier et Méliador se range à cet avis. Lansonnet achète alors chez les orfèvres d'Aberdeen quantité de joyaux; le chevalier y joint l'anneau, don de Florée, qui lui semble le plus joli de tous et qu'il pense offrir en étrenne à la belle Hermondine. C'est donc en vêtement noir de marchand, les mains noires comme celles d'un homme de cet état et des souliers à noyaux aux pieds, que Méliador quitte Aberdeen pour se rendre à Montségur en compagnie de son écuyer et d'un garçonnet qui lui sert de guide (v. 12066).

Le prétendu joaillier arrive à Montségur où il se loge en une maison peu distante du château, et, grâce aux bons offices de Fromonde la Grise, il obtient d'être introduit auprès de la princesse. Il lui offre tout d'abord, à titre d'étrenne, l'anneau qu'il tient de Florée : il a grand besoin de vendre, dit-il, et cédera sa marchandise à bon compte. Hermondine retient tout l'assortiment et elle en distribue une partie à ses demoiselles : pendant ce temps, Méliador contemple à loisir la dame de ses pensées. Après avoir dîné en compagnie des suivantes d'Hermondine, il reçoit l'argent qui lui est dû pour les joyaux et quitte le château avec moins de plaisir qu'il n'y était entré, regrettant surtout que la princesse ignore les dangers qu'il a courus pour l'amour d'elle. Accompagné de Lansonnet qu'il a rejoint sur la route, il prend congé de dame Fromonde avant de retourner à Aberdeen. Cheminant ensuite toujours plein de mélancolie, il compose une ballade dans laquelle il se dit plus infortuné que Narcisse et, après une nuit passée dans la ville écossaise, il va de nouveau en quête d'aventures (v. 12616).

En apprenant des mariniers qui ont accompagné Méliador jusqu'en Écosse leur malencontreux voyage, la dame de Montrose est fort émue, car elle prévoit bien que son sauveur ne pourra se rendre au tournoi de Tarbonne. A l'époque fixée, des chevaliers de tous pays viennent se loger aux environs de Tarbonne, où le roi Artus, de son côté, avait envoyé plusieurs de ses gens pour prêter au duc Patris l'appui de leur expérience en matière de joutes. Dans la plaine où devait avoir lieu le tournoi, on venait de construire des tribunes pour les dames et les demoiselles. Parmi les deux cents vaillants chevaliers qui prennent part à la fête, on voit briller au premier rang Gratien, Tangis, Dagoriset et surtout Agamanor, le Chevalier Rouge, que son adresse fait bientôt remarquer de Phénonée ; mais, pressentie par sa mère, la duchesse Aliénor, la jeune fille essaie de se donner le change : à l'en croire, ses regards ne cherchent qu'à deviner son frère, et, les exploits du Chevalier Rouge aidant, elle en vient à penser que ce preux et Méliador ne font qu'un. La retraite sonnée, les valets venus au devant de leurs maîtres enterrent les morts et transportent les blessés en litière, tandis que l'on prépare au château souper et fête de nuit auxquels les damoiseaux assistent en costume de ville. Après le souper, le prix du tournoi (un faucon) est décerné au Chevalier Rouge et, comme on ne sait où trouver le vainqueur, il est convenu que l'oiseau sera porté sans retard à la cour du roi Artus (v. 13262).

Agamanor, demeuré à la fête, se complaît dans la vue de Phénonée pour laquelle il ressent un amour profond, mais il se retire au point du jour et confie ses sentiments à Bertoulet. Les divertissements se prolongent encore durant trois jours et trois nuits, et lorsqu'ils sont terminés Phénonée se croit tellement certaine de l'identité de son frère et du Chevalier Rouge qu'elle adopte pour elle-même la devise de celui-ci, une dame blanche, se proposant de la faire porter à un sien chevalier, en la brisant d'un faucon blanc par allusion au prix du tournoi. Ayant obtenu à cet effet le consentement de son père le duc Patris, elle investit de sa nouvelle devise un jeune chevalier, Lionnel, que de réelles qualités recommandaient à son choix et elle l'envoie courir les aventures à la recherche du Chevalier Rouge : s'il parvient à le joindre et à reconnaître en lui Méliador, il devra lui révéler l'objet de sa mission. Lionnel ne tarde pas à quitter Tarbonne, se dirigeant vers le Northumberland. Le second jour de sa quête, il rencontre le Chevalier Noir et, après l'avoir vaincu, il l'adresse à Phénonée qui seule pourra l'autoriser à reprendre les armes (v. 13602).

Au lendemain de son départ de Tarbonne, Agamanor blesse en combat singulier un chevalier qu'on nomme Corbillier. Deux jours plus tard, il croise la dame de Montrose qui, menant à la cour d'Artus les quatre frères vaincus par Méliador, lui raconte ce dernier exploit du chevalier au Soleil d'Or. Après avoir, le soir même, vaincu dans une joute Conse, un autre chevalier, il continue sa route vers le Northumberland où l'attend plus d'une aventure marquante ; mais il n'est pas possible de les mentionner toutes (v. 13906).

C'est également en Northumberland que chevauchait Méliador. Le cœur navré de n'avoir pu se rendre à Tarbonne, il voit à distance une compagnie de dames et de chevaliers vers laquelle il dépêche Lansonnet et apprend ainsi de son écuyer que ce sont là les gens chargés de porter à la cour d'Artus le prix du tournoi de Tarbonne. En continuant sa route, il joute avec Gerpin, un cousin de Florée, et ce chevalier, grièvement blessé, lui indique le chemin à prendre pour rencontrer les cousins de Camel qui tiennent le pays dans l'espoir de venger la mort de leur parent. Gerpin se rend ensuite au château de Montgriès pour y recevoir les soins de Florée; guéri, il prend congé de cette damoiselle en même temps que Feughin et Savare qui se séparent de nouveau (v. 14217).

Florée part de son côté en Écosse pour voir la jeune princesse, sa cousine. Chemin faisant, elle a l'occasion de s'entretenir de Méliador avec la damoiselle de Montrose qui s'en revenait de Carlion. Arrivée à Montségur, elle annonce la mort de Camel à Hermondine qui ne peut se défendre de quelque pitié pour ce vaillant homme dont elle a involontairement causé la mort ; mais Florée lui met vite la conscience en repos. Elle aperçoit alors au doigt de la princesse l'anneau de Méliador, anneau dont elle lui révèle l'origine et le secret. Durant trois jours, elle ne cesse de faire l'éloge du chevalier au Soleil d'Or et de raconter ses prouesses, faisant naître ainsi chez Hermondine le désir de juger par elle-même du mérite de ce héros. La princesse cherchant un honnête moyen d'y parvenir, Florée ouvre l'avis qu'elle prie le roi son père de vouloir lui accorder un tournoi : la dame de la Garde et la fille du duc de Cornouailles ont eu chacune le leur, Hermondine peut bien avoir aussi le sien. Le roi Hermond ne résiste pas à un si bon argument et il envoie immédiatement des hérauts proclamer le tournoi qui aura lieu, à cinq semaines de là, devant Signandon, tournoi dont le prix sera une blanche épée. Signandon *(Snowdon)*, qu'on nomme aujourd'hui Estruvelin *(Stirling)*, est un fort château d'Écosse et la résidence la plus ordinaire du roi Hermond. Il y a là un bel emplacement pour le tournoi qu'on prépare (v. 14777).

Méliador, qui parcourait alors le Northumberland, se rencontre avec Lionnel qu'il désarçonne. Remis en selle par Lansonnet, le chevalier de Phénonée dit la mission dont il est chargé ; le fils du duc de Cornouailles n'a garde de se faire connaître au messager de sa sœur, mais lui témoigne beaucoup de courtoisie. On se sépare et Lionnel se trouve bientôt face à face avec Agamanor ; celui-ci, le voyant porter sa propre devise, le met en demeure d'expliquer sa conduite. Aux raisons qui lui sont données, le Chevalier Rouge ne peut répondre qu'une chose : s'il a effectivement remporté le prix à Tarbonne, il n'est pas cependant le frère de Phénonée, à laquelle il serait heureux d'appartenir. Elle lui fait grand honneur, ajoute-t-il, d'« encargier » sa devise et il autorise bien volontiers son chevalier à la porter. Sur ces entrefaites, arrive un héraut écossais qui convie l'un et l'autre des deux interlocuteurs au tournoi qui se tiendra quatorze jours plus tard, à Signandon, et ils promettent de s'y rendre (v. 15346).

Mais revenons à Méliador et à ce qui lui advint après qu'il eût vaincu Gerpin. A la recherche d'un nouvel adversaire, il trouve Tangis le Norois, l'invite à jouter avec lui et le met en assez mauvais point. Le soir venu, il loge chez une dame veuve, et apprenant d'elle qu'un tournoi doit avoir lieu à Signandon, il se met en devoir d'y aller. Deux jours plus tard, se croisant avec Sansorin, un chevalier de quête, il éviterait volontiers le combat pour ne pas manquer le tournoi, mais Sansorin est le parent de Camel et brûle de se mesurer avec le vainqueur de son cousin. Mal lui en prend cependant, car, grièvement blessé à son tour, il est contraint de se faire soigner dans un manoir voisin, tandis que Méliador parvient en temps utile à Signandon où tout est préparé pour le tournoi (v. 15957).

Plus de cent chevaliers de quête sont présents à l'ouverture de la fête et, parmi eux, Méliador et Agamanor que Florée signale tout d'abord à l'attention d'Hermondine. Tous deux s'y couvrent de gloire; mais, lorsqu'ils sont enfin aux prises l'un avec l'autre, le fils du duc de Cornouailles désarçonne Agamanor. La valeur de celui-ci n'en fait pas moins une forte impression sur le roi Hermond. Dès maintenant, toutefois, c'est Méliador que les hérauts désignent comme devant recueillir l'honneur de la journée, et le chevalier au Soleil d'Or s'efforce de justifier leurs prévisions. Agamanor n'abandonne pas cependant tout espoir de triompher et ses beaux faits d'armes lui valent de nouveaux applaudissements. Cependant le combat cesse avec le jour et chacun rentre à son logis pour se préparer à la fête de nuit où Méliador s'entend décerner le prix du tournoi (v. 16742).

Le vainqueur se tient à l'une des portes de la chambre où vient d'être proclamé le résultat et, lorsque passe Florée, il la prie à voix basse de ne point oublier le chevalier qui la délivra de Camel; mais cet appel n'attire pas sur lui l'attention de la damoiselle qui, le prenant pour un valet, passe en lui répondant assez négligemment. Croyant alors qu'on le méprise, il se désespère. Mais ses paroles reviennent à l'esprit de Florée, qui prétexte une indisposition subite pour prendre congé d'Hermondine et quitter la fête : elle espère bien avoir de la sorte quelque nouvelle de Méliador. En effet, son manège n'a pas échappé au chevalier qui la rejoint et se fait reconnaître. Elle l'emmène alors dans une chambre et, après avoir intéressé à la personne de ce preux la chambrière préférée d'Hermondine, elle fait dire à la princesse d'Écosse qu'elle souffre de la fièvre et la prie de venir. Elle ménage ainsi aux deux amants une entrevue qui se termine seulement au point du jour (v. 17764).

Tandis que la princesse essaie de prendre quelque repos avant de reparaître à la fête, Méliador rentre à son logis de la veille pour en partir quelques heures plus tard, en quête de nouvelles aventures. Le lendemain, il rencontre les messagers que la dame de Valerne envoyait aux fêtes de Signandon, pour chercher quelque appui contre les entreprises de son voisin, le seigneur de Châtel-Orgueilleux, et il accepte de prendre sa cause en main. Mais revenons un moment à Tangis de Sormale qu'une malencontreuse blessure a retenu deux mois durant au Brun-Manoir, l'empêchant ainsi de participer au tournoi de Signandon : à peine remis en route, la voix publique lui apprenait le nouveau succès du chevalier au Soleil d'Or. Cependant, celui-ci arrive auprès d'Yvore, la dame de Valerne, et, se mesurant presque aussitôt avec messire Buin, il fait grâce de la vie à ce vaillant homme sous condition de foi et hommage à celle que jusqu'ici il n'a cessé de persécuter. Dès le lendemain matin, Méliador quitte Valerne et se dirige vers le pays de Galles, en songeant à la princesse d'Écosse pour l'amour de qui il compose un rondelet (v. 18463).

Lionnel, le chevalier auquel Phénonée a confié la recherche de Méliador, s'est rendu au tournoi de Signandon, dans le but de faire à sa maîtresse le récit de cette journée. Il revient ensuite à Tarbonne et lui rend compte de sa mission.

La fille du duc de Cornouailles, amenée à reconnaître que son cœur l'a trompée, prie Lionnel de tenir cette aventure secrète, le remercie de la peine qu'il a prise et le retient auprès d'elle (v. 18734).

Méliador rencontre un écuyer menant en litière son maître grièvement blessé par les Irlandais. Cet écuyer lui annonce que, poursuivant sa route, il atteindra bientôt le passage de la Garde, sur la rivière de Clarence, par où l'on entre en Irlande : le passage est défendu par deux redoutables chevaliers, Housagre et Panfri ; mais, ajoute l'écuyer, ce serait un bien glorieux exploit que de les vaincre et d'envahir l'Irlande. Bien qu'il ait souvent entendu parler de la barbarie irlandaise, l'idée sourit à Méliador et, à tout prix, il tentera l'ouverture. Arrivé au pas de la Garde et transporté sur l'autre rive par un bateau, il se trouve en face des deux adversaires annoncés qui l'attendent de pied ferme. Panfri tombe sous ses coups et Housagre, réduit à merci et désireux d'éviter le sort de son frère, accepte de garder le passage et de venir désormais en aide aux chevaliers qui s'y présenteront. Toutefois, Housagre prévient son vainqueur que la conquête du pas de la Garde n'est que la moindre partie de la tâche entreprise par lui : il trouvera mainte aventure périlleuse sur la rivière même, car tous les guerriers irlandais ne sont pas défaits ; les routes sont gardées par de nombreux chevaliers qu'il devra combattre, s'il parvient jusqu'à eux. Cette perspective n'effraie point Méliador : il se dirige vers le Brun Rocher que gardent trois chevaliers déjà avisés du succès qu'il vient de remporter. Deux d'entre eux sont fort malmenés par le héros breton et il contraint le troisième, Frotaud le Gris, à prendre la garde du passage sans s'opposer à aucun chevalier de Bretagne. Il poursuit ensuite son chemin sur la rivière de Clarence, qui, à cet endroit, mesure deux lieues de largeur au minimum (v. 19207).

Cependant, Phénonée tombe en une profonde mélancolie. Le souvenir du Chevalier Rouge, ce chevalier dans lequel elle avait cru reconnaître Méliador, ne la quitte plus un seul instant, mais elle ne veut révéler à personne le secret de son cœur et l'on remarque bientôt une altération dans sa santé. Le duc et la duchesse de Cornouailles, cherchant la cause de l'état maladif de leur fille, s'adressent d'abord à ses compagnes, puis à Lionnel : au sentiment de celui-ci, qui raconte les démarches auxquelles il s'est livré par ordre de sa maîtresse, le mal a sa source dans le fraternel amour de Phénonée pour Méliador. Le duc Patris feint alors d'avoir reçu un message de son fils qui se trouverait en Northumberland, et, du consentement de Phénonée, il dépêche Lionnel en ce pays, lui enjoignant de ne point revenir sans avoir de nouvelles assurées de Méliador, auquel il commande d'autre part de venir voir sa sœur (v. 19433).

La mesure prise par le duc amène tout d'abord quelque amélioration dans l'état de sa fille, mais Phénonée retombe bientôt dans un état encore plus fâcheux qu'auparavant. Patris s'avise alors de lui donner pour compagne une proche parente, Lucienne, fille du comte Lucien, et, par une délicate attention, il installe les deux cousines dans un manoir situé non loin de Tarbonne, dans le bois même d'où Méliador partit pour la quête. Lucienne ne tarde pas à gagner toute la confiance de Phénonée et, lui apprenant l'art de composer d'amoureux rondeaux, elle la tire peu à peu de sa mélancolie (v. 19680).

Une certaine nuit, le hasard conduit Lionnel dans la demeure d'un forestier où Agamanor et Bertoulet se trouvaient déjà couchés. Il partage le lit de Bertoulet et ne dort guère, non plus que son compagnon; ils causent donc, et Lionnel lui fait connaître le but de son voyage et tout ce qui touche Phénonée. Bertoulet exprime le regret de ne pouvoir lui donner aucun renseignement utile et se garde bien de dire quel est son maître. Ils se séparent et Agamanor entend avec plaisir le récit que Bertoulet lui fait de son entretien avec Lionnel. Il compâtit aux peines de celle qui a son cœur, mais il ne saurait se réjouir des sentiments que

Phénonée a ressentis pour le Chevalier Rouge, puisque Méliador en est l'objet véritable, et il ne sait à quoi se résoudre. Bertoulet lui conseille alors d'aller voir la fille du duc Patris et de lui parler; mais comment s'introduire auprès d'elle? Agamanor possédait heureusement un certain talent de peintre, talent beaucoup moins rare chez les chevaliers qu'on ne pourrait le croire : c'est donc comme artiste qu'il paraîtra chez Phénonée et, qui plus est, comme auteur d'un tableau représentant les aventures du Chevalier Rouge. Son plan d'opérations une fois dressé, il se dirige vers la résidence du duc de Cornouailles, laisse son équipement en dépôt dans une maison située à une journée de Tarbonne et se loge enfin dans cette ville chez un prud'homme, auprès duquel il prend la qualité de peintre (v. 20228).

Agamanor reproduit alors sur une toile divers épisodes du tournoi et des fêtes de Tarbonne où le Chevalier Rouge tient la première place. Le tableau terminé, il l'enroule autour d'un bâton, se rend à la demeure de Phénonée, présente son œuvre à la jeune fille, et celle-ci, après s'en être déclaré acquéreur, laisse à une chambrière le soin de s'occuper de l'artiste. Le peintre amoureux est fort en peine d'être aussi vite séparé de sa dame : il dîne cependant au manoir, mais, lorsque la suivante lui présente quarante marcs en paiement de la toile, il refuse obstinément de les prendre et s'en retourne à Tarbonne, promettant de revenir prochainement avec quelque autre ouvrage (v. 20564).

Après le départ d'Agamanor, Phénonée et Lucienne s'enferment en une chambre pour examiner à loisir l'œuvre du peintre. Lucienne estime que ce tableau qui retrace des souvenirs chers à sa cousine, a été exécuté sur l'ordre du Chevalier Rouge, instruit sans doute de l'inclination de Phénonée et désireux d'apporter un remède au mal dont elle souffre; elle pense en outre qu'il convient de faire une enquête. Valienne, la chambrière, est mandée à cet effet : on la questionne sur l'attitude du peintre à son départ, et, de sa réponse, Lucienne conclut que l'artiste est, soit un gentilhomme, soit un fou, et qu'il faudra l'étudier attentivement lors de sa prochaine visite. En attendant, Phénonée fait grand cas de sa toile et, bien que n'ayant pas ordinairement de secret pour Lucienne, elle ne lui confie cependant point cette fois toute sa pensée (v. 20689).

Cependant, de retour au logis, Agamanor se lamente : sa folie lui a tout fait perdre ; il s'est déshonoré en reniant chevalerie et s'en veut d'avoir cru qu'une œuvre manuelle pourrait lui valoir l'amour de Phénonée. Il songe à quitter Tarbonne dès le lendemain matin, mais la nuit change ses dispositions et il revient à l'idée de présenter un autre tableau à la dame de ses pensées : cette fois une petite toile offre l'image du Chevalier Rouge, un faucon au poing, en face de Phénonée, à qui il adresse un rondel amoureux. Quatre jours plus tard, l'artiste se rend derechef au manoir du Bois, en déclarant qu'il ne montrera ce nouveau travail qu'à la fille du duc de Cornouailles. Celle-ci, qui a pris soin de placer Lucienne derrière une courtine, reçoit le peintre et, lui faisant son compliment d'un tableau qui l'enchante, elle le presse de questions au sujet du chevalier dont il a reproduit l'image et les hauts faits. Agamanor finit par lui avouer que le peintre et son modèle ne font qu'un seul et même personnage ; il lui déclare son amour et la conjure de le retenir pour son chevalier (v. 21046).

Fort émue des déclarations d'Agamanor, Phénonée l'éloigne un moment pour prendre conseil de Lucienne. Les deux cousines le font ensuite comparaître devant elles, et Lucienne s'attache à lui montrer l'invraisemblance de ses propos. Le Chevalier Rouge raconte alors comment, dès son jeune âge, il s'est occupé de peinture, grâce au voisinage des artistes qui ont décoré le manoir paternel ; il dit aussi la part qu'il a prise à la quête instituée pour l'amour d'Hermondine. Arrivant au récit des fêtes de Tarbonne, il s'étend complaisamment sur le rôle qu'y joua la fille du duc de Cornouailles et, en témoignage de sa véracité, il répète les deux rondeaux qu'il a retenus pour les avoir ouï chanter par Phénonée. Il rappelle aussi sa rencontre avec Lionnel et comment le récit que fit celui-ci à Bertoulet le détermina à se présenter devant l'objet de son amour. Les deux cousines se consultent de nouveau, et Phénonée se montre fort disposée à accueillir favorablement la requête d'Agamanor, mais Lucienne ne l'entend pas encore ainsi : elle déclare que le Chevalier Rouge devra prouver sa vaillance en luttant contre deux chevaliers éprouvés. En attendant le jour fixé pour le combat, Agamanor va rejoindre Bertoulet, tandis que Phénonée ne se rassasie pas de contempler les deux tableaux qu'il a peints pour elle (v. 21831).

Lucienne dépêche immédiatement un messager dans les îles de Cornouailles, afin de mander Morphonet et Abiace, les deux chevaliers qu'elle veut opposer à Agamanor et qui devront se rendre aussitôt à son appel, pour se mesurer, dit-elle, avec un chevalier qui a prononcé de regrettables paroles. Le combat a lieu au jour convenu : Agamanor tient vaillamment tête à ces deux adversaires réunis; il blesse grièvement Abiace à l'épaule et, plein de courtoisie envers Morphonet qu'il a désarmé, il lui permet de ramasser son épée. Phénonée et Lucienne essaient alors d'arrêter le combat, mais Agamanor, voyant Morphonet prêt à continuer la lutte, refuse d'abandonner le terrain avant son adversaire. Enfin, après de nouvelles passes d'armes, il doit céder aux instances des deux dames qui lui décernent l'honneur de la journée. Abiace reçoit alors les soins de Lucienne, et l'on rentre au manoir où Agamanor et Morphonet prennent place au dîner en face de Phénonée et de sa cousine (v. 22425).

Après le dîner, Lucienne laisse au Chevalier Rouge toute liberté d'entretenir Phénonée de ses sentiments. Tout en reconnaissant le mérite de son adorateur, la fille du duc de Cornouailles répond qu'elle ne peut accorder son amour à un chevalier dont elle ignore l'origine et le nom : elle le presse donc de se nommer. Agamanor objecte en vain l'incognito que doivent garder les chevaliers de la quête. « Je vois bien », lui dit Phénonée, « que vos paroles sont « menteuses. C'est pour une autre que vous soupirez; c'est « pour la princesse d'Écosse que vous avez quitté votre « demeure et que vous avez décoré votre bouclier d'une « dame blanche; c'est son amour qui vous fit triompher « devant Tarbonne! » Agamanor se défend du mieux qu'il peut : si, en courant les aventures, il a d'abord songé à Hermondine qu'il connaît seulement de réputation, Phénonée a changé le cours de ses idées, car l'amour qu'inspire la vue d'une belle personne est bien plus fort que l'amour résultant d'une grande renommée. D'ailleurs la princesse d'Écosse épousera le plus preux chevalier de la quête, et il ne saurait prétendre au premier rang. Que Phénonée donc veuille bien l'avouer pour son chevalier, il sentira son courage doublé et à la hauteur des plus grandes entreprises (v. 22649).

La conversation des deux amants est interrompue en ce moment par Lucienne, et Phénonée se borne à retenir Agamanor jusqu'au lendemain matin, afin de pouvoir lui donner un cheval en échange du coursier qu'Abiace avait blessé. Lucienne, mise par sa cousine au courant de l'entretien qu'elle vient d'avoir avec Agamanor, lui dicte la réponse qu'il convient de faire à ce preux. On soupe et l'on se livre ensuite dans les vergers aux chants et à la danse. Entre temps, la fille du duc de Cornouailles fait connaître au Chevalier Rouge la décision qu'elle a prise : Hermondine étant destinée au plus preux des chevaliers de la quête, Phénonée n'aura d'autre mari que « le second preux de cette même quête », mais il ne lui déplairait pas que celui-là soit le Chevalier Rouge. Enfin, après avoir goûté quelque repos, Agamanor quitte le manoir, monté sur le cheval que lui a fait donner Phénonée (v. 23052).

Mais laissons là Agamanor et revenons à Méliador, ou plutôt à Hermondine et à Florée. Les deux jeunes filles n'ayant pas encore écrit à Méliador comme elles s'étaient engagées à le faire lors de son départ de Signandon, décident de lui envoyer de leurs nouvelles par un écuyer du nom de Flori. Celui-ci se dirige donc vers l'Irlande et, grâce aux indications que Housagre lui donne au pas de la Garde, il rencontre le chevalier au Soleil d'Or à quatre lieues au-delà du Brun-Rocher, lui remet la lettre dont il est porteur et l'accompagne au pas des Perrons, que gardent deux frères, Arselon et Albanor. Attaqué par eux, Méliador se défend vaillamment et tue Arselon. Albanor s'enfuit pour échapper à la mort et ce troisième passage est acquitté comme les deux premiers (v. 23562).

Tandis que Lansonnet s'occupe de chercher des paysans pour ensevelir Arselon, Méliador prend plaisir à s'entretenir avec Flori de la princesse d'Écosse et à entendre de la bouche de cet écuyer des chansons composées par Hermondine et qu'elle aime à redire. Ils repartent ensuite dans la direction de Dublin. Le jour suivant, le fils du duc de Cornouailles, se mesurant avec un chevalier irlandais nommé Dagor, déclare à son adversaire qu'il n'a point rencontré jusqu'ici un aussi vaillant guerrier. Dagor lui apprend que, pour empêcher plus sûrement son fils de prendre part à la quête dont Hermondine sera le prix, le roi d'Irlande fait garder soigneusement tous les passages de son royaume. Une telle mesure surprend beaucoup Méliador : il pense que le roi d'Irlande doit y renoncer et laisser son fils suivre en toute liberté l'inclination qu'il peut avoir pour les armes. Il prie en conséquence Dagor de faire connaître ce sentiment à son souverain et de lui proposer en même temps la proclamation d'un tournoi qui aurait lieu à sa résidence ordinaire, tournoi dans lequel les chevaliers de la quête, en dépit de leur infériorité numérique, soutiendraient le choc de tous les guerriers irlandais réunis. Dagor serait heureux que l'offre de Méliador fût acceptée; mais il hésite à se charger d'une telle mission, dans la crainte que le roi ne l'accuse de lâcheté. Après une courte reprise, il se décide cependant à porter à son maître les propositions du chevalier breton que Flori consent à ne pas quitter avant le retour de Dagor (v. 24449).

Interrogé dès son retour à Dublin sur l'état de défense de l'Irlande, Dagor annonce au roi Sicamont la défaite de ses plus vaillants hommes et remplit le message dont l'a chargé Méliador. Ces nouvelles attirent sur lui la colère du monarque irlandais qui lui ordonne de courir dès le lendemain au-devant de Méliador, et, sous peine de la vie, de le lui amener mort ou vif. Mais Sagremor, loin de partager les sentiments du roi son père, pénètre secrètement le soir dans la chambre de Dagor, lui confie son vif désir de mener la vie d'un chevalier et arrête ses dispositions pour partir avec lui. Le lendemain matin, l'épervier au poing, Saigremor se rend dans le bois voisin et, tandis que les deux écuyers qui l'accompagnent vont à la recherche de l'oiseau envolé, il rejoint Dagor. A peine réunis, ils rencontrent un guerrier breton, Rolidanas, auprès duquel Dagor s'informe du chevalier au Soleil d'Or. C'est de Rolidanas que les deux écuyers de Sagremor apprennent le jour même la fuite de leur maître avec Dagor : ils s'expatrient alors pour éviter la colère du roi qui, ne recevant le soir aucune nouvelle de son fils, ni des serviteurs de celui-ci, le fait chercher de toutes parts et meurt de chagrin moins de quatre mois après (v. 24888).

Poursuivant sa route en compagnie de Sagremor durant de longues journées, Dagor retrouve enfin Méliador et lui dit le peu de succès de la proposition qu'il a transmise au roi d'Irlande. En témoignage de sa véracité, il lui présente le fils de ce monarque et Méliador, informé de la vocation guerrière du jeune prince, confie à Dagor le soin de le conduire à la cour du roi Artus. A cet effet, il dégage le chevalier irlandais de l'obligation de combattre à nouveau contre lui, mais lui laisse cependant la liberté d'agir à sa guise dans les rencontres qui pourraient survenir. Ils se séparent, et le fils du duc de Cornouailles donne alors congé à l'écuyer de Florée, en lui remettant à l'adresse d'Hermondine une lettre avec un rondeau que la princesse d'Écosse se hâte d'apprendre et apprend ensuite à sa cousine (v. 25160).

Dans le même temps, Dagor conduisait Sagremor à la cour du roi Artus et, chemin faisant, enseignait au jeune prince tous les devoirs d'un parfait gentilhomme. A une petite journée de distance de Carlion, il rencontre un chevalier northumbrien, qu'accompagnait une belle et gracieuse damoiselle, son amie, et qui témoigne le désir de jouter avec lui. Dagor y consent; mais Sagremor, craignant un accident qui ne permette point à son compagnon de remplir la mission dont il est chargé, conseille à la damoiselle d'intervenir pour arrêter le combat, après une passe d'armes demeurée sans résultat, et les deux champions accèdent au désir de celle-ci. Enfin, Dagor et Sagremor arrivent à Carlion et obtiennent une audience du roi Artus. Le chevalier irlandais fait au monarque breton le récit de ses aventures et le prie de vouloir bien accueillir le jeune prince qui vient à sa cour pour y apprendre le métier des armes. Le roi y consent avec plaisir, présente Sagremor à la reine Genièvre et, peu après, il donne une fête militaire au cours de laquelle l'héritier du trône d'Irlande devient chevalier (v. 25812).

Sagremor jouit de la faveur d'Artus et passe gaîment son temps, tantôt auprès du roi, tantôt auprès de la reine. Une très jeune damoiselle, Sébille, l'héritière de Montmille en Northumberland, captive bientôt le cœur du prince d'Irlande qui se hasarde un jour à lui dire son amour et ne réussit qu'à effrayer et à rendre plus circonspecte la naïve enfant qui jusque là s'ébattait en toute innocence avec lui. Frappé du changement que présente désormais l'humeur du nouveau chevalier et ne pouvant lui en faire avouer la cause, Dagor lui reproche son inaction et le presse de courir les aventures. Il apprend alors de Saigremor la cause de sa préoccupation. Cependant le jeune prince est plus que jamais rempli de la pensée de Sébille : il se lamente de l'indifférence de la belle, trouve un peu d'adoucissement à sa souffrance en composant une ballade amoureuse et prend finalement le parti de quitter la cour. Mais auparavant il veut prendre congé de Sébille, de Sébille seule, et trouvant celle-ci à point nommé, il lui annonce son départ. S'il part, c'est que bien différente de ce qu'elle était naguère, elle ne ressent plus pour lui que de la haine. Sébille proteste énergiquement, mais en vain : il est vrai qu'elle ne songe pas à l'amour et qu'elle s'en remet du soin de fixer sa destinée au roi et à la reine. Ses excuses n'apaisent point Sagremor : haï de celle qu'il aime, il doit la fuir. Il lui demande néanmoins de vouloir bien se souvenir parfois du jeune chevalier errant qui entreprend de courir le monde en quête de gloire, portant en l'honneur d'elle sur son bouclier une dame vêtue de bleu. Il la prie en outre de permettre qu'il lui baise la bouche. A ce moment, Sébille jette sur Sagremor un regard d'une douceur telle qu'il n'en perdra jamais le souvenir et le jouvenceau parvient à cueillir le baiser tant souhaité, baiser qui le reconforte pour de longues années. Enfin, et sans ajouter un mot, il laisse Sébille qui s'enfuit toute honteuse. Il va ensuite revêtir ses armes et quitte secrètement Carlion, sans emmener avec lui aucun serviteur; puis, à travers les plaines de Northumberland, il se dirige vers Gaules (v. 26432).

Revenons maintenant au roi d'Irlande que la perte de son fils fit mourir de douleur. Les Irlandais, ayant décidé de se donner un nouveau souverain afin d'obvier aux maux qui menaçaient l'Irlande envahie, envoient tout d'abord six chevaliers s'informer de Dagor et de Sagremor à la cour du roi Artus. C'eût été pour eux une grande joie de retrouver l'héritier du monarque défunt, mais Artus ne peut qu'apprendre aux messagers le départ du jeune prince, bientôt suivi de celui de Dagor, désireux de retrouver son élève. Après quinze jours passés à Carlion dans l'attente de quelque nouvelle, ils reviennent annoncer aux Irlandais le peu de succès de leur mission. De l'avis de plusieurs,

Sagremor est mort victime de sa témérité; or il ne convient pas de demeurer privé de roi et l'on offre alors le pouvoir suprême au plus fameux chevalier d'Irlande, à Bondigal. Celui-ci l'accepte; il est couronné à Dublin et le nouveau souverain, d'un naturel fort belliqueux, fait garnir les frontières de l'Irlande de guerriers chargés d'interdire l'accès du pays à tout chevalier venant du dehors. L'Irlande se trouve ainsi fermée à Sagremor qui est passé en Bretagne; s'il veut rentrer en possession de son héritage, il le lui faudra conquérir et il n'y manquera sans doute point (v. 26591).

Pendant que Méliador poursuivait son chemin au pays d'Irlande, son attention est attirée par une damoiselle qui chevauchait accompagnée d'un nain, chantant un rondeau et précédant de peu un chevalier irlandais, Carentron, son ami. Malgré l'avis qu'il reçoit de la belle voyageuse, Méliador s'arrête pour lui adresser une question et se voit bientôt défié par Carentron, fort ému de voir sa mie en compagnie d'un étranger. Quoique l'irlandais fût un très vaillant guerrier, il n'en est pas moins contraint de se rendre à merci et promet à son vainqueur d'aller conter son aventure au roi Artus. En conséquence, il se met en route vers le pays de Galles, avec la damoiselle, dans l'équipement ordinaire d'un chevalier vaincu qui ne s'est pas encore acquitté de l'ordre à lui donné par son heureux adversaire, c'est-à-dire désarmé et l'épée pendue à rebours (v. 26910).

Parlons maintenant de la fille du duc de Cornouailles que l'état de santé du comte des Iles, père de Lucienne, oblige à se séparer de sa cousine et qui, sur le conseil de celle-ci, est envoyée auprès de la reine Genièvre où elle pourra assister à la clôture de la quête, car les cinq années que doit durer le concours touchent bientôt à leur terme. Fort bien accueillie du roi et de la reine de Bretagne qui la nomment « belle cousine », on lui donne Sébille pour compagne et les deux jeunes filles se prennent l'une pour l'autre d'une grande amitié. Un jour, Phénonée voit arriver à la cour d'Artus deux chevaliers grands et forts, vaincus par

Agamanor qui les y a envoyés : cette circonstance ravive son amour et elle regrette de ne pouvoir s'en entretenir avec Lucienne; mais, peu après, au récit que Sébille lui fait du départ de Sagremor, elle répond par ce qu'elle sait du Chevalier Rouge (v. 27245).

Retournons à Sagremor. Un jour que le damoiseau chevauchait seul, l'esprit tout occupé de Sébille, il n'entend pas le salut que lui adresse en passant une damoiselle nommée Margadine. Fort étonnée et ne sachant à quel motif attribuer le silence du chevalier, elle envoie son valet le prier de venir lui parler. Apprenant que Sagremor cherche avec qui se mesurer, elle lui indique son propre frère, un chevalier qui ne redoute personne et qui a récemment combattu le Chevalier Rouge; elle le mène ensuite jusqu'à un endroit fort voisin du lieu où il pourra trouver ce frère qu'on appelle Morenois. Mais la rencontre ne tourne pas à l'avantage de celui-ci : il est blessé à l'épaule. La lutte cesse alors à la prière de Margadine et l'on conduit Morenois en son manoir pour lui donner les soins que nécessite son état. Pendant la nuit, Sagremor apprend avec douleur que son adversaire, précédemment vaincu par le Chevalier Rouge, a manqué à l'honneur en ne se rendant pas, conformément à l'engagement qu'il en avait pris, à la cour d'Artus : il reproche vivement à Margadine de l'avoir mis en face d'un tel champion et, après avoir tancé Morenois lui-même, il ordonne au félon chevalier de se rendre sans retard à Carlion pour y confesser sa coupable conduite. Avant de quitter la demeure de Morenois, il confie à Margadine une lettre pour Sébille, puis se sépare du frère et de la sœur qui prennent la route de Carlion (v. 27918).

Morenois, conduit en litière à Carlion, est reçu ainsi que sa sœur à la cour du roi. Artus accueille ses aveux avec bienveillance, et il est fort heureux de pouvoir donner à la reine des nouvelles de Sagremor. Les deux voyageurs sont retenus à la cour et Margadine mise au rang des demoiselles de Genièvre. Dagor, en ce moment auprès du roi, est charmé de pouvoir s'entretenir de Sagremor avec Morenois et, désireux de venir en aide à l'inexpérience du damoiseau, quitte Carlion après s'être enquis du chemin qu'il faut prendre pour le retrouver. Margadine, de son côté, se lie avec Sébille et lui remet la lettre du jeune homme. Sébille, qui prend grand plaisir à la lecture de cette missive, exprime à la sœur de Morenois l'espoir d'avoir bientôt d'autres nouvelles de son amant (v. 28276).

Bientôt après avoir pris congé de Morenois, Sagremor se trouve dans une forêt enchantée, connue sous le nom d'Archinai, laquelle avoisine l'Humber. Il y chevauche un jour entier sans boire ni manger, car telle est la vertu de la dite forêt qu'on n'y éprouve ni faim ni soif. Sagremor attribue cette merveilleuse circonstance au pouvoir de ses armes et de la dame vêtue de bleu figurée sur son bouclier; cependant pour asseoir plus fortement son opinion, il dépouille son armure, pend son écu à un arbre qui lui semble étonnamment froid, appuie sa lance contre le même arbre et place son épée à une autre branche. Tandis qu'il est ainsi désarmé et que son cheval paît tranquillement, un cerf blanc s'élance soudain du buisson et, passant rapidement devant le damoiseau, effraie le cheval qui s'enfuit. C'est en vain que Sagremor se lance à la poursuite de sa monture, car le cerf en fuyant de son côté entrave la course du chevalier et accélère par sa présence l'allure du cheval. Lorsqu'enfin Sagremor s'arrête exténué, ne sachant plus que faire, le cerf s'arrête aussi, et semble inviter le damoiseau à le monter. Le jeune prince enfourche ce coursier d'un nouveau genre, mais il ne tarde pas à perdre les traces de son cheval et il est emporté par l'animal vers un lac où il a de l'eau jusqu'à la ceinture.... (v. 28468).

.....Sagremor voit en songe Sébille [chantant un virelai], sur lequel ils devisent ensuite, le damoiseau protestant qu'il n'a jamais parlé de [l'amour qu'il ressent pour elle], si ce n'est à une pucelle d'une grande discrétion (sans doute Margadine). Il la conjure ensuite de lui faire entendre certain rondeau amoureux, traitant du même objet que le virelai. Après qu'elle s'est exécutée et pour obéir à la requête de Sébille, Sagremor chante à son tour un virelai de sa composition qui lui vaut d'agréables compliments. Mais aussitôt la belle disparaît et l'émotion que ressent alors le jeune prince est si forte qu'il s'éveille subitement. La vue de ce qui l'entoure le ramène à la réalité et il se prend à regretter que le songe qu'on vient de dire ne soit qu'un leurre. Privé de ses armes et de son cheval, n'ayant plus même auprès de lui le cerf qui l'a conduit en ces lieux, il lui serait impossible de repousser une attaque quelconque. Tandis qu'il se livre à ces tristes réflexions, Sagremor voit devant lui trois dames d'une grande distinction et d'une beauté parfaite. Toutes trois vêtues de blanc et se tenant joyeusement par le doigt, elles adressent aimablement la parole au chevalier, lui demandant comment il a pénétré dans leur verger. Sagremor raconte alors de point en point ce qui lui est advenu et les trois dames délibèrent ensuite au sujet du damoiseau qu'elles ont ravi et transporté dans leur demeure. Il importe en effet qu'on sache que les dames qui ont enlevé Sagremor ne sont autres que des nymphes, suivantes de Diane [1]. Il en sera encore parlé plus loin, mais le moment est venu de dire la fin de la quête, objet principal du présent poème (v. 28831).

Vers le terme de la cinquième et dernière année de la quête, tous les chevaliers qui y ont pris part viennent d'Irlande, de Galles et de Northumberland à Carlion, afin de comparaître devant les douze arbitres choisis dès le début. Les juges, qui se livrent à une enquête impartiale, tiennent en grande estime Agamanor, Gratien, Dagoriset, Lucien, Feughin, Savare et une dizaine d'autres chevaliers; mais, en attendant le tournoi final, ils leur préfèrent encore le vainqueur de Camel, que la voix publique désigne déjà comme le triomphateur probable. Le roi de Bretagne et

1. Ou mieux des fées (cf. vers 30343).

celui d'Écosse arrivent ensuite, avec toute la chevalerie des deux royaumes, au lieu préparé pour le tournoi où doit être proclamé le plus méritant chevalier de la quête. Sur la Tweed et à la limite des deux pays, on avait construit pour Artus un grand et magnifique manoir nommé d'abord Monchus et qui, abandonné par la suite, fut alors appelé le Vieux-Manoir; relevé plus tard par un roi d'Angleterre, fils du roi Henri et de la reine Aliénor, qui y avait vu le jour, il reçut de ce prince le nom de Roxburgh qu'il porte encore aujourd'hui. Le roi d'Écosse s'établit sur la même rivière et à cinq lieues plus haut. La maison qu'il habitait avec sa fille subsiste encore : on l'appelait alors la Blanche-Lande, mais c'est aujourd'hui l'abbaye de Melrose qu'occupent des moines noirs. Au nombre des hôtes d'Artus et de Genièvre figurent le duc et la duchesse de Cornouailles, leur nièce Lucienne, et les trois damoiselles de la Garde, de Montrose et de Carmelin. Hermondine, de son côté est accompagnée de plus de cent vingt dames ou damoiselles, parmi lesquelles Florée, son amie préférée (v. 29103).

Artus envoie quérir le roi et la princesse d'Écosse qui se rendent à Monchus avec leur suite. Hermondine reçoit, au sujet de la quête ordonnée en son honneur, les félicitations de la reine Genièvre et, pour inaugurer les fêtes, celle-ci donne un souper suivi de caroles et de chants. La plus grande partie de la journée suivante est consacrée au tournoi où figurent 1,566 chevaliers. En brillant au premier rang des combattants, Méliador et Agamanor justifient les espérances qu'Hermondine et Phénonée ont mises, chacune de leur côté, en l'un d'eux; mais le chevalier au Soleil d'Or l'emporte incontestablement sur le Chevalier Rouge et, dans un engagement prolongé entre ces deux guerriers, Agamanor aurait été désarçonné par son adversaire si leur combat n'avait été interrompu par l'irruption d'un grand nombre d'autres chevaliers. L'heure de la retraite ayant enfin sonné, tous ceux auxquels la journée n'a point été funeste rentrent en leur logis (v. 29593).

Les deux rois et leur suite de retour à Monchus, le prix du tournoi est adjugé au chevalier du Soleil d'Or et l'on s'informe de son logis. Le roi de Bretagne va l'y chercher en compagnie du roi Hermont et de tous les chevaliers, et l'on reconnaît alors dans le triomphateur le fils du duc de Cornouailles, Méliador, que l'on amène en grande pompe à la demeure royale. Hermondine accepte pour époux le vaillant homme qui, pour l'amour d'elle, a souffert tant de fatigues depuis cinq ans. Comme la veille, on termine la journée par un souper général, des danses et des chants; après quoi, chacun s'en va reposer, à l'exception toutefois du duc Patris, de la duchesse sa femme et de leurs enfants qui, tout heureux de se trouver réunis, passent la nuit à deviser (v. 30045).

Le lendemain du tournoi, Méliador devient l'heureux époux de la princesse d'Écosse et, le surlendemain, on célèbre le mariage d'Agamanor avec la fille du duc de Cornouailles. Un jour plus tard encore, on marie trois autres des plus vaillants chevaliers de la quête : Gratien, le chevalier d'outre les monts, épouse Florence la damoiselle de Montrose, Dagoriset la damoiselle de Carmelin et Tangis le Norois l'héritière de la Garde. Ces trois mariages accomplis, les deux cours se transportent au manoir du roi Hermont, à la Blanche-Lande, où les fêtes recommencent de plus belle. On y arrête dès le premier soir l'union de Florée, l'héritière de Montgriès avec un parent du roi Artus, Agravain, qui s'illustrera plus tard sous le nom de chevalier au Blanc Écu, et celle de Lucienne, la cousine de Phénonée, avec Tristan le Sauvage. Deux jours plus tard, le roi Artus fait annoncer un nouveau tournoi, pour l'été suivant, à Camalot, la capitale du royaume de Logres : quatre prix y seront décernés au vainqueur de quatre chevaliers, trois prix à celui qui en vaincra trois, et ainsi de suite. On se sépare enfin, avec l'intention de se revoir à la date indiquée (v. 30763).

Le manuscrit principal du roman se termine aujourd'hui au moment où l'auteur va nommer le duc Wenceslas de Luxembourg, à la prière duquel il avait écrit cette œuvre. On a donc à déplorer la perte de la fin des aventures de Sagremor, dont Froissart s'était engagé à reprendre le récit après la conclusion de la quête. Suivant toute apparence, le jeune chevalier était le héros du tournoi de Camalot et, uni enfin à Sébille, remontait sur le trône d'Irlande. C'est certainement à cette partie du poème que se rapporte le quatrième des fragments du manuscrit A *dont nous croyons devoir donner une rapide analyse :*

Pesagus, dont l'amie a été enlevée par deux chevaliers qui lui ont aussi ravi ses armes, raconte à Sagremor la mésaventure dont il est la victime. Le jeune chevalier irlandais offre son aide à Pesagus qui, l'ayant acceptée, sonne du cor pour défier les ravisseurs, Sagremor les rencontre, tue l'un et laisse l'autre en mauvais point. Pesagus recouvre ainsi son amie et celle-ci, reconnaissante, offre à son sauveur l'hospitalité en sa maison du Haut-Manoir

La lecture de *Meliador* donne exactement l'impression de l'un de ces romans de chevalerie qui troublèrent la cervelle de Don Quichotte. De même que les livres composant la bibliothèque du bon hidalgo, il renferme le récit de prouesses de chevaliers errants, et cette expression même de « chevalier errant » y est couramment employée pour désigner Méliador et ses émules. On ne voit d'un bout à l'autre de l'ouvrage, que chevaliers rêvant à la conquête d'une princesse qui les appellera à partager son trône. Toujours prêts à défendre l'innocence opprimée en la personne d'une jeune et belle héritière, ils se montrent après la victoire d'un absolu désintéressement et n'imposent jamais au vaincu qu'un seul engagement : celui de ne plus combattre avant d'avoir fait, à la cour du roi Artus, le récit public de sa défaite. L'épisode de Sagremor, retenu par trois fées en un séjour enchanté, est à rapprocher de l'aventure de Roger, victime des enchantements d'Alcine[1]. Enfin, comme pour rendre la ressemblance parfaite entre les romans dont Cervantès a fait la satire et le poème de Froissart, on trouve dans celui-ci aussi bien que dans ceux-là cet amusant détail du guetteur qui, par une sonnerie de trompette, avertit les habitants du château de l'imminente arrivée d'un chevalier[2].

II. — Les deux manuscrits et les deux rédactions du roman.

Ainsi qu'on la vu plus haut, on connaît aujourd'hui deux manuscrits de *Meliador*, ou plus exactement quatre feuillets d'un premier exemplaire et un exemplaire quasi complet de ce poème de Frois-

1. *Orlando furioso*, canti VI-VII.

2. *Meliador*, vers 3824-3830. Comparez ce passage de l'œuvre immortelle de Cervantès : « En esto sucedió acaso que un por- « quero que andaba recogiendo de unos rastrojos una manada de « puercos (que sin perdon así se llaman), tocó un cuerno, á cuya « señal ellos se recogen, y al instante se le representó á Don « Quijote lo que deseaba, que era que algun enano hacia señal « de su venida. » (*El ingenioso hidalgo Don Quijote de la Mancha*, prim. parte, cap. II.)

sart. Le premier de ces manuscrits, dont les fragments conservés se trouvaient naguère encore aux Archives nationales, sera désigné ici par la lettre A, et nous emploierons la lettre B pour indiquer le second qui, depuis plus d'un siècle déjà, appartient à la Bibliothèque nationale.

Les quatre fragments qui subsistent du manuscrit A forment actuellement les feuillets 36 à 39 du nº 2374, des Nouvelles acquisitions latines de la Bibliothèque nationale. Cet exemplaire, qui appartient sûrement à la fin du XIVe siècle, était écrit en lettre de forme un peu carrée, sur deux colonnes ordinairement composées de trente-deux lignes, et une lettrine rouge ou bleue y marquait le commencement des strophes. Après avoir fait partie sans doute de quelque riche bibliothèque, il vint échouer en Bourgogne, à Semur peut-être, et, dépecés au milieu du XVIIe siècle par le couteau d'un relieur, ses feuillets furent employés pour couvrir divers livres et registres, parmi lesquels figuraient deux volumes relatifs aux « jours », c'est-à-dire aux assises de la seigneurie du Cloux, en la paroisse de Genay, à deux lieues au nord-ouest de la petite ville de Semur-en-Auxois [1]; les registres en question, saisis avec les papiers du duc de Coigny en l'hôtel de Coigny, sis à Paris, rue de Miromesnil, et déposés le 13 mes-

1. L'un de ces registres renferme les « jours » de la seigneurie du Cloux pour les années 1628 à 1629; l'autre comprend ceux des années 1643 à 1649.

sidor an II aux archives du domaine nationale du département de Paris [1], ont reçu depuis aux Archives nationales la cote T* 201, n°s 65 et 67.

Ces fragments consistent donc en deux feuillets doubles, provenant évidemment de deux cahiers différents. Leur emploi à titre de couverture les a exposés à toutes sortes d'outrages, de sorte que le déchiffrement n'en est ni très complet ni très sûr. Nous en avons publié le texte en 1891 dans la *Romania* [2] et nous pensions pouvoir utiliser sans difficulté aucune les trois premiers dans la présente édition de *Meliador;* mais la différence est telle entre le texte de ces trois feuillets et les parties correspondantes de B que nous en avons dû reproduire d'importants morceaux à la fin de nos tomes II et III. On trouvera également dans l'appendice de notre troisième volume le texte du quatrième fragment qui, suivant toute apparence, appartenait à l'un des épisodes postérieurs au mariage de Méliador et qui, conséquemment, n'existait plus dans le manuscrit B.

B porte aujourd'hui le n° 12557 du fonds français de la Bibliothèque nationale (olim supplément français, n° 109). Indiqué dans les catalogues manuscrits de cet important dépôt sous le titre inexact de

1. Ces faits résultent des documents contenus dans le carton T 1610 (inventaire C 54) des Archives nationales.

2. Tome XX, p. 403-416 (article intitulé : *Un fragment retrouvé du* Meliador *de Froissart*).

Roman de Camel et d'Hermondine [1], il demeura en quelque sorte perdu jusqu'au mois d'octobre 1893, où, grâce à cette indication, nous pûmes y reconnaître le livre perdu de Froissart. L'exécution de ce manuscrit est sensiblement plus soignée que celle du manuscrit A, où l'on remarque l'omission de deux vers à onze lignes de distance. Les lettrines initiales de chaque strophe sont rehaussées d'or et l'écriture du copiste, plus allongée que dans A, semble par cela même accuser une date un peu plus récente qu'on peut approximativement fixer à 1400. En son état actuel, il se compose encore de 226 feuillets à deux colonnes de 34 vers chacune en moyenne ; mais il a perdu deux de ses feuillets intérieurs [2] et un certain nombre, une vingtaine peut-être, des feuillets qui le terminaient [3]. Le haut de la première page est occupé par une miniature qui représente Camel de Camois forçant le cerf en vue du château de Montgriès d'où Florée et Hermondine assistent à la scène ; mais cette miniature et toute la page ont beaucoup souffert, alors que le manuscrit, privé de sa première reliure, n'avait pas

1. Ce titre était moins vague que celui de *Roman du roy Artus*, inscrit au dos de ce précieux volume lorsqu'on lui donna, au commencement de ce siècle, une reliure en veau plein, aux armes de l'empereur Napoléon Ier.

2. Ces feuillets étaient placés, le premier entre les feuillets actuellement chiffrés 40 et 41, le second entre ceux qui portent aujourd'hui les numéros 209 et 210.

3. Cette appréciation repose en partie sur le fait que le manuscrit de *Meliador* que Froissart lut à la cour du comte de Foix, se composait de 500 pages environ (voir plus haut, p. IV, note 2).

encore été jugé digne de recevoir celle qui le protège aujourd'hui [1].

Le manuscrit de la Bibliothèque nationale, qui semble être entré dans cet établissement vers la fin du dernier siècle, ne porte aucun signe de nature à mettre sur la voie de son origine. Il n'y a point lieu de supposer qu'il provienne de la librairie des ducs de Bourgogne et qu'il ait été apporté de Bruxelles, soit après la prise de cette ville en 1746, soit encore en suite de la campagne de Belgique, de 1792 : ni les inventaires du xve siècle publiés par Barrois [2], ni le catalogue de la bibliothèque de Bourgogne rédigé en 1568 par ordre du roi Philippe II [3] ne mentionnent en effet d'exemplaire de *Meliador*.

Dès lors, si l'on considère que les copies et particulièrement les belles copies d'un poème aussi considérable et si peu connu n'ont pas dû être très nombreuses, il ne sera peut être pas trop téméraire de supposer que le n° 12557 du fonds français n'est autre que le manuscrit de *Meliador* qui faisait partie de la librairie du duc Charles

1. Durant ce temps, la première page étant devenue d'un déchiffrement assez difficile et l'emploi de réactifs n'ayant point donné un résultat suffisamment appréciable, quelqu'un s'est avisé de raviver les caractères en y repassant de l'encre, mais l'opérateur a été assez inhabile pour transformer en *Eschec* le mot *Escoche* du neuvième vers.

2. Dans sa *Bibliothèque protypographique*. Paris, 1830, in-4°.

3. Ce catalogue est aujourd'hui conservé à la Bibliothèque nationale, Cinq Cents de Colbert, sous le n° 130.

d'Orléans et qu'indiquent, de la manière suivante, les trois inventaires successivement rédigés en 1415, en 1427 et en 1440 :

Inventaire de 1417. — Le livre de Melliador, couvert de velours vert [1].

Inventaire de 1427. — Item, le livre de Meliador, en françois, historié, lettre de forme, couvert de velours vert, à deux fremouers d'argent dorez, esmaillez aux armes de mon dit seigneur [2].

Inventaire de 1440. — Le livre de Meliador [3].

On ignore comment ce volume sortit de la bibliothèque du duc d'Orléans. Ce qui est certain, c'est qu'il ne figure ni dans l'inventaire des livres conservés au château de Blois en 1518 [4], ni dans le catalogue qu'on en dressa, en 1544, lors de leur transfert au château de Fontainebleau [5]. On n'est pas mieux renseigné sur les circonstances de son acquisition. Il est probable cependant que Charles d'Orléans le tenait de son père, le duc Louis, lequel, se trouvant en 1393 à Abbeville avec le roi Char-

1. L. Delisle, *Le cabinet des manuscrits de la Bibliothèque impériale*, tome I, p. 106, (n° 14).

2. Léon de Laborde, *Les ducs de Bourgogne*, t. III, n° 6348.

3. *Ibidem*, t. III, n° 6459.

4. Cet inventaire publié par H. Michelant dans la *Revue des Sociétés savantes* (tome II de 1862) a été l'objet d'un tirage à part, intitulé : *Catalogue de la bibliothèque de François Ier à Blois* (Paris, 1863, in-8°).

5. L'un des deux exemplaires du catalogue de 1544 est actuellement conservé à la Bibibliothèque nationale, sous le n° 5660 du fonds français.

les VI, eut alors quelques rapports avec Froissart et lui acheta, au prix de vingt francs d'or, un exemplaire du *Dit Royal* [1], qu'on retrouve plus tard dans la librairie de Blois [2].

Le peu qu'on possède encore du manuscrit A permet de voir qu'il représente une rédaction de *Meliador* sensiblement différente de celle que renferme B et l'on voudrait pouvoir comparer entre elles les deux versions du roman pour déterminer leur âge respectif. Dans l'état actuel de nos ressources, cette comparaison ne saurait être poussée bien loin, car il est hors de doute que B, c'est-à-dire le texte qui est l'objet de la présente publication, représente bien le *Meliador* composé par le duc Wenceslas de Luxembourg et dont la rédaction n'était pas encore achevée lors de la mort de ce prince survenue le 8 décembre 1383 : il renferme, en effet, un ensemble de 79 pièces lyriques qui constituent évidemment l'œuvre poétique presque entière du frère de l'empereur Charles IV [3], et le volume se termine actuellement à l'endroit même où Froissart allait enfin nommer le prince à la demande duquel il avait entrepris ce poème. On est ainsi conduit à voir dans le manuscrit A une rédaction primitive de *Meliador* et c'est là une

1. Léon de Laborde, *Les ducs de Bourgogne*, tome III, nº 5557.

2. Il est indiqué, en premier lieu, dans l'inventaire de 1417; voir L. Delisle, *Le cabinet des manuscrits de la Bibliothèque nationale*, tome I, p. 106 (nº 11).

3. Cette réserve est commandée par les lacunes du manuscrit.

hypothèse que ne contredit point le caractère plus archaïque des fragments découverts aux Archives nationales.

Au reste, on trouve dans l'un des premiers poèmes sortis de la plume de Froissart une sorte d'allusion à cette première rédaction de *Meliador*. Dans le *Paradis d'Amour*, certainement antérieur à 1369, Plaisance nomme au poète les principaux « veneurs » qui suivent la chasse du dieu d'Amour et, parmi eux, trois personnages qui appartiennent en propre au roman que nous publions : ce sont Méliador même, Tangis et Camel de Camois. Mais le passage vaut la peine d'être cité en entier :

— « Dame », di je, « puis je sçavoir
« Qui sont ceuls que puis la veoir? »
— « Oïl », dist ma dame de pris;
« Troïllus y est et Paris,
« Qui furent fil au roi Priant,
« Et cesti que tu vois riant
« C'est Lancelos [1] tout pour certain,
« Et pour ce que forment je t'aim,
« Des aultres le nom te dirai,
« D'aucuns ja ne t'en mentirai.
« Il y sont Tristrams et Yseus,
« Drumas et Percevaus li preus,
« Guirons, et Los et Galehaus,
« Mordrès, Melyadus, Erbaus,
« *Et cils a ce bel soleil d'or*
« *On l'appelle Melyador.*
« *Tangis et Camels de Camois*

1. L'édition de Scheler porte ici *Laiscelos*.

« Sont la ensus dedens ce bois,
« Agravains, et Bruns et Yewains
« Et le bon chevalier Gauwains.
« Et des dames y est Helainne
« Et de Vregi la chastelainne,
« Genoivre, Yseut et belle Hero,
« Polyxena et dame Equo ;
« Et Medée, qui tient Jason,
« Vois tu la dessous ce buisson.
« Tous sont en esbas en ces lieus,
« Dont souverains est li douls dieus,
« D'amours li mestres et li sires;
« Ses royalmes et ses empires
« S'estent par tout celle contrée.
« Moult pres de ci est li entrée
« Dou paradis a mon seignour
« Ou il a son certain sejour [1]. »

Il semble donc bien que Froissart ait publié deux éditions successives de *Meliador*, et cela ne doit guère nous surprendre de la part d'un auteur qui, séduit surtout par le plaisir d'écrire, a remanié jusqu'à deux fois le premier livre de ses Chroniques. Le roman du Chevalier au Soleil d'Or aurait donc été tout d'abord rimé par lui peu après 1365 [2]

1. *Œuvres de Froissart,* édition de l'Académie royale de Belgique, t. Ier des *Poésies*, pp. 29-30.

2. Le poème de *Meliador* ne peut être antérieur à 1365, car le sujet semble en avoir été inspiré à Froissart par le voyage qu'il fit, cette année même, en Écosse et particulièrement par son séjour à Stirling (voir plus loin, p. LV) ; d'autre part, il ne saurait être de beaucoup postérieur, puisque sa composition précéda celle du *Paradis d'Amour,* que connaissait Chaucer et dont le poète anglais a tiré, paraît-il, les premiers vers de son

et, une quinzaine d'années plus tard, il en aurait fait une nouvelle rédaction, développée de façon à y introduire les poésies lyriques de Wenceslas de Luxembourg. Il est impossible de dire quels épisodes ont été alors ajoutés au récit primitif, mais il est assez probable que l'épisode du chevalier travesti en peintre ne figurait pas dans le poème original ; c'est du moins ce qui semble résulter du troisième des fragments du manuscrit A. Les paroles que l'auteur prête à Phénonée, au cours du tournois de Monchus, lorsqu'elle reconnaît en Agamanor le chevalier qui remporta le prix à Tarbonne [1], ne permettent point de supposer qu'elle ait revu ce preux au manoir du Bois, où la rédaction B nous le montre apportant d'abord les tableaux peints par lui pour la fille du duc de Cornouailles et joutant ensuite contre Morphonet et Abiace.

III. — DE LA COMPOSITION DE *MELIADOR*

En composant un roman de chevalerie qu'il rattachait au cycle de la Table Ronde, Froissart devait nécessairement y introduire les personnages, essentiels dans un roman de ce genre, du roi Artus, de la reine Genièvre et de Keu le sénéchal ; mais, à

Livre de la Duchesse, composé peu après la mort de la duchesse de Lancastre en 1369 (*Œuvres de Froissart,* édition de l'Académie royale de Belgique, t. Ier des *Poésies,* introduction, p. XIX).

1. Tome III de la présente édition, p. 266, vers 39 et ss.

l'exception de Sagremor, aucun des personnages qui jouent un rôle un peu important dans son poème ne figurait dans les romans français. Est-ce à dire que Froissart ait composé de toutes pièces le *Meliador* et qu'on ne saurait trouver en ce livre aucun élément traditionnel [1]? Ce n'est pas notre avis. Il y a lieu de croire, en effet, que, lors du premier séjour qu'il fit en Angleterre et en Ecosse, au cours de l'an 1365, l'auteur a recueilli quelques données légendaires dont il aura fait son profit.

A première vue, on serait tenté de croire que le nom de Signandon, ou mieux *Signaudon,* sous lequel Froissart désigne la résidence la plus ordinaire du roi d'Écosse Hermont est simplement emprunté aux romans antérieurement composés en France, mais il est à remarquer que si les anciens romans français connaissent une ville royale de Senaudon, ils en font bien expressément la capitale du royaume de Galles [2], ce qui a conduit

1. Il est à peine utile de dire que nous n'attachons aucune importance au « livre » ou à « l'escripture », allégués par Froissart à diverses reprises; c'est là un artifice commun à la plupart des romanciers français du moyen âge.

2. On lit, en effet, dans le roman du *Bel Inconnu* (édition Hippeau) :

3358 Gales a non ceste contrée,
Dont je suis roïne clamée ;
Et cestc ville par droit non
Est apelée Senaudon.
. . . .
3364 C'est de mon roiaume li ciés ;
III roi tienent de moi lors fiés.

La capitale est encore nommée *Senaudon* au vers 382 du même

les commentateurs à identifier le nom de cette ville avec celui des monts Snowdon ou « montagnes neigeuses », dans le pays de Galles [1], lequel s'applique plus particulièrement au point culminant de la chaîne, d'une altitude de 1185 mètres, bien singulier site pour la demeure d'un roi. Cette opinion, du reste, n'est pas nouvelle, car on la trouve déjà exprimée dans un roman latin, encore inédit, que renferme un manuscrit du xive siècle et où le Snowdon est présenté comme la résidence du roi de Galles Caradoc [2].

Froissart a sur Signandon une opinion bien différente de celles des trouvères, ses devanciers. Pour lui, Signandon est le nom primitif de Stirling, la résidence préférée des rois d'Écosse depuis Jacques Ier :

> Signandon si est un chastiaus
> Dedens Escoce, fors et biaus.
> S'adont le fu, il est encores :
> Estruvelins est nommés ores.

Et ce qu'il rapporte de Signandon, considéré comme un rendez-vous des chevaliers contempo-

roman et *Sinaudon* aux vers 6078 et 6085. Il est également question du royaume de *Sinadoune* dans le *Lai du Cor*, de Robert Biket (vers 405) ; nous empruntons ce renseignement à M. Gaston Paris (*Histoire littéraire*, t. XXX, p. 174, note).

1. *Histoire littéraire de la France,* t. XXX, p. 174.

2. « Sedes vero regni Caradoci regis, et quo maxime frequentare solebat, penes nivalem montem qui kambrice Snaudone resonat exstabat. » (Ward, *Catalogue of romances in the department of manuscripts in the British Museum,* t. Ier, p. 375.)

rains du roi Artus, il l'a recueilli en 1365, au château de Stirling, où il passa trois jours en compagnie du roi David Bruce, ainsi que le prouve un curieux passage de la seconde rédaction du premier livre des Chroniques :

Or revenrons au roy d'Engleterre qui estoit devant Struvelin, en Escoche. Struvelin si est ung castiaux biaux et fors, seans sur une roche et haulte assez de tous costés, hormis de l'un, et est a vingt lieuwez de Haindebourg [1], à douze de Donfremelin [2], et a trente lieuwez de la ville Saint-Jehan [3]. Et fu chilz castiaus anchiennement, dou tamps le roy Artus, nommé Sinandon [4]. Et la revenoient a le fois li chevalier de la Reonde Table, si comme il me fu dit quant g'i fui, car ens ou castiel je reposay par trois jours avoecq le roy David d'Escoche, si comme je poray bien dire sour la fin de ce livre. Et estoit li dis castiaux, pour le temps que g'i fui, a messire Robert de Verssi, un grant baron d'Escoce, qui l'avoit aidiet a reconcquerre sur les Englès [5].

Au reste, le témoignage de Froissart est confirmé par la tradition locale, également constatée par plusieurs écrivains d'outre-mer, comme William de Worcester au XVe siècle [6], David Lindsay au

1. Edimbourg.
2. Dunfermline.
3. Saint-Johnston.
4. Le manuscrit d'Amiens et l'édition Luce portent ici *Smandon.*
5. *Chroniques de J. Froissart,* édition Siméon Luce, t. Ier, 2e partie, pp. 348-349.
6. William de Worcester (que cite Stuart Glennie, en un mémoire *Arthurian localities,* p. LVII, figurant en tête du tome III de *Merlin,* publié en 1869 par l'*Early English Text Society*) raconte

xvie siècle [1] et Walter Scott au xixe. Aujourd'hui encore, à Stirling, on montre aux étrangers l'emplacement où se donnaient autrefois les tournois, sorte de plate-forme d'un demi-hectare environ de développement, que domine un rocher pyramidal qu'on appelle la Roche des Dames (*Ladies Hill,* ou *Ladies Rock*) et où se groupaient les spectateurs [2]. C'est bien le lieu dont parle ainsi Froissart :

14763 La a marce pour tournoy faire
Belle et grande et qui doit moult plaire
As chevaliers de la contrée,
Et je croi que bien leur agrée.

Quand à Snowdon, nom ancien et poétique de Stirling, également employé comme titre officiel

en son *Itinerary,* p. 311, que « rex Arturus custodiebat le round table in castro de Styrlyng, aliter Snowden West Castell ».

1. Stirling's tower
Of yore the name of Snowdoun claims,

dit Walter Scott, en sa *Dame du Lac* (chant VI, strophe 28), et il cite à ce propos, en note, ces vers de David Lindsay :

Adew, fair Snawdoun, with thy towris hie,
Thy Chapell-royall, park, and Tabyll Round :
May, June and July would I dwell in thee,
Were I a man, to hear the birdis sound,
Whilk doth agane thy royal rock rebound.
(*Complaint of the Papingo.*)

2. Stuart Glennie, *Arthurian localities,* p. LVIII. — Léon de la Bruzonnière, *Voyage en Ecosse ou Itinéraire général de l'Ecosse* (Paris, 1832, in-8°), p. 72. — Esquiros, *Itinéraire descriptif et historique de la Grande-Bretagne et de l'Irlande* (Paris, 1865, in-8°), p. 544.

de l'un des hérauts d'Écosse [1], il n'a probablement qu'un rapport fortuit avec le vocable Snowdon de la chaîne montagneuse du pays de Galles, et pourrait fort bien n'être qu'une altération anglaise d'un nom gaëlique *Snavdun,* dont le second terme est le mot *dun,* au sens de « forteresse » ou de « château » [2]. Ajoutons qu'il est fort possible qu'il ne faille pas distinguer le Signandon de *Meliador* du Senaudon du *Bel inconnu* ou du Snowdon de *Meriadocus;* car, si Senaudon ou Snowdon paraît toujours comme une ville de Galles, on sait aussi que la terre de Galles des traditions arthuriennes s'étend, bien au-delà du pays de Galles actuel, sur tous les pays demeurés jadis au pouvoir des Bretons. Au XIVe siècle, Jean le Bel [3] et Froissart d'après lui [4] placent Carlisle en Galles, et Stirling, ou plus correctement l'antique *Snavdun,* a pu faire partie au VIIe et au VIIIe siècles du royaume breton de Strathcluyd qui, de l'avis des érudits modernes, s'étendait jusqu'à l'estuaire du Forth.

Le nom même de Méliador, donné par Froissart au héros de son poème, a probablement aussi été emprunté par lui à quelque tradition d'outre mer.

1. Stuart Glennie, *Arthurian localities,* p. LVII.

2. Stuart Glennie (*Ibidem,* p. lviii) traduit un peu librement, semble-t-il, *Snuadun* (sic) par « fort » ou « montagne fortifiée sur la rivière. »

3. *Les vrayes chroniques de messire Jehan le Bel,* édition Polain, tome I, p. 46. Carlisle y est appelé « Carduelh en Gales. »

4. *Chroniques de J. Froissart,* édition Siméon Luce, t. I, p. 50.

A première vue, ce vocable paraît apparenté à d'autres noms en usage chez les hommes de race bretonne, tels que Melldeyrn [1], Meleuc, Melguen, Meli, Meliau [2], Melor [3], Melweten [4], ou figurant dans les romans arthuriens, comme Méléagan et Méliadus. Mais il se rattache plutôt au nom bien connu Meriadoc, en bas breton Meriadec. Si l'on considère, en effet, qu'un roman du moyen âge composé en Angleterre ou au pays de Galles raconte les exploits d'un prince appelé Meriadoc qui finit par ceindre la couronne royale à Snowdon [5], on sera assez porté à voir en lui le prototype du Méliador de Froissart, qui, par son mariage avec la fille du roi d'Écosse, régna dans cette même ville [6]. De même que la plupart des romanciers du moyen

1. J. Loth, *Chrestomathie bretonne,* p. 46, où ce nom gallois est mentionné d'après M. Rhys.

2. Les quatres noms qui précèdent figurent dans la *Chrestomathie bretonne,* de M. J. Loth (voir le vocabulaire index de cet ouvrage, à la page 413, colonne 1).

3. Melor est le nom d'un saint breton que l'église honore le 1er octobre.

4. *Cartulaire de l'abbaye de Redon en Bretagne,* p. 208.

5. Voir, sur ce roman déjà cité plus haut, p. LIV, l'ouvrage de Ward, *Catalogue of romances,* t. I, p. 375. A la vérité, M. Ward dit seulement que Caradoc, roi de Galles, abdiqua la royauté en faveur de ses deux fils, les plaçant à cette occasion sous la tutelle de son frère, mais il semble évident que celui des jeunes princes qui est le héros du roman, c'est-à-dire Meriadoc, triompha de ses ennemis et recouvra le trône paternel.

6. Froissart, qui ne connaissait probablement pas le roman latin de *Meriadocus,* a prêté à son Méliador des aventures tout à fait différentes.

âge finissant, Froissart aime à parer les personnages créés par lui de noms sonores. Ce n'est pas assez pour lui d'emprunter Sagremor aux poèmes de la Table Ronde, il lui faut aussi Agamanor, Aganor, Albanor, Dagor, Lucanor, et il trouve que celui qui les surpasse tous en valeur ne doit pas avoir un nom moins brillant. Il était facile de substituer à la finale du nom de Mériadoc cette terminaison *-or* qui plaisait tant aux hommes du XIVe siècle ; mais « Mériador » parut sans doute un peu rude au curé d'Estinnes et il en fit Méliador [1].

Nous n'essayerons d'opérer le départ entre les emprunts que Froissart a pu faire à des sources diverses et ce qui est complètement le produit de son imagination. Ce ne serait pas d'ailleurs une tâche facile ; mais cette tâche pourra tenter un jour quelqu'un des lecteurs du poème que nous mettons au jour. Les quelques observations qu'il nous a été donné de faire dans cet ordre d'idées, en dehors de ce qu'on vient de lire au sujet de la ville de Signandon et du personnage de Méliador, auront leur place naturelle dans la Table des noms propres

1. M. Emmanuel Philipot a récemment exprimé une opinion analogue dans un travail intitulé *Un Épisode d'Erec et Enide :* « Les suffixes celtiques *-oc, -uc, -uec, -euc, -awc,* dit-il, ont été très souvent remplacés par des suffixes de tournure moins exotique et plus faciles à entrer dans le vers... On sait que le nom de *Méliador,* titre d'un roman de Froissart, provient de *Mériadoc, Meriadeuc.* Nous trouvons également *Cador = Cadoc*... » (*Romania,* t. XXV, p. 286, note 2).

qui termine la présente publication. Qu'il nous soit donc permis toutefois de constater qu'en deux cas au moins, Froissart a simplement désigné des chevaliers qu'il faisait contemporains du roi Artus par des noms empruntés aux guerriers anglais de son temps. Avant de paraître dans le roman de *Meliador,* Housagre et Dagoriset avaient figuré dans le premier livre des Chroniques [1]. Le fait est assez curieux pour qu'on le relève et le procédé méritait d'être signalé.

Le temps et la place nous manquent pour apprécier en lui-même le poème de Froissart et nous n'en dirons que peu de mots. Ce n'est point assurément un chef-d'œuvre ; mais, si l'on ignorait le nom de son auteur, il serait néanmoins impossible de n'y point reconnaître l'ouvrage d'un écrivain expert, doué de toutes les charmantes qualités qui distinguaient le poète valenciennois dont les productions ont été publiées par les soins de l'Académie royale de Belgique. A parler franc cependant, ces qualités sont trop souvent obscurcies par le choix d'un sujet comportant un trop grand nombre de combats singuliers ou de récits de tournois ; mais elles se font jour en certains épisodes, et particulièrement dans les pages où sont racontées les amours de Sagremor et de Sébille, à notre avis, les meilleures du livre. Les sentiments des deux jouven-

1. Pour plus de détails, voir au tome III de cette édition, la Table des noms propres.

ceaux y sont même exprimés avec tant de bonheur qu'on est en droit de se demander, avec un récent critique, si Froissart ne s'est pas inspiré en l'espèce de ses souvenirs personnels. Au sentiment de M. le vicomte François Delaborde, « Sagremor allant et venant, le cœur « frisce et gay » de la chambre du roi à celle de la reine, dans le palais d'Artus, doit ressembler beaucoup au jeune clerc de la reine Philippe, tel qu'on l'avait vu à la cour d'Angleterre, dans la fraîcheur de ses vingt ans ; et ses enfantines amours avec sa mie Sébille, jouant et riant en toute innocence sous l'œil bienveillant de la reine Genièvre, remettent en mémoire celles de Froissart adolescent avec cette belle jeune fille de l'*Espinette amoureuse*, dont il n'osait redire le nom, mais dont il se rappela toute sa vie le doux rire, tandis qu'elle lisait le roman de *Cleomadès*[1]. » Cependant, dans cette partie du roman relative à Sagremor qui, d'ailleurs, ne nous est point parvenue en son entier, que de lacunes même au point de vue des sentiments humains, lacunes qui semblent bien montrer que Froissart était incapable de peindre des impressions qu'il n'avait point ressenties ou qu'il n'avait pu observer d'assez près. Pour courir les aventures le jeune prince d'Irlande a quitté furtivement la cour du roi son père qui en meurt de douleur, et l'auteur de *Meliador*, toujours prêt à exalter la gloire des armes, ne

1. Fr. Delaborde, *Jean Froissart et son temps à propos d'un livre récent*, p. 25 (Paris, 1895, in-8° ; extrait du *Correspondant*).

paraît pas avoir songé un instant à la grave responsabilité qui devait peser sur Sagremor : ainsi qu'on l'a supposé, Froissart devait être orphelin dès sa première enfance et ne s'était jamais rendu compte des devoirs d'un fils.

La trame de *Meliador* n'est point fort compliquée, mais cette œuvre renferme quelques contradictions qu'il n'est pas sans intérêt de signaler et qui sont probablement imputables, en partie, à la longueur de l'ouvrage. Ainsi l'auteur intervertit, en un certain endroit [1], les rôles qu'il avait précédemment assignés aux deux frères Savare et Feughin [2]. Un peu plus loin [3], il oublie qu'il a fait écrire par Florée une lettre annonçant à la princesse d'Écosse la défaite et la mort de Camel [4].

IV. — Froissart et Wenceslas.

Après les travaux que lui ont consacré le baron Kervyn de Lettenhove [5] et Mme Mary Darmesteter [6],

1. Tome II, p. 142 (vers 14196 et suivants).
2. Tome II, p. 4 (vers 9474 et suivants).
3. Tome II, p. 146 (vers 14326 et suivants).
4. Tome II, p. 10-11 (vers 9666 à 9726),
5. *Froissart. Étude littéraire sur le* XIVe *siècle* (Paris, 2 vol. in-12, 1857). Sous un titre différent : *Étude sur la vie de Froissart*, cet ouvrage, très sensiblement remanié, fait partie de l'introduction qui ouvre l'édition des Chroniques de Froissart, du baron Kervyn de Lettenhove (tome Ier, première partie, Bruxelles, in-8°, 1870).
6. *Froissart* (Paris, 1894, in-12), dans la collection intitulée : *Les grands écrivains de la France.*

la biographie de Froissart n'est plus à faire. Nous ne saurions non plus songer à retracer la vie du duc Wenceslas de Luxembourg, pour lequel notre auteur entreprit la seconde rédaction de *Meliador*, afin d'y insérer les poésies lyriques de ce prince. Mais il nous a paru que, dans une publication destinée à faire connaître un poème de Froissart qui renferme les productions de la muse de Wenceslas, on serait heureux de trouver réuni tout ce qui a trait aux relations du plus grand écrivain français du XIVe siècle avec ce grand et noble seigneur.

Le prince et l'écrivain étaient à peu près du même âge. On s'accorde généralement à placer la naissance de Froissart en 1337 et c'est précisément en cette même année, le 28 février, que naquit Wenceslas [1]. Il avait pour père Jean de Luxembourg, roi de Bohême, cet ami de la France qui, durant trente ans, eut au nombre de ses serviteurs le meilleur poète français de son temps, Guillaume de Machaut, et qui périt glorieusement, en 1346, à la bataille de Crécy, dans les rangs de l'armée française; quant à sa mère, Béatrix de Bourbon, elle appartenait à la maison royale de France. D'abord comte de Luxembourg, il en devint duc en 1354, lorsque son frère consanguin l'empereur Charles IV eut érigé le comté de Luxembourg en duché, et l'année suivante, il joignit à ce titre celui du duc de Brabant, après la mort du duc Jean III, dont il avait épousé la fille et unique héritière. Il

1. Le 28 février 1337 (vieux style).

mourut le 8 décembre 1383, à l'âge de quarante-six ans, sans autre postérité que deux bâtards, dont la duchesse, sa veuve, s'occupait encore en 1386 [1].

A l'exemple de beaucoup de seigneurs de son temps, Wenceslas aimait les poètes et il ne dédaignait pas de commettre de temps à autre quelques pièces de vers. C'est ainsi qu'on a de lui 11 ballades, 16 virelais et 52 rondeaux que Froissart prit la peine d'introduire dans le roman de *Meliador* [2], les dérobant ainsi à l'oubli. A vrai dire, ces pièces ne donnent point une haute idée du talent de leur auteur et les vers du duc de Luxembourg et de Brabant ne gagneraient pas à être rapprochées de ceux dont la réunion forme le *Livre des cent ballades* et qui ont été composées par des chevaliers de l'entourage d'un petit-neveu de Wenceslas, le duc Louis d'Orléans.

Wenceslas a rendu de plus signalés services aux lettres françaises de son époque par les encouragements qu'il prodigua si noblement à Froissart durant plus de seize années. C'est en 1366, peu de temps après son premier voyage que le clerc de la reine Philippe de Hainaut, alors âgé de vingt-neuf ans,

1. Voir au sujet de Wenceslas, la *Table chronologique des chartes et diplômes relatifs à l'histoire de l'ancien pays de Luxembourg*, pour le règne de ce prince, de M. Wurth-Paquet, qui forme la plus grande partie (pages 1-202) du tome XXIV des *Publications de la section historique de l'Institut grand-ducal;* on y trouvera (pages 1 à 6) une courte notice biographique sur le protecteur et l'ami de Froissart.

2. On trouvera, dans notre tome III, l'index des œuvres poétiques du duc de Wenceslas.

paraît pour la première fois à la cour du duc et de la duchesse de Brabant, où les poètes et les artistes étaient toujours assurés d'un bon accueil à Bruxelles, ce rendez-vous de « compaignie douce et courtoises gens [1] ». Froissart prend plaisir, dans ses chroniques, à citer cette luxueuse résidence où Wenceslas et Jeanne recevaient les princes étrangers « grandement et liement en disners, en soupers, en reviaus et en esbatemens; car bien faire le savoient [2] ». On y voyait souvent « grosse feste de joutes et de behourt » où toute la noblesse des Pays-Bas était assemblée [3].

Le 15 avril 1366, Froissart reçut une somme de six moutons sur la cassette de la duchesse [4]. Dès cette même année, la reine Philippe était fort souf-

1. *Œuvres complètes d'Eustache des Champs*, édition Queux de Saint-Hilaire et Raynaud, t. IV, p. 6 (vers 10 de la pièce DLII).

2. *Œuvres de Froissart*, édition de l'Académie royale de Belgique, t. VI des *Chroniques*, p. 375.

3. *Ibidem*, t. IX des *Chroniques*, p. 213. — On trouvera d'intéressants détails sur les tournois qui eurent lieu à Bruxelles durant le règne de Wenceslas dans un curieux travail de Pinchart intitulé : *La cour de Jeanne et de Wenceslas et les arts en Brabant pendant la seconde moitié du* XIVe *siècle*, publié par la *Revue trimestrielle*, de Bruxelles (VIe volume, pp. 11 et suivantes).

4. « Item, quos domina ducissa jussit dare uni Fritsardo, dictori, qui est cum regina Anglie, dicto die, VI mottones. » Cette mention, ainsi que la plupart des mentions analogues, a été mise au jour par Pinchart, dans la *Revue trimestrielle*, de Bruxelles, XIIIe volume, 1857, page 59, note 70. Dix-sept mois plus tard, le 19 septembre 1367, Froissart recevait de la duchesse un autre don de dix moutons : « Item, eodem die, uni Fritsardo dictori, qui est cum regina Anglie, jussu ducisse, X motones » (*Ibidem*, p. 59, note 71).

frante et l'on pouvait prévoir sa fin prochaine. Elle mourut en effet le 15 août 1369, Froissart, privé de la protectrice de sa première jeunesse, se rendit alors auprès de la duchesse de Brabant et lui offrit un livre écrit en français, un poème sans doute, — serait-ce la première rédaction de *Meliador?* — qui, à la date du 29 août de cette même année, lui valut un don de vingt moutons d'or [1].

On prétend que le poème de la *Prison amoureuse* composé par Froissart en 1371 est une allégorie à la captivité de Wenceslas que le duc de Gueldre avait vaincu et fait prisonnier, le 22 août de cette année, à la bataille de Bastweiler [2]; mais, malgré tout le respect que nous inspirent les travaux de Kervyn de Lettenhove et de Scheler, les allusions signalées sont trop incertaines pour que nous partagions la conviction de ces savants hommes. Rien même ne prouve que la date si précise de la guerre déclarée à Orgueil, le printemps de 1371, réponde à celle de l'entrée en campagne contre le duc de Juliers. Au reste, Scheler ne va pas aussi loin que Kervyn, et il se

1. « Domine ducisse quos ulterius dederat uni Frissardo, dictatori, de uno novo libro gallico, sibi liberato circa Decollationem beati Johannis Baptiste, XVI francos valentes XX mutones » (Pinchart, *La cour de Jeanne et de Wenceslas* dans la *Revue trimestrielle,* t, XIII, p. 59, note 73). Cf. Kervyn, *Froissart,* t. Ier, p. 90, note; le même, *Étude sur la vie de Froissart,* p. 179, note, où se trouve indiquée la vraie date de cette gratification, antérieurement fixée à juin 1370.

2. Kervyn de Lettenhove, *Froissart,* t. Ier, p. 97; t. II, p. 269-271; le même, *Étude sur la vie de Froissart,* p. 264-265.

refuse à penser que, dans la *Prison amoureuse*, Froissart ait mêlé à ses propres vers ceux du duc de Brabant. « On peut bien admettre, dit-il, que le poète ait voulu, dans le personnage de Rose, honorer le prince auquel il avait tant d'obligations, mais il nous semble trop hardi de considérer les pièces diverses qui sont attribuées dans le poème au correspondant de Flos, comme les productions réelles de Wenceslas. S'il fallait voir dans ces attributions autre chose qu'une fiction la conséquence nous forcerait de trouver aussi dans *la Prison amoureuse* des vers de la duchesse de Brabant [1]. »

Wenceslas recouvra la liberté le 21 juin 1372 et ce fut sans doute à sa haute protection que Froissart fut redevable de la cure d'Estinnes-au-Mont, dont on le trouve pourvu dès le 19 septembre 1373. Estinnes-au-Mont est un gros village situé à 6 kilomètres de la ville de Binche, en Hainaut, alors chef-lieu d'une châtellenie que le duc de Brabant tenait, depuis 1366, à titre d'engagement. Au point de vue ecclésiastique, il faisait partie du diocèse de Cambrai et sa cure [2], l'un des cent seize bénéfices compris dans le doyenné de Binche, était au nombre des dix plus importants de cette circon-

1. *Œuvres de Froissart*, édition de l'Académie royale de Belgique, t. Ier des *Poésies*, introduction, p. XXXII.

2. La cure d'Estinnes-au-Mont était à la collation du chapitre de Cambrai, comme en témoignent les pouillés de ce diocèse, et c'est par erreur que Siméon Luce (*Chroniques de Froissart*, tome Ier de son édition, p. LVI) a supposé qu'elle était à la présentation du seigneur de Beaumont, Guy de Blois.

scription divisionnaire du diocèse : au XIVe siècle, en effet, les rôles diocésains évaluent à 40 livres tournois le revenu net de la cure d'Estinnes-au-Mont, tandis que celui du doyen capitulaire de Lobbes, le plus gros bénéficiaire de la contrée, n'est pas jugé supérieur à 56 livres [1].

Froissart était donc fort convenablement pourvu et les dix années qu'il passa dans la cure d'Estinnes-au-Mont furent certainement les plus paisibles de sa vie. Consacrant alors à la poésie la plus grande partie des loisirs que lui laissaient l'accomplissement de ses devoirs de pasteur, il acheva en 1373, dans cette calme résidence, le poème intitulé *le Buisson de Jonece*. Il y écrivit aussi la seconde rédaction de *Meliador* et sans doute plusieurs autres de ses productions poétiques. C'est là encore qu'il composa un certain nombre de morceaux où sont gracieusement retracées les mœurs rurales d'Estinnes et des environs [2]. Tandis que, protégé et guidé par la reine d'Angleterre, Froissart avait écrit le premier livre des Chroniques, il obéissait maintenant aux goûts de son nouveau patron en s'occupant presque uniquement de poésie [3], et,

1. Ces renseignements sont extraits d'un compte de décimes pour le diocèse de Cambrai, en date de l'an 1362, compte dont nous publierons prochainement le texte en un des volumes de la collection de pouillés qui fait partie du Recueil des historiens de France. Cf. Le Glay, *Cameracum christianum*, p. 498.

2. Voyez en l'indication dans Kervyn de Lettenhove, *Étude sur la vie de Froissart*, p. 270-272.

3. Nous ne nous prononçons pas ici sur la question de savoir si, durant sa retraite à Estinnes-au-Mont, Froissart songea à

bien que le paiement de la rançon ducale eût fait réduire toutes les dépenses de la cour de Brabant, Wenceslas lui témoigna sa satisfaction par de fréquents dons en argent ou en blé. Nous transcrivons ici les mentions que Pinchart et Kervyn de Lettenhove ont relevé de ces dons dans les documents de comptabilité des archives ducales de Brabant [1] :

1373, 19 septembre. — A monseigneur Jehan Frouissart, cureit a Lestinez ou Mont, par I plakiet soubs le sinet de Monseigneur, donneit le XIXe jour de septembre l'an LXXIII, delivreit XX petits moutons qui valent, a XXVII s. le pieche, XXVII livres [2].

1374 (n. st.), 2 mars. — De par le duc de Lucembourc et

remanier le premier livre de ses Chroniques dont la rédaction originale, arrêtée dès 1369 en certains manuscrits, se continue en d'autres jusqu'en 1373 ; mais nous ferons remarquer que rien ne prouve absolument que la seconde rédaction soit antérieure à l'entrée définitive du chroniqueur au service du comte de Blois, après la mort de Wenceslas.

1. La plupart de ces extraits ont été publiés par Pinchart en divers endroits et particulièrement en ses articles intitulés : *La cour de Jeanne et de Wenceslas et les arts en Brabant pendant la seconde moitié du* XIVe *siècle*, publiés en 1855 et 1857 dans la *Revue trimestrielle,* de Bruxelles, VIe et XIIIe volumes, et ils ont été reproduits plus ou moins exactement et complètement par Kervyn de Lettenhove en 1857 d'abord, dans *Froissart, étude littéraire sur le* XIVe *siècle,* en 1870, ensuite, en son *Étude sur la vie de Froissart.* Il convient d'ajouter que le savant éditeur belge des Chroniques de Froissart y a ajouté quelques articles de comptes que n'avait point connu Pinchart.

2. Pinchart, *Revue trimestrielle*, XIIIe volume, pp. 59-60 (note 74). Cf. Kervyn, *Froissart,* t. Ier, p. 103, note 2 ; le même, *Étude sur la vie de Froissart*, p. 247, note 1.

de Braibant. Mandons et commandons a vous [Girart d'Obies], nostre prevost a Binch, que vous donnés et paiés au nom de nous a messire Jehan Froissart, curet de Lestines ou Mont, porteur de cestez, la somme de XII frans franchois que nous lui devons, pour certainez besoignes qu'il nous a baillies et délivrées; laquelle somme vous rabatterons en votre premier compte par ces presentes plackies de notre saiel. Donnet a Bruxelles, l'an de grasce mil CCC LXXIIIe, le secont jour de march, selon costume de la cour de Cambray [1].

1374 (n. st.), 2 mars. — Par les lettres ouviertes de Monseigneur sous le plakiet de sen sayaul, donneit à monsieur Jehan Froissart, cureit de Lestines ou Mont, le secont jour dou dit mois, dont nuls ne doibt compter, si qu'il appert par le dit plakiet, XII frans françois : [au dit fuer] vallent XXII l. IIII s [2].

1374, 30 octobre. — Par un plakiet de Monseigneur a messire Jehan Froissart, curet de Lestines ou Mont, le penultiesme jour du mois d'octobre l'an LXXIIII, delivret VI muis [3].

1375, 18 octobre. — Par un plakiet de monseigneur le duc donnet a messire Jehan Frouissart, curet de Lestinnes ou Mont, le XVIIIe jour dou dit mois, delivret a lui VIII muis de blet [4].

1376, 4 juin. — Par lettres de monseigneur le ducq,

1. Pinchart, *Archives des arts, des sciences et des lettres*, t. Ier, p. 2. Cf. Kervyn, t. Ier, p. 2, *Froissart*, t. Ier, p. 110, note 2; le même, *Étude sur la vie de Froissart*, p. 247, note 1.

2. Pinchart, *Revue trimestrielle*, VIe volume, p. 29, note 66. Cf. Kervyn, *Étude sur la vie de Froissart*, p. 247, note 1, qui seul, donne les mots *au dit fuer*.

3. Kervyn de Lettenhove, *Froissart*, t. Ier, p. 103, note 3; le même, *Étude sur la vie de Froissart*, p. 243, note.

4. Kervyn de Lettenhove, *Froissart*, t. Ier, pp. 103-104, note; le même, *Étude sur la vie de Froissart*, p. 243, note.

donneit a Brouselles le quart de juing l'an LXXVI, delivret a monseigneur Frouissart VIII moutons qui valent VI frans françois : monte au dit pris VII l. IIII s [1].

1376, 4 juin. — Par I plakiet de Monseigneur, donneit a messire Jehan Froissart, cureit de Lextines, IIIIe jour de juing l'an LXXVI, dont nuls ne doit compter, delivreit IIII doubles moutons : vallent VII l. IIII s [2].

1376, 4 juin. — Par les lettrez de monsieur le duc, donneit a Brouxelle, le quart jour de juing l'an LXXVI, delivreit a monsieur Fruussart VII[I] moutons de Braibant qui valent VI frans franchois [3].

1376, 11 décembre. — Par un plakiet de monseigneur le ducq, donnet le XIe jour de decembre l'an lxxVI, a monsieur Jehan Froissart, curet de Lestines ou Mont, delivret si qu'il appert par celui plakiet, IIII muis [4].

1377, 4 juin. — Le duc de Luccembourg et de Brabant. Provost de Binche, nous vous mandons et volons que vous delivreis a nostre bien ameit messire Jehan Froissart, cureit de Lestines, wyt petis mottons, un double motton de nostre monnoye de Filvorde pour deus des dis mottons conteit,

1. Kervyn de Lettenhove, *Froissart*, t. Ier, p. 104, note ; le même, *Étude sur la vie de Froissart*, p. 243, note.

2. Pinchart, *Revue trimestrielle*, VIe volume, p. 29, note 66, où les 4 doubles moutons sont évalués 7 l. 10 s. au lieu de 7 l. 4 s., leçon que justifie la comparaison avec l'article précédent. Kervyn de Lettenhove (*Froissart*, t. Ier, p. 103, note 2) a tout d'abord reproduit la lecture de Pinchart, mais depuis il a imprimé : 7 l. 4 s., dans l'*Étude sur la vie de Froissart*, p. 247, note.

3. Pinchart, *Revue trimestrielle*, XIIIe volume, p. 60, note 76. Cf. Kervyn, *Froissart*, t. Ier, p. 103, note 2 ; le même, *Étude sur la vie de Froissart*, p. 247, note. — La correction VIII *moutons*, que nous introduisons dans notre texte, est exigée par la comparaison avec les deux articles qui précèdent.

4. Kervyn de Lettenhove, *Froissart*, t. Ier, p. 104, note ; le même, *Étude sur la vie de Froissart*, p. 243, note.

lesquels donneit li avons. Et ou cas que les li donneir ne pueis, vous mandons que vous le assegneis en aulcun lieu sur une amende ou il les puisse avoir; ce ne laissiez aulcunement, et nous vous les ferons rabattre en vos premiers comptes par ces lettres plakies de nostre sael. Donneit a Bruxelles, IIII jours en juing, l'an mil trois cent soixante [dis] sept [1].

1379, 27 avril. — Le duc de Luccembourch et de Brabant. Jakemin de la Tour, lieutenant de nostre receveur de Binch, nous vous mandons et commandons que a messire Froissart, porteur de cestes, vous payés et delivrés de par nous sys frans franchois, que donné ly avons sur aucuns œuvrages que commandé li avons a faire et les mettez en vostre compte; nous les vous y ferons rabattre parmi ceste cedulle infichie de nostre seal. Donné a Bruexelles, le XXVIIe jour d'avril l'an MCCC soissante et dys noef [2].

1379, 27 avril. — Par lettrez monseigneur le duc, donneit a messire Jehan Fruissart, le XXVIIe jour d'avril l'an lXXIX, delivreit a lui, si qu'il appert par laditte lettre, VI frans franchois : valent VII l. X s. [3].

1. Pinchart, en mettant au jour ce document dans ses *Archives des arts, des sciences et des lettres*, t. Ier, p. 1, l'a daté de 1367 (l'an mil trois cent soixante-sept) et il a été inséré sous la même date dans la *Table chronologique des chartes et diplômes relatifs à l'histoire de l'ancien pays de Luxembourg*, pour le règne de Wenceslas, p. 106; mais il est bien réellement de 1377, date que donne Pinchart même dans la *Revue trimestrielle*, XIIIe volume, p. 38, aussi bien que Kervyn de Lettenhove, *Froissart*, t, Ier, p, 110, note 2 ; cf. le même, *Étude sur la vie de Froissart*, p. 248, note.

2. Pinchart, *Archives des arts, des sciences et des lettres*, t. III, p. 42. — Cf. Kervyn de Lettenhove, *Étude sur la vie de Froissart*, p. 248, note.

3. Pinchart, *Revue trimestrielle*, XIIIe volume, p. 60, note 78; le même, *Archives des arts, sciences et lettres*, t. III, pp. 41-42. — Cf. Kervyn, *Froissart*, t. Ier, p. 103, note 2; le même, *Étude sur la vie de Froissart*, p. 248, note.

1382, 25 juillet. — A messire Jehan Froissart, curet de Lestinnez ou Mont, pour I livre qu'il fist pour Monseigneur, payet a lui pour sen salaire, au command Monseigneur, par ses lettrez données le xxve jour de jullé, l'an IIII^{xx} II : x frans; valent XII lb. x s. [1].

Mais Froissart faisait bonne chère et les taverniers d'Estinnes recueillirent la meilleure partie du revenu de sa cure et des sommes qu'il recevait du duc de Brabant. Lui-même le confesse :

Et les tavreniers de Lestines
En ont bien eü cinq cents francs [2].

Seize mois après la date du dernier des articles qu'on vient de lire, Wenceslas mourait. Ce fut le signal d'un nouveau changement dans l'existence de Froissart. A l'âge de quarante-six ans, il quitta

1. Pinchart, *Revue trimestrielle*, XIIIe volume, p. 60, note 79 (où *salaire* est imprimé à tort *solaire*). Cf. Kervyn, *Froissart*, p. 129, note 2; le même, *Étude sur la vie de Froissart*, p. 286, note 1. Les comptes de la prévôté de Binche, auxquels Pinchart et Kervyn de Lettenhove ont emprunté la plupart des textes qui précèdent, font aussi mention en 1372 d'un « Jehan Froissart », qui empruntait alors de l'argent aux Lombards et dont la situation financière semble avoir été assez embarrassée (Kervyn de Lettenhove, *Étude sur la vie de Froissart*, p. 241); mais le nom de Jean était des plus répandus et nous ne pensons pas qu'il convienne d'identifier, comme on l'a fait, ce Jean Froissart avec le chroniqueur. Ce peut être tout aussi bien un membre de cette famille Froissart qu'on trouve établie à Estinnes au XIVe siècle, et à laquelle appartenaient Henri Froissart et Evrard Froissart (*Ibidem*, p. 238, note 2).

2. *Œuvres de Froissart*, édition de l'Académie royale de Belgique, t. III des *Poésies*, t. III, p. 226 (vers 208-209 du *Dit du Florin*).

la cure d'Estinnes-au-Mont et s'attacha définitivement à un autre seigneur fort libéral aussi, le comte Guy de Blois, dont il devint le chapelain. Guy de Blois, qui possédait en Hainaut les deux importantes seigneuries de Beaumont et de Chimay, lui donna en outre l'une des douze prébendes canoniales du chapitre de Chimay, au diocèse de Liège [1]. Désormais plus libre d'allures, il se reprit à voyager comme par le passé, accompagnant le comte de Blois en ses fréquents déplacements, ou chevauchant pour son propre compte en quête de récits sur les événements de son temps. Le poète sédentaire avait disparu pour faire place de nouveau au chroniqueur, désireux de pousser plus avant l'ouvrage historique qui avait si agréablement occupé les années de sa jeunesse. Toutefois il ne renonça pas complètement à la poésie : la mort de Wenceslas ne l'empêcha point de terminer le roman de *Meliador*, et c'est dans cette dernière phase de sa vie active qu'il composa non seulement diverses pastourelles qui portent avec elles leur date, mais encore une de ses plus jolies pièces de vers, le *Dit du Florin*, dont on a lu un extrait au début de la présente étude.

1. Kervyn de Lettenhove, *Froissart*, t. Ier, p. 132-133 ; le même, *Étude sur la vie de Froissart*, p. 293.

MELIADOR

MELIADOR

En ce temps que li rois Artus *f. 1 a*
Qui tant fu plains de grans vertus,
De sens, d'onneur et de larghece,
Regnoit au point de sa jonece,
Et qu'il commençoit a tenir
Grans festes et a retenir
Chevaliers pour emplir ses sales,
Avoit en le marce de Galles,
Entre Escoce et Northombrelande,
Priès dou lac c'on dist de Berlande,
.I. chastiel moult fort et moult cointe
Seant douçement sus le point[e]
D'un hault rocier et d'un grant bois.
Chils castiaus fu nommés Camois *f. 1 b*
Et le sire qui le tenoit
Messires Camelz se nommoit.
Au chastiel et a la maison
Toute la terre d'environ
Appendoit, qui estoit moult bonne,
Voires, pour le temps que j'ordonne;
Car lors n'estoient pas si grans

Les terres ne si pourfitans
Comme elles sont presentement,
Et vivoit on plus rudement
I(lluech) que les gens ne font ores :
Ce savons nous par les hystores
Qui trettent dou temps de jadis.
Environ ou .IX. ans ou .X.,
Avant que li preus Lanselos,
Melyadus, ne li rois Los,
Guiron, Tristrans ne Galehaus, *f. 1 c*
Gauwains, Yewains, ne Perchevaus,
Ne chil de la Table Reonde
Fuissent cogneü en ce monde,
Ne que de Merlin on euist
Cognissance, ne c'on seuist
Nulle riens de ses prophesies,
Plusieurs belles chevaleries
Avinrent en la Grant Bretaigne,
Si com cilz livres nous ensengne,
Lequel ensiewant je dirai
Ou cas que loisir dou dire ai
Et par quoi la matere approce.
En ce temps avoit en Escoce
.I. roy qui fu moult vaillans homs.
Chilz rois fu appellés Hermons.
Moullier ot moult bonne et moult sage,
Et estraite de hault parage
De Northombrelant la contrée.
Droitement le witisme anée
Que li rois eut eü la dame,
Elle morut. Diex en ait l'ame!
De la dame remest au roy
Une fille de frisce arroi,
Douce, gracieuse et benigne.
La fille eut a nom Hermondine.
Or avoit en Northombrelande

.I. chastiel seant sus la lande,
Dont li sires qui le tenoit
Freres germains esté avoit
A la roÿne dessus ditte.
Chilz castiaus de quoi je recite
Fu pour le temps de dont nommés
Montgriès. Moult bien estoit fremés
Et li sires de la maison *f. 1 d*
Messires Los avoit a nom.
Une fille ot, c'est cose clere,
Mais en avoit perdu la mere.
Florée ot nom la damoiselle ;
Moult fu sage, courtoise et belle.
Or avint que li rois Hermons
Fu assaillis dou roi des Mons
Et de Suède, ses voisins.
Adont manda il ses cousins,
Ses hommes et tous ses proçains.
Messires Los, li plus lointains
De li, fu erranment mandés,
Qui ne s'en est pas excusés,
Mais le vint vistement servir,
Car pas ne li voloit faillir.
Si fu la guerre toute aperte
Entre ces rois forte et ouverte,
Et qui dura plus de .v. ans.
Souvent estoient sus les camps
Cil de Suède et cil d'Escoce.
Le roy Hermont pas ne reproce
Qu'il ne guerriast vaillanment,
Car homs fu de grant hardement,
D'avis et de bonne ordenance,
Et si avoit de pourveance
Bons chevaliers en son paÿs
Desquelz il n'estoit pas haÿs.

La guerre durant dont je dy,
Cilz rois dont je parolle ci,
Pour mieulz a sa besongne entendre
Et pour soi des perilz deffendre,
Envoia sa fille Hermondine
A Montgriès, la, chiés sa cousine,
Pour lui duire et endoctriner *f. 2 a*
Et en lettre plus pourfiter ;
Car Florée en estoit moult sage
Et si avoit plus grant eage
Que n'euist la fille dou roy,
.VIII. ans ou environ, je croy.
Florée qui forment l'amoit
Et qui cousine le clamoit
L'endoctrine moult doucement,
Car elle fu si longement
A lui, tant que dura la guerre
De Süède a chiaus de sa terre.
Et la fille retint tres bien,
Car elle avoit art et engien
D'aprendre et de bien retenir
Tout ce qu'elle pooit oïr,
Comme celle qui moult encline
Estoit a retenir doctrine.

Messires Camels de Camois
Caçoit une fois en ses bois
Apriès .I. cerf moult abrievé
Que si chien eurent eslevé.
Montés estoit sus .I. coursier
Oultre mesure able et legier,
Et bien tourné pour porter painne,
Car il avoit si longe alainne
Que, pour courir le plus d'un jour,
Gaires ne vosist de sejour.

Li cerfs s'en fuit. Camelz le cace
Qui onques n'en perdi la trace.
Les bois passe, et apriès la lande
Et les plains de Northombrelande.
Courant s'en vient Camelz apr[i]ès
Jusques a l'estanc de Montgriès.
Li ciers sent l'aigue douce et froide; *f. 2 b*
Ens se lance et se si refroide.
Li chevaliers qui le poursongne
L'estanch nullement ne ressongne,
Ançois apertement y entre ;
Li chevaus en a jusqu'au ventre
Et oultre, car noer le faut.
Li cers qui avoit soif et chaut
Boit de l'aigue a tel habondance,
Qu'il en pert toute sa puissance :
Refroidiés est et enroidis.
Li chevaliers le sieut toutdis.
Li cers noe oultre en .i. praiel
Qui respondoit audit chastiel.
Messires Camelz le poursieut
Qui a son gré la le consieut.
Tant est lassés qu'il ne poet plus.
Adont est Camels descendus
Sus le cerf qui tous quois se tient.
L'espée trait et si s'en vient.
Camelz li met l'espée ou corps.
Li chiers chiet jus ; il vault que mors.
Morz est li chers. Camelz s'ordonne ;
Son cor prent, la mort dou cerf sonne,
Sonne et ressonne une aultre fois ;
La environ s'espant li vois.
Cil dou dit chastiel s'en resveillent,
Qui de ce son moult s'esmerveillent.
Cilz qui tient a bouche son cor
Prise de cerf ressonne encor,

Pour recueillier ses loiemiers,
Ses mesnies et ses levriers ;
Point ne l'oent, car trop loing sont.
A ceste heure estoient adont
As fenestres, sus le praiel, *f. 2 c*
Les damoiselles dou chastiel,
Florée et Hermondine ossi,
Car veü avoient ensi
L'estat que compté ay devant,
Et dou cerf tout le convenant;
Comment li chevaliers l'avoit
Poursieuï et ocis la droit.
Ce dist Florée a Hermondine :
« Je vous pri, tres douce cousine,
« Que nous alons en ces herbiers.
« Je saroie trop volentiers
« Qui est cilz homs, qui est la jus.
« Ne sai comment il est issus
« De l'estanc, quant bien l'imagine. »
— « Alons », ce respont Hermondine.
Adont descendent dou chastiel
Et s'en viennent ens ou praiel,
Par .I. guicet qui fu ouvers.
Li lieus estoit jolis et vers
Ou li cers estoit arrestés,
Car en ce temps estoit estés,
Ou mois de jullé proprement.
Messires Camels erranment
Voit les dames vers li venant.
Adont part par bon couvenant
Dou cerf, et si s'en vient vers elles,
Et dist : « A bien viegnent les belles. »
Celles voient le chevalier
Qui moult biel les poet recueillier.
Florée l'a lors cogneü,
Car aultre fois l'avoit veü.

Si dist : « Li bien venus soiiés,
« Camelz. C'est droit que vous voiiés
« Nostre chastiel et no maison f. 2 d
« Souper vous y faut ; c'est raison.
« Je vous en pri, qui en sui dame. »
Cilz dist : « Damoiselle, par m'ame,
« Vous m'offrés tres grant courtoisie.
« Pas n'est droit que le contredie. »
Florée par le main l'enmaine,
O lui sa cousine germaine,
Qui avoit environ .XIII. ans.
Rien n'estoit de li plus plaisans,
Plus amoureuse, ne plus frice.
Vestie estoit d'un drap moult rice,
Fricement tailliet a son point.
Messires Camelz ne l'a point
Encores la recogneü,
Car onques mais ne l'ot veü ;
Mais tout bas demande a Florée :
« Or me dittes, s'il vous agrée,
« Pui je savoir le nom d'icelle ? »
— « Oïl », ce respont la pucelle,
« Fille est de roy et de roÿne
« Et s'est ma germaine cousine,
« De mon oncle le roy d'Escoce. »
Et quant li chevaliers ot ce,
Si se taist et fort le regarde.
En ce regart li vient la darde
D'amours, c'onques senti n'avoit ;
Mais je croi que la en devoit
Estre ferus pour la pucelle,
Car si fort l'esprent l'estincelle
D'amours, qui ens ou coer le lance,
Qu'il dist la, par tele ordenance,
Tout bas : « Voires, belle Hermondine,
« Estiés vous si priès ma voisine,

« Et riens je n'en savoie encore. *f. 3 a*
« A bonne heure sonnai le cor
« Qui vous fist ça jus avaler,
« Pour moy et le cerf regarder.
« Or vous jure jou, foy et ame,
« Que de vous je ferai ma dame
« Ou je demorrai en le painne,
« Si com Paris fist pour Helainne,
« Et, se mors sui pour vostre amour,
« Il me venra a haute honnour. »

ATANT entrerent en [illegible]
Ou a le fois on danse et bale.
Tout prest ont trouvé le souper;
Ce fu fait, on ala laver.
A table Hermondine on assist
A son devoir, car on le fist
Seoir comme fille de roy;
Monsigneur Camel desous soy
Et en apriès seoit Florée.
Dou souper ne dirai riensnée,
Car il fu biaus, courtois et gens,
Et bien servis de jones gens.
Apriès souper on leva sus.
Florée demanda les jus
Pour le chevalier deporter,
Et on li ala aporter
Les eschés avoech le tablier.
Si prist. I. jeu au chevalier :
Entrues qu'il se vont esbatant,
Hermondine estoit en estant
Qui le jeu volentiers regarde.
Avis est a Camel qu'il arde
Ou devant soi voit la pucelle,
Si tres gracieuse et si belle

C'on ne poroit riens milz pourtraire. *f. 3 b*
A ce jeu s'ala il fourtraire,
Car il n'i pensoit c'un petit;
Ailleurs avoit son esperit
Tourné, ce doit on bien penser,
A la pucelle regarder.
Matés fu il, se leva sus,
Car adont ne volt jeuer plus,
Pour le soleil qu'il voit baissier.
Adont demanda son coursier
Pour monter, car partir se voelt.
Ce dist Florée : « Et qui vous muet
« De partir ores, a ceste heure?
« Mehui ferés ci vo demeure
« Et de matin vous partirés,
« Et espoir nouvelles orés
« De vos gens et de vos levriers. »
— « Dame », respont li chevaliers,
« Vous m'offrés plus que je ne vaille.
« Mais partir me couvient sans faille,
« Car journée ay, demain matin,
« A l'encontre d'un mien voisin;
« Se m'i fault, comment qu'il soit, estre.
« Je sçai, a senestre et a dextre,
« Tous les chemins parmi le bois :
« Ains le jour serai a Camois.
« Grant mercis de vo courtoisie
« Et de la bonne compagnie
« Que vous m'avés fait et fait faire. »
Et quant Florée voit l'afaire
De Camel, qu'il se voet partir,
Dont fait la son coursier venir.
Camelz y monte apertement.
Si part; mais, au departement,
Congiet prent sagement et biel *f. 3 c*
As damoiselles dou chastiel,

Et dist bien qu'il les revenra
Veoir ; de ce point ne faura.

Quant messires Camelz parti
Soudainnement, sus le parti
Que compté vous ay chi devant,
On ne s'en voist esmervillant,
Car il sentoit en lui tel cose,
La quele descouvrir il n'ose,
Fors a ses gens, au dire voir,
Et ne voroit pour nul avoir
Que de Montgriès les damoiselles,
Qui sont jones, frisces et belles,
Le sceuissent aucunement.
Ce que c'est, vous l'orés briefment.
Voirs est que messires Camelz
En ses affaires estoit telz
Que tous preus chevaliers doit estre,
Et que, a senestre et a dextre,
On ne trouvast parel a li,
Plus preu, plus fier, ne plus hardi,
Fust a la guerre ou au tournoi,
Car riens ne duroit devant soi ;
Mais quoiqu'il fust de tel vaillance,
Tous li avoirs qui est en France
Ne le fesist point seul jesir
En une cambre, ne dormir,
Et moult de fois li avenoit
Qu'en dormant il se relevoit
Et demandoit ses armeüres,
Espée, et lance et ses parures,
Puis les blances, dont les vermeilles,
Et faisoit la tant de merveilles
Que forment s'en esmervilloient *f. 3 d*
Li compagnon qui le veilloient.

Et, quant ce venoit au matin,
On li comptoit sa vie a fin
Que plus ne s'i volsist rabatre ;
Mais c'estoit toujours sans rembatre
Et toutdis a recommencier.
Si osoit il bien chevaucier
Les nuis par forès et par landes,
Et par voies tortes et grandes,
Et entrer en pas perilleus ;
Mais point il n'osoit dormir seulz.
Onques ne perdi cel usage
Tant qu'il vesqui en son eage.
Or vous ay compté la raison
Pour quoi ne volt en la maison
De Montgriès demorer ce soir.
Il ne vosist pour nul avoir
Que on euist laiens sceü
Son afaire ne cogneü.
Si en savoit assés Florée
Par chevaliers de lor contrée
Qui s'en estoient descouvert.
Si tenoit bien Camelz couvert
Sen estat et toutes ses vies,
Et, tant fort amoit ses mesnies,
De lui n'en laissoit nul partir
Ne pour vivre ne pour morir.

Messires Camelz, ce saciés,
N'estoit pas encor eslongiés
Une lieue dou dit chastiel,
Quant evous, menant grant cembel,
Venus la les chiens de la cace
Qui sieui avoient la trace

370 sieui, *B* sieuoit.

Dou cerf qui gisoit ou pré mors. *f. 4 a*
Il s'en sont venu jusqu'as bors
De l'estanc et dedens entrerent,
Et tout outre au no le noerent;
Sus le cerf vinrent glatissant
Et entre yaus grant deduit faisant.
Les damoiselles dou chastiel
Sont la venues au revel
Pour veoir le deduit des chiens,
Car ce leur estoit uns grans biens,
Esbanois, solas et plaisance.
Evous venus sans detriance
Les veneours jusqu'à l'estanc,
Qui leurs chiens aloient sieuant;
Mais pas ne sont dedens entré,
Ançois ont tourniiet le pré.
Au tour vinrent ou li chien furent
Et leur fisent tout ce qu'il durent,
Cuirie et tout le demorant.
Florée emmainne tout riant
Les veneours ens ou chastiel;
Aisier les fist et bien et biel.
Au point dou jour il se partirent;
Pour revenir a Camois tirent.
Dou cerf n'en voelent riens porter
Pour cose c'on sceuist parler.
Ensi se sont mis au retour.
Messires Camelz droit au jour
S'en vint du chastiel de Camois.
Sans nul effroi passa le bois
Celle nuit, car point ne dormi.
Si vallet et si chien ossi
Revinrent droit a remontiere.
Camelz leur fist tres bonne ciere
Et les enquist sus leur afaire. *f. 4 b*
Cils ne s'en vorrent mie taire,

Mais li recorderent tout voir
Et comment il furent le soir
Receü comme chevalier,
« Et vous voloient renvoiier
« Le cerf, lequel laissiet avons.
« Mais, monsigneur, nous ne savons
« Se ce vous plaist. » Il respont lors :
« Oïl, par m'ame, et fust fins ors
« Se fait euissiez aultrement.
« Vous m'euissiez trop malement
« Couroucié, sachiés le de voir.
« Mais or va bien a mon voloir. »

Messires Camelz n'atendi
Trop longement de puissedi
Qu'il se parti de son manage ;
N'en mena avoech soi c'un page.
De nuit chevauca vers Montgriès,
A une journée la priès.
L'endemain, ensi c'on esprime,
Entre heure de tierce et de prime
S'en sọnt venu au dit chastiel.
Adont estoient au crestiel
Les gardes ; la porte estoit close.
Sans congier ouvrir on ne l'ose.
Il appella, on vint a li.
Cognissables se fist ensi
Comme il avoit fait puis.i.mois,
Et dist qu'il estoit de Camois
Sires, et Camels avoit nom.
On ne le dist mies de non,
Ni : « Enterés, se c'est vostre aise. »
Mais li fu dit, ne vous desplaise :

437 vostre, *B* nostre.

« Sire, nous irons a ma dame ; f. 4 c
« Autrement arions nous blasme. »
Il repondi : « Alés, a Dieu. »
Adont s'en sont venu ou lieu
Ou Florée estoit toute preste.
Dit li fu : « La dehors s'arreste,
« Ma dame, uns chevaliers voisins.
« Dit nous a que c'est vos cousins.
« Le lairons nous ceens entrer ? »
— « Oïl, quoi dont, sans arrester.
« Il ne vient fors que pour esbatre ;
« Se ne li devons pas debatre
« L'entrée ne la compagnie,
« Ou on li feroit villonnie,
« La quele ne li voel pas faire. »
Lors les gardes, sus cest afaire,
L'ont laissiet errant en la porte.
La vient Florée qui li porte
Grant solas a lui recuellier.
Cilz qui ot corps de chevalier,
Bel et gent, et de bonne taille
(Voires se il n'euist la maille
De reproce ditte devant),
S'est courtoisement trais avant
Et conjoïst les damoiselles
Doucement, et dist : « Voir, mes belles
« Dames et voisines ossi,
« L'autrier me reçuïstes si
« Liement et a bonne ciere,
« Que j'en suis revenus arriere
« Pour vous loer et graciier,
« Et de vo bien remerciier. »
— « Messire Camelz », dist Florée,
« Vous dittes ce qu'il vous agrée,

451 L'entrée, *B* Lentre.

« Mais nous vorriemes vraiement f. 4 d
« Vous et autrui courtoisement
« Recevoir, selonch no pooir,
« Et encores mieus no devoir
« En ferions, il n'est pas de doubte,
« Se monsigneur avoech sa route,
« Qu'il tient en la guerre d'Escoce,
« Estoit ci. » Et, quant cis ot ce,
Si pense .i. peu, puis dist : « Ma dame,
« Je vous prommet, et foy et ame,
« Qu'en tous estas vous serviroie
« Et pour vous me combateroie,
« Et pour votre cousine ossi,
« A tout homme, saciés de fi,
« Pour l'amour de la lie ciere
« Et de la tres bonne maniere
« Que j'ai veü et voi en vous. »
— « Moult grant mercis, biaus sires doulz »,
Ce respondi Florée en l'eure,
Qui pas encores ne saveure
Pour quoi Camelz si bien s'avance
Et se met en leur ordenance :
Pas n'est temps encor dou savoir.
Messires Camelz au mouvoir
De son chastiel, le soir devant,
Avoit pourpos et couvenant,
En soi meïsmes, qu'il diroit
A la belle ou ses coers tiroit
De son penser .i. grant quartier,
Et l'avoit trop bien devant hier
Jetté et avisé ossi.
Mais quant la est, il le crient si,
Ou le voit aler et venir,
Que brief il ne poet revenir
A son pourpos, ançois le pert. f. 5 a
Et la riens de quoi la plus sert

C'est de regars doulz et soubtieulz,
Car en emblant jette ses ieulx,
Quant il poet, dessus Hermondine,
Et tant le fait que sa cousine
S'en perçoit ensi qu'en emblant.
Se n'en fait elle nul semblant,
Mais s'en passe legierement
Et parolle moult liement
Toutdis a monsigneur Camel.
S'elle dist un, elle pense el,
Mais si courtoisement se cuevre
Que nulz ne scet quel cose elle oevre.

Tout ce jour entier, jusqu'au soir,
Peut o les dames remanoir
Messires Camelz, je vous di,
Et ot bien la le temps pour li
Tout ensi qu'il le desiroit.
Car celle ou tous ces cuers tiroit
Fu toutdis en sa compaignie,
Voires, si bien acompagnie
Que de Florée sa cousine.
Li chevaliers li fist maint signe
D'amour, ce jour, et maint regart;
Mais Hermondine que Diex gart
Estoit jonete et ignorans,
En l'eage que de trese ans.
Si ne cognissoit nullement
Telz affaires, peu ne granment,
Et si n'eut esté priie onques
D'amer, ne la ne fu adonques,
Car jusqu'a ce ne peut venir
Messires Camès, sans mentir.
Et Florée qui .i. petit *f. 5 b*
S'en perchut, i mist entredit,

Empecement et detriance,
Sus bonne et courtoise ordenance.
Quant ce vint au soir, je vous di,
Messires Camels se parti.
Un peu le pria froidement
Florée, a ce departement,
De demorer; il s'escusa.
Depuis le mot ne releva
La damoiselle tant ne quant.
Camels monta; il part errant
Et retourne vers son chastiel.
Toute la nuit fist il moult biel,
Car la lune si estoit plainne.
Sus son chemin une fontainne
Avoit; si tira celle part.
La descendi; point ne s'en part
Si tretost qu'il y fu venus.
Moult bien scet que nulle ne nulz
N'est dalés lui, la, a ceste heure,
Fors ses varlès qui ne labeure
Pas a ce ou Camelz s'ordonne ;
Car du tout s'arreste et ordonne
A faire un rondelet plaisant
Et tesmongne bien, en faisant,
Que l'amour la belle Hermondine
A ce faire du tout l'encline.

Rondel.

Je me loe de mes ieuls.
Il ont mon coer bien assené
Dou tout en tout a son talent.

Je ne desir certes mieus,
Car il est dou tout a mon gré.
Je me loe, etc..

Ensi me puist aidier Diex *f. 5 c*
Que de changier n'ai volenté
Ne n'avrai jour a mon vivant
Je me loe, etc.

Ensi li chevaliers s'esbat,
Qui est entrés en grant debat
Pour l'amour la jone Hermondine.
Conceü en a la doctrine,
Le maniere et le frisce arroi,
Et dist que pour la fille au roi
D'Escoce sera tres jolis.
Quant il se fu la rafrescis
A la fontainne gente et belle,
Dont moult clere estoit la gravelle,
Il se parti sus l'ajournée
Et chevauca de randonnée
Les adreces parmi le bois.
Revenus s'en est a Camois.
Or vous conterons l'ordenance
De Florée et quele attemprance
Elle mist en celle besongne,
Si com celle qui moult bien songe
De l'onneur sa belle cousine.
Une heure dist a Hermondine :
« Or, cousine, entendés a mi.
« Chilz messires Camelz qui ci
« A esté ja de puis .I. mois,
« Ensi que vous savés, .II. fois
« S'est de vous tous enamourés;
« Car j'ai moult bien considerés
« Les samblans de lui et l'afaire.
« Cousine, vous n'avés que faire
« De penser a lui nullement.
« Si vous prie tres chierement. *f. 5 d*

« Pour vostre honneur et mon amour,
« S'il avient de nuit ou de jour
« Que vous aiiés de li nouvelle,
« N'i arrestés noient, com celle
« Qui est fille de hault parage
« Et hoirs de moult biel hiretage.
« Car ja ne venra jusc'a vous :
« A refuser fait entre tous,
« Les chevaliers que je cognois,
« Comment qu'il soit et lons, et drois,
« Et chevaliers de belle taille,
« Et fors pour faire une bataille:
« Il a en lui si grant reproce
« Que ja la fille au roi d'Escoce
« N'ara tant que creüe en soie,
« Et, se le fourfet vous disoie,
« De lui et la condition,
« Jamais jour vostre entention
« N'i metteriés ne tant ne quant;
« Mais je m'en tairai maintenant
« Et vous dirai que vous ferés.
« D'or en avant vous userés,
« Par mon conseil, je vous en pri,
« Si com avés fait jusc'a ci.
« Se chiés nous se vient plus esbatre,
« Tout ce ne li quier plus debatre
« Pour men honneur et par vinage;
« Mais vous arés un tel usage
« Que, pour brisier tout ce qu'il pense,
« Plus ne venrés en sa presense
« Et je vous escuserai bien. »
Hermondine, qui nul engien
D'amours n'avoit encor en li,
A sa cousine respondi : *f. 6 a*
« Certes, cousine, je me voel
« Adonner dou tout a vo voel,

« Et vous pri que me reprendés
« Sus l'estat que vous m'aprendés,
« Car je suis o vous pour aprendre,
« Endoctriner et a reprendre,
« Ne point je ne pense a tel chose.
« J'aroie ossi chier une rose
« Que l'amour de nul chevalier.
« Se je l'ai peüt recueillier
« Liement en vo compaignie,
« Pour ce, voir, n'i pensoie mie
« Non plus que j'ai fait .III. ans a. »
Florée a tant la le laissa
Qui se tient pour toute avisée
Que, si Camelz sus la contrée
Cevauce et jusqu'a laiens viegne,
Elle voet que bien li souviegne
De ce qu'elle a compté et dit.
Oïl! Puis ne targa petit
Que messires Camelz s'en vint
Chevaucant, et le chemin tint
De Montgriès, et vint a la porte.
La damoiselle, qui fu forte
De son pourpos, le fist ouvrir;
Mais sa cousine fist issir
De la voie, et tantost entrer
En une cambre et enfremer.
Florée recueilli moult biel
Le chevalier en son chastiel,
Li quelz demanda d'Ermondine,
En disant : « Ou est vo cousine,
« Pour quoi ne se tret elle avant. »
Et Florée li met devant *f. 6 b*
Qu'elle est malade et dehetie,
Et l'a esté celle nuitie
Si fort que sus l'ain d'estre morte.
Camelz de ce se desconforte

Et dist : « Certes, ce poise mi.
« Or me recommendés a li,
« Je vous en pri, car je m'en vois.
« Mes gens m'attendent en ce bois ;
« Je croi que nous y cacerons,
« Car la trace d'un cerf sieuons. »
Lors remonte incontinent.
Florée adonques molement
Le pria d'illuech demorer,
Car assés peut considerer
Ce ou jetté ot son avis.
Li chevaliers dont je devis
Se departi a celle fois,
Tous courouciés, et ce fu drois,
Car point n'avoit veü sa dame
Ou tout a rendu jusc'a l'ame.
Encores fust plus courouciés
S'il seuist bien tous les meschés
Que Florée li taille et brasse ;
Elle perderoit tost sa grasce.
Mais encor point ne s'i encline,
Ançois le tient pour sa voisine
Bonne, et propisce et gracieuse
Et en tous estas tres joieuse.

Messires Camelz retourna
En son chastel et sejourna
Un mois complet de puissedi,
C'onques de Camois ne parti.
Se n'estoit il point a son aise.
On ne li fait riens qui li plaise *f. 6 c*
Tant est fort merancolieus.
Le plus du jour voet estre seulz.
La se devise et si propose
Comment il fera ne quel cose,

Ne quel centenance au voir dire,
Soit de parler ou par escrire,
A celle fin, au dire voir,
Que Hermondine puist savoir
Comment tres ardanment il l'aimme.
A la fois homs couars se claime,
Quant il ne li a pieça dit,
Ou fait a Florée un despit
Qui en est toute gardiiene.
Tout ensi Camelz amoiene
Ses coses et fait ses debas.
Ce seroit uns moult grans esbas
De li a chief de fois oïr :
Une heure se puet resjoïr
Et l'autre se plaint fortement.
Tout tel sont li demainement
D'un coer a boine amour rentier ;
Car si fait ne sont pas entier,
Mais de si diverse ordenance
Que point ne scet mettre attemprance.

Ou chief du mois li chevaliers
Qui estoit corageus et fiers,
Et homs de tres grant hardement,
S'en vint a Montgriès rudement,
Et s'arresta devant la porte
Qui estoit moult belle et moult forte,
Et close pour l'eure et barrée
Par l'ordenance de Florée.
Messires Camelz appella
Les gardes, et vinrent la, *f. 6 d*
Qui doucement a li parlerent
Et en parlant lui demanderent
Qu'il voloit. Il dist : « Je voel ens. »
Adont respondirent les gens

Dou chastiel com tout pourveü,
Par l'enort qu'ils orent eü
De leur dame, et dirent : « Cier sire,
« Tant qu'en present, nous n'osons dire
« Que ceens entrer vous doiiés,
« Ne qu'ossi banis en soiiés.
« Diex nous en gart, ossi no dame !
« Mais, monsigneur Camel, par m'ame,
« A toutes coses, a raison,
« Nous tenrons close la maison
« Tant que no dame qui au lit
« Gist dehetie et non petit,
« Mais de la fievre moult grèvée,
« Sera en santé relevée.
« Si vous poés sur ce partir,
« Et un aultre jour revenir.
« Elle vous veroit volentiers,
« S'aler pooit sus les sentiers :
« De ce devés tous segurs estre. »
Et quant li chevaliers ot nestre
Tels parlers et jetter en place,
Saciés que pas ne s'en solace.
Bien voit qu'il a perdu sa painne.
Adont a il repris l'alainne
Et dist : « Et ou est sa cousine,
« Ceste que on nomme Hermondine ? »
Et cil respondirent en l'eure :
« Par foy, monsigneur, elle pleure
« Dalés le lit de nostre dame
« Qui ne voelt avoir aultre femme *f. 7 a*
« Que sa cousine a camberiere ;
« Car trop miex cognoist sa maniere
« Que nulle aultre qui ceens soit. »
Et, quant messires Camelz voit
Que l'une ne l'autre n'ara,
Les gardes adont rappella

Et dist : « Signeur, j'ai une lettre
« C'uns chevaliers pot l'autrier mettre
« Ciés moy et laissier en ce nom,
« Qui s'adrece en ceste maison,
« Et me pria trop grandement
« Que je volsisse temprement
« Cestre lettre ci apporter.
« Adont li alai demander
« A qui ceens la bailleroie
« Et que volentiers je feroie
« Son message sans nul dangier,
« Ensi que pour lui adrecier.
« Il me dist, et se m'en fist signe,
« Qu'elle venoit a Hermondine,
« La fille au roy Hermont d'Escoce.
« Je ne sçai mie s'elle ot ce,
« Mais saciés que je di tout vrai.
« Ceste lettre vous baillerai
« Et vous li bailleréś ossi.
« Mais d'une cose je vous prie,
« Que ce soit en sus de vo dame,
« Car cilz par qui je l'ai, par m'ame,
« Me pria moult estroitement
« Qu'elle l'euist secretement,
« Car nouvelles de son pays
« Y a grandes, j'en suis tout fis. »
Et cil respondirent en l'eure :
« Sires, jettés les par deseure *f. 7 b*
« Ces mures, nous li baillerons,
« Et tout ensi nous li dirons
« Que recordé nous avés ci. »
— « Voires, signeur, je vous en pri,
« Dittes li que si bien s'esconse
« C'a nullui n'en face response
« Fors a moy, car li chevaliers
« Les ora trop plus volentiers

« Par moy que par aultre message. »
Et cil respondent comme sage :
« Sire, nous ferons vo voloir
« Bien et a point sans remanoir.
« Ça la lettre. » Et Camelz lor lance,
Qui le mist au bout d'une lance.
Tant fist qu'il l'ont et qu'il le tiennent,
Et puis oultréement maintiennent
Qu'il s'en acquitteront tres bien.
Li chevaliers, sus ce moiien,
Est reconfortés grandement,
Se part d'illuech, et congiet prent.
Et puis si s'est mis au retour,
Et dist bien que dedens brief jour
Il revenra oïr nouvelles.
Soient pour lui laides u belles,
Jamais ne laira ceste en pais,
Pour qui encargiet a tel fais,
Qu'il en sera, ce dist, plus preus,
Plus liés et trop plus amoureus.

Sitost que messires Camelz
Se parti, si com vous savés,
De Montgriès et se trest arriere,
Florée vint a le bariere
Et va ses gens en parler mettre.
Tantost on li bailla la lettre, *f. 7 c*
Car requeste en fist de l'avoir.
Si en ot moult grant joie, voir,
Et dist en soy : « Or, savons nous
« Les secrés et les estas tous
« De ce Camel qui nous herie,
« Ne apriès quoi tant il varie

835 Il, *B* Ils.

« Entour le chastiel de Montgriès.
« Bien me poroit estre trop priès
« Durs voisins, quant bien je m'avise. »
Lors s'en vient sus ceste devise
Hors de ses gens, et si appelle
Hermondine, et li dist : « Ma belle
« Cousine, c'or venés avant,
« Je voi une lettre tenant
« Qui s'adrece, ce dist Camelz
« A vous, je vous pri. Or tenés,
« Si la lisiés. Sans contredire,
« Vous le sarés, je croi, bien dire. »
Lors Hermondine prent la lettre,
Si l'uevre et va se entremettre
Dou lire par bonne ordenance.
Si disoit ensi la substance
Que Camels avoit ens escrit,
Si com vous orés sans respit :

« A vous, ma dame souverainne,
« Escris par parole certainne,
« Com cilz qui ne poet nuit ne jour
« Avoir ne repos, ne sejour,
« Que il ne pense a vous toutdis.
« En cel estat m'ont certes mis
« Vo vair oel, simple et attraiant
« Et vostre boucette riant,
« Vo gent corps, vo phisonomie
« Et la chiere joieuse et lie *f. 7 d*
« Qui m'a esté de vous moustrée.
« Plaise vous, ma dame honnourée,
« A savoir que j'ai jusc'a ci
« Vescu, mais onques ne senti
« Assaus d'Amours, fors pour vous, dame.
« Et, puis qu'il est ensi, par m'amie !

« Que conquis m'avés, je me rens
« A vous, et tels que je me sens,
« Fors et loyaus pour bien servir,
« Je me voel a vous asservir
« Et vorrai grans painnes de corps
« Endurer pour vous ens et hors.
« Et, pour ce que pas ne voi heure
« Que les grieftés u je labeure
« Et travelle mes esperis
« Ne puis moustrer, se je n'escris,
« Ne aultrement faire je n'ose,
« Par ceste simple lettre close
« Le vous segnefi vraiement,
« Mais c'est si cremeutesement
« Ç'a painnes l'ay jou osé faire.
« Mais considerés mon afaire,
« L'estat en quoi je vif et oevre.
« Il convient que je m'en descuevre,
« Car loyaument je ne puis plus
« Porter les assaus de quoi nuls
« Ne nulle ne me poet aidier,
« Et fust ore a men soushaidier,
« Fors vous, ma douce dame ciere.
« Si voelliés, sus ceste maniere,
« Regarder comment, un petit,
« Mon tres amoureus esperit,
« Qui est nuit et jour travilliés,
« Soit aucunement consilliés, *f. 8 a*
« U par lettre, u par aultre voie.
« Et, a fin ossi mieulz c'on voie
« Que de bonne amour sui espris,
« Avoech ces lettres que j'escris
« J'ai mis .I. rondelet chi bas,
« Ou souvent au canter m'esbas,
« Pour vous, ma dame souverainne.
« De ce soiiés toute certainne :

Rondel.

Par ma foy, j'ay tres grant merveille
Comment mon coer poet'endurer
L'anui qu'il a
De ce que pieça je ne vous vi.

Car, sans vous, qui n'avés parelle,
Ne poet il nullement durer
Ne cha ne la.
Par ma foy, etc.

Si saciés, ma rose vermeille,
Que vous porés tout amender,
Quant vous plaira ;
Mais que vous souviegne de mi.
Par ma foy, etc.

Onques en la lettre lisant,
La quele je vous voi disant,
Hermondine riens ne falli.
Florée le prist et cloÿ,
Qui n'en ot mies trop grant joie.
Nonpourquant elle met en voie
Sa cousine dou demander
Quel cose l'en pooit sambler;
Et celle qui moult jone estoit
Respondi qu'elle ne savoit,
Ne savoir ne voet en grant temps,
Et que cilz pert tous ses rommans,
Qui d'amer par amours le rueve. *f. 8 b*
Et quant Florée ensi l'esprueve

934 souviengne de mi, *B* souviengne bien de mi.

Au parler, si l'en scet grant gré,
Et dist : « Il nous faut en secré
« Tenir tout ce, belle cousine.
« Bien avoie veü le signe
« De ce chevalier l'autre fois,
« Messire Camel de Camois,
« Qu'il avoit assis son avis
« Sur vous ; en veci le devis
« Tout ensi que je le pensoie.
« Or fault en avant que je soie
« Moult songneuse de ce chastiel.
« Plus n'irons dedens ce praiel
« Esbanoiier pour les perilz,
« Car par trop est outrageus cils
« Chevaliers qui vous voet amer ;
« La ne me poroie acorder.
« Il n'est pas parelz contre vous,
« Siques, cousine et fins coers doulz,
« Ne pensés a lui nullement. »
Et ceste respont bonnement :
« Ma cousine, ossi ne ferai,
« Ne nulle volenté n'en ay.
« Je vous crerai, car c'est raison,
« Quant je demeure en vo maison. »

FLORÉE n'est pas a son aise,
Pour voir, comment qu'elle se taise,
Car les perilz trop fort ressongne
Dou chevalier dont elle a songne,
Pour ce que outrageus le sent
Et homme de grant hardement.
Volentiers veroit sans reproce
Que ses oncles, li rois d'Escoce,
Euist sa fille en son païs. *f. 8 c*
Ne demora puis des jours .VI.

Que ses peres .I. soir revint,
Et avecques li plus de .xx.
Chevaliers et tous Escoçois,
Les quels la envoioit li rois
D'Escoce deviers sa cousine
Et pour remener Hermondine,
Sa fille, qu'il n'avoit vers li
Eü bien .v. ans et demi.
Or estoit sa guerre achevée
Et pour lui si tres bien portée
Qu'a honneur en estoit issus.
Si ne voet que elle soit plus
A Montgriès, mais le voelt ravoir,
Et tout ce fait il a savoir
A Floré[e] par son chier pere.
Grandement l'en pleut la matere
Et en respondi erranment,
En disant : « Il est vraiement
« Bien saison qu'elle s'en revoise. »
Adont li chastiaus se renvoise
Pour l'amour des dis Escoçois.
Au matin fu près leurs arrois
Et tous li estas d'Ermondine.
Au chastiel moult matin on disne,
Puis monterent li chevalier
Qui vont moult bien apparillier,
Sus une hagenée amblant,
Hermondine au tres doulz samblant.
A monsigneur lor congiet prendent
Et a Floré[e] les mains tendent.
Dont se partent, et si s'en vont.
De Montgriès tost eslogié sont.
Florée n'a de plorer cure, *f. 8 d*
Mais bien tient a belle l'aventure,
De ce que, sans grief et sans painne,
Sa cousine arriere on enmainne,

Que dira messires Camelz,
Quant de ce sera enfourmés
Que la belle Hermondine enmainnent
Les gens son pere qui se painnent
De li honnourer et servir,
Sans nulles nouvelles oïr
De quoi il attendoit response ?
Bien dira : « Li solaus esconse
« Sus moy a heure de midi. »
Messires Los fu, ce vous di,
Liement veüs de sa fille
Et de chiaus de son domicille,
Car bien avait .III. ans et plus
Demoret de Montgriès ensus.
Li chevalier ossi d'Escoce
Mainte riviere, et mainte boce
De montaigne, et mainte lande
Passerent en Northombrelande,
Et puis en leur pays rentrerent.
Le roy a Signandon trouverent,
.I. chastiel qui est biaus et fors.
Toutes gens vuidierent dehors
Pour venir encontre Hermondine.
Se li moustrerent tous grant signe
D'amours, et ce fu bien raison.
Resjoÿe fu la maison
Et les gens a sa revenue.
Ses peres qui ne l'ot veüe,
Bien avoit .V. ans et demi,
Moult doucement le conjoÿ,
Et le tint de lui moult proçainne, *f. 9 a*

1019 enmainne, *B* en mainne. — 1043 tous, *B* tout.

Et li dist : « C'est cose certainne,
« Ma fille, marier vous fault ;
« Mais ce sera en lieu tres hault,
« Car j'en ay ja esté priiés. »
— « Monsigneur », dist elle, « or oiiés :
« En vos commandement sui toute,
« Mais ostés moy de celle doubte,
« Car pas marier ne me voel.
« Si ne voel jou, oultre vo voel,
« Riens faire, quoi que je parolle. »
— « Ma fille, vous n'estes pas fole »,
Ce respondi li rois Hermons.
Un peu de la belle lairons,
De son pere et des Escoçois,
Et dou chevalier de Camois
Parlerons et qu'il li avint,
Et comment depuis se maintint.

Messires Camelz qui tendoit,
Et qui nuit et jour attendoit
Que response euist de sa lettre,
Se va .i. jour a cheval mettre.
Si prent ses chiens et ses levriers,
Ses brakes et ses loiemiers,
Et se met en droite ordenance
Pour cacier, il y a fiance,
A .i. cerf qui est en ses bois ;
On y a visé puis .i. mois.
Il est montés et puis partis.
Grandement gist ses apetis
Que li cers ait coursée et cace
Jusc'a Montgriès, et voet c'on sace,
Que droit la le vodra attaindre
Et nulle part ailleurs constraindre.
Par petis ciens partir le fait f. 9 b

Des bois pour venir à son fait.
Li cers a pris errant la lande
Et les plains de Northombrelande.
Li chevaliers, qui fu montés
Grandement a ses volentés
Pour courir .I. jour tout entier,
Ne voet mies a ce premier
Le cerf cacier dou mielz qu'il puet.
Il ne keurt pas ensi qu'il suet,
Mais par avisée attemprance
Le poursieut par bonne ordenance.
Establis avoit en devant
Ses chiens, et arriere et avant,
Qui le cerf devers Montgriès mainnent.
Tout le jour si bien le pourmainnent
Qu'il vint morir devant la porte
De Montgriès, et la prise morte
Sonna Camelz moult hautement.
Messires Los, qui proprement
Estoit adont en son chastiel,
Dou son oïr ot grant reviel;
Celle part vint a la couverte.
Contre lui fu la porte ouverte;
Monsigneur Camel recogneut,
Car aultre fois bien veü l'eut.
Si l'appella et conjoÿ,
Et messires Camelz ossi.
La ont fait grans recognissances,
Et couvint sur ces ordenances
Messire Camel de Camois
Laiens entrer a celle fois,
Et, avoecques monsigneur Lot
Qui joie de sa venue ot,
Souper. Et la estoit Florée, *f. 9 c*
Qui n'est mies trop esplorée
De ce que n'a plus sa cousine

Avoech soy, car bien voit le signe
Que Camelz ne vient pour el la.
Messires Los si enparla,
Car ensi cheï en matere,
Ossi dou roy Hermont son pere,
Comment remandée l'avoit.
Camelz de ce riens ne sçavoit;
Mais, quant il en sceut le certain,
Onques de puis ne vin, ne pain,
Ne cose salée ne douce,
Ne mist la a table a sa bouce.
Florée moult bien s'en prent garde,
Car a chiés de fois le regarde
Et messires Los autressi.
Quant il orent soupé ensi
Qu'il apartient en liu notable,
On lava, puis osta le table.
Messires Camels, qui fu la,
Moult grandement remercia
Monsigneur Lot de ce souper.
Congiet prent, car il voet monter,
Ce dist, ne plus ne voet attendre.
Adonques veïssiés entendre
A lui et apporter le vin ;
Il monta sans mettre y termin.
De Montgriès part, non pas si liés
Qu'il y vint, segur en soiiés.
A painnes peut il au partir
Prendre congiet, ne bouce ouvrir,
Especialment a Florée.
Or chevauce de randonnée
Messires Camelz de Camois. *f. 9 d*
De puis ne demora .I. mois
C'a Montgriès envoia arriere

1137 osta, *B* ostan.

Une siene cousine ciere,
Et tant seulement pour parler
A Florée et li remoustrer
Que trop mal esploitié avoit,
Quant sa cousine qu'il veoit
Volentiers, sans nulle reproce,
Elle a renvoiiet en Escoce,
Et tout ce fait en son despit
Qu'il ne tient mies a petit,
Mais a grant et a oultrageus.
Et quant jeué a de telz jeus,
C'est bien drois qu'elle le compere,
Et se le fera a son pere
Comparer, qui est ses voisins.
Ne pour parens, ne pour cousins
Qu'il ait, ne laira ne le face,
S'on ne fait revenir en place
Hermondine, ensi que devant.
La damoiselle, je m'en vant,
Quant venue fu a l'ostel
De Montgriès, lors, de par Camel,
Fist son message bien et biel.
Onques personne dou chastiel
N'en seüt riens, fors que Florée,
Qui n'est pas trop assegurée,
Puis que Camelz se met en voie
Quant telz parolles li envoie.
Mais elle, a ce commencement,
S'en escuse moult doucement,
Et dist que, se Diex li aÿe,
Onques a nulle villonnie
Par dessus Camel ne pensa, *f. 10 a*
Et c'au jour que on remanda
Sa cousine que moult amoit,

1178 que Florée, *D* que seul Florée.

Dalés li noient n'en savoit;
Comment que elle die bien,
Sans sur ce escuser en rien,
Qu'elle l'a plus chier en Escoce,
Pour tout[e] doubte de reproce,
Qu'elle n'ait briefment dalés li.
Sus la response se parti
La damoiselle de Florée
Et s'en revint en la contrée
De Camois et devers Camel,
Qui n'attendoit nulle riens el
Fors response, et il l'eut en l'eure.
Quant il l'a, trop bien le saveure
Et dist que, sus ceste escusance,
Mettera il aultre ordenance,
Car tout cler y voit le deffaut
Et bien scet que Florée faut.

Depuis ne demora granment
Que cilz Camelz qui ardanment
Aime la fille au roy Hermont,
Ensi que courous le semont,
Prist ocquison et qui fu tele,
Que pour faire guerre mortele
A monsigneur Lot dessus dit,
Et li manda qu'un grant despit
Avoient fait ses gens as siens,
Et que moiiene ne moiiens
Ja ne s'en essonnieroit
Jusc'a tant c'amendé seroit.
Et sur ce le fist deffiier,
Et prist tantost a chevaucier
Sur lui, et entra en sa terre, *f. 10 b*
Et li fist une forte guerre,
Tele que d'occire ses gens.

Messires Los en fu dolens
Lors qu'il en oÿ les nouvelles,
Erranment fist mettre ses selles.
Si monta et si fist monter
Chiaus de Montgriès sans arrester.
Si se misent lors sus les camps
Pour contrester as chevaucans,
Qui ce despit fait leur avoient.
Les gens de Camel, qui estoient
Plus assés ne fuissent li aultre,
S'en vinrent lors lance sur fautre
Sur les gens de monsigneur Lot,
Et la moult bon puigneïs ot,
Fort, et dur et bien rencontré.
Tout ensemble s'en sont rentré
En .I. pré; la se combatirent
Longement, et moult d'armes firent,
Et la fu moult bons chevaliers,
Messires Los a ce premiers,
Et tamaint en jetta par terre.
Mais encores de celle guerre
Messires Camelz passa route.
Nullui n'a la qui ne le doubte,
Car il donne les cops si grans,
Qu'il n'est la ne villains, ne frans,
Qui grandement ne le ressongne :
Il se fait chiés de la besongne.
Sur monsigneur Lot est venus,
As bras le prent; huimais n'est nulz
Qui le puist de ses poins oster.
Mies ne le voet afoler
Ne occire, ne mehagnier, *f. 10 c*
Mais prendre vif a prisonnier.
Si fort son hÿaume li tire
Que les las desront et descire.
Telement le manoie as mains

Que messires Los ne puet ains.
Rendus s'est, plus ne voet combatre.
Qui veïst adonques abatre
A monsigneur Camel ces gens,
Dire peuist chilz : « Chi est gens
« Et chevaliers de grant proece. »
Briefment la besongne s'adrece
Pour lui et la journée est sienne.
Las! que dira la terriienne
De Montgriès, quant elle sara
Que li siens peres pris sera
Et desconfie sa gent toute?
Elle ent[r]era en double doute.
Messires Camelz, je vous di,
Chiaus de Montgriès la desconfi,
Et les mist en fuite et en cace,
Et si fu pris dessus le place
Messires Los et de sa main,
Dont se retourna tout le plain
Et repassa parmi les bois.
Si rentra par dedans Camois
Ou moult avoit forte maison.
En une tour mist en prison
Monsigneur Lot, pere a Florée
Qui est durement esplorée.
Quant elle en oÿ la nouvelle,
Ses mains tort la bonne et la belle.
Si se demente et dist en soy :
« Ce grant destourbier je reçoi
« Tout pour l'amour de ma cousine. *f. 10 d*
« A male heure vint Hermondine
« Demorer cheens avoech mi,
« Quant je pers mon pere par li! »

1264 proece, *B* proce.

Ensi fu mis en une tour
Messires Los, qui a l'estour
Avoit esté par Camel pris.
Cilz Camels, comme tout espris
De courous et de mautalent,
Cevauce encores moult souvent
Dessus la terre de Montgriès
Et en tient les hommes si priès
Que il ne s'osent a moustrer,
Aler as camps, ne labourer,
Ne issir de la forterece.
A le fois son langage adrece
A pluiseurs et leur dist ensi,
Quant il les tient en sa merci :
« Or en alés devers vo dame
« Et se li dittes que, par m'ame,
« S'elle voloit, vous ariés pais,
« Et vous seroie tres parfais
« Bons voisins, de nuit et de jour,
« Et tout ce poet a son honnour
« Faire par bonne entention ;
« Mais s'elle tient l'oppinion
« Qu'elle a en devant maintenue,
« Qui sur vous me muet et argüe,
« Je vous ferai pour tous jours guerre,
« Et tous les hommes de sa terre
« Occirai sans a merci prendre
« Et, sans jamais son pere rendre,
« Morir le ferai en prison. »
Cil qui ooient la raison
De ce Camel ensi compter, *f. 11 a*
S'en venoient sans arrester
Devers leur dame et li disoient
Tous les parlers c'oÿs avoient.
Si eut en bien courte saison

Tamainte imagination
Florée sur tous telz devis,
Car son pere veoit envis
En prison par devers Camel,
Et si le sentoit moult bien tel
Que ja, en nul jour de sa vie,
Il ne li feroit courtoisie
Puis que la arrestés estoit;
Et ses gens nuit et jour ooit
Qui ploroient et lamentoient
Et qui mains jointes li prioient
Qu'elle vosist a ce descendre
Que devers ce Camel entendre,
Par quoi a pais venir peuissent
Et que leur signeur il reuissent.
Grant pité en avoit la belle.
Lors s'avisa la damoiselle
D'un avis par grant ordenance,
Car sus certainne assegurance
Qu'elle fist prendre au dit Camel,
Elle parti de son hostel,
Et s'en vint la ou mis avoient
La place et parler il devoient.
Quant elle vit le chevalier
Qui si fort le puet travillier,
Si parla a lui bellement,
Et dist : « Camel; moult malement
« Et sans aucun title de guerre
« Grevés vous ma gent et ma terre. *f. 11 b*
« Vous ne faites pas gentillece.
« Toutes fois pour mettre y adrece,
« Dittes quel cose vous volés,
« Par quoi mon pere me rendés
« Que vous tenés en vo prison. »
Et cilz, qui sot mettre a raison,
Respont et dist : « Je le ferai

« Volentiers, et le vous dirai.
« Florée, vous devés savoir
« Que se pais vous volés avoir,
« Il vous fault en Escoce aler
« Et a Hermondine parler,
« Et tant faire par vo pourcas,
« Soit pour li biaus u lais li cas,
« Que elle s'acorde envers mi
« Et qu'elle me tiegne a ami,
« Et non a ami seulement
« Mais a mari certainnement.
« Bien sçay qu'elle vous aime tant,
« Qu'elle s'acordera errant
« A vo gré, il n'est mie doubte.
« Et se je l'ay, vo terre toute
« Et vous tenrai en grant cierté,
« Et raverés pour verité
« Vo pere, et vous serai voisins
« Tres bons et a tous vos cousins.
« Et s'en ce le contraire voi,
« Je vous jure bien, par ma foy,
« Que jamais ne serés sans guerre
« Et vous todrai toute vo terre.
« Eslisiés le quel que volés
« Et vostre entente en respondés. »
Lors respondi Florée, en l'eure,
Qui voit bien que cilz au deseure
Est de sa guerre, et qu'il le tient *f. 11 c*
En dangier, dont trop fort le crient :
« Certes, Camel, merveilles dittes.
« Ce ne sont pas coses petites
« Que vous demandés maintenant,
« Qui volés, par tel couvenant,
« Avoir amie et ossi femme,
« Qui est ores si gentil dame
« Et fille de si noble roy.

« Prendons que je voise vers soy
« Et li recorde vostre entente,
« Elle en sera triste et dolente
« Et me respondera, espoir,
« Que pas n'en est a son voloir,
« Mais au voloir dou roy son pere,
« Et qu'elle est jone, et n'a matere
« Nulle d'amer par tel corage,
« Ne d'entrer en nul mariage.
« Si vous pri, voelliés aultrement
« Viser, car tout ce, vraiement,
« N'est mies cose qui se taille. »
Dist Camel : « Or adrece ou faille,
« Je voel que deviers li alés,
« Et que telement l'enparlés
« C'a vo retour je m'en perçoive,
« Par quoi mes coers joie en reçoive,
« Qui pour s'amour vit en grant painne.
« Florée, c'est cose certainne,
« Se vous volés, ce se fera.
« S'il ne se fait, mal vous ira.
« Aultre cose n'arés de mi. »
Adont Florée respondi :
« Voelliés dont, sus ceste ordenance,
« Mettre en tres bonne assegurance
« Ma terre. » Et Camelz respont lors : *f. 11 d*
« Je vous jur, la foy de mon corps,
« Que, si tost que serés partie
« Pour aler en celle partie,
« Ou je vous ordonne d'aler,
« Vous n'orés ja de moy parler,
« Ne des miens, que riens on vous face
« Jusques, au jour qu'en ceste place
« Ou nous sons, m'en ferés response. »
Florée, qui se voit semonse
Et priie moult chierement,

Acorde a Camel erranment
Que elle fera ce voiage.
Adont n'i eut plus de langage.
Il se partent; cescuns retourne.
Florée a l'endemain s'atourne
Pour aler par devers Escoce.
Sa besongne si bien approce
Qu'elle se part au matinet.
Toute sa terre en segur let,
Car Camelz l'avoit ensi dit,
Qui jamais ne l'euist desdit.

Or s'en cevauce en bon arroi
Florée qui en mainne o soy
Ciunc escuiers et .III. pucelles.
Elle porte assés grans nouvelles
En Escoce et a sa cousine.
Saciés, entrues qu'elle chemine,
Elle n'est pas trop resjoïe,
Car sa terre lait esbahie
Et son pere en moult dur parti.
Mais si tost que elle parti
De Montgriès, en ce propre jour,
Messires Camelz, sans sejour,
Fist mettre son pere a larghece, *f. 12 a*
Et pooit en la forterece,
Tout par tout, aler et venir
Sans constrainte et sans point tenir.
Et li faisoit grant compagnie
Cilz qui li disoit, a le fie :
« Messires Los, messires Los,
« Se vo fille esploite a ces cos,
« A mon gré, la ou je l'envoie,
« Je vous ferai si large voie
« Que vous rirés en vo maison,

« Sans plus retourner en prison,
« Et amenderai le damage
« Que j'ai fait en vostre hyretage,
« Dou tout a vo seule ordenance. »
Messires Los, sans detriance,
Respondoit : « Oïl, se Dieu plest,
« Je le desir, voires, se c'est
« Cose qui a s'onnour attiegne ;
« Mais je di et vous en souviegne
« Que se la cose, par nul tour,
« Touchoit ores a deshonnour,
« A ma fille ossi et a moy,
« J'aroie plus chier, par ma foy,
« En vostre prison ci morir.
« De tant voel jou honnour cerir. »

Ensi se tient dedens Camois
Messires Los a celle fois.
Prisonniers est; il n'en poet ains.
A ce est jurés et constrains.
Et sa fille forment approce
La ditte contrée d'Escoce.
De Montgriès jusc'a Signandon
.V. grans journées y compte on.
D'esploitier fist si son devoir f. 12 b
C'a Signandon s'en vint .I. soir
Ou elle fu bien recueillie
Dou roy et toute sa mesnie.
Sa cousine vint contre li
Qui grandement le conjoÿ.
Faire ne voel nulz parlemens
Des amoureus approcemens
Dont entre yaus la se recueillierent;
Mais de ce qu'elles consillierent,
Par ordenance belle et douce,

Parlerai, car forment il touce.
Lorsque Florée fu venue,
Hermondine, bien pourveüe
De parler, se li demanda :
« Ma cousine, comment vous va ?
« Que fait mon oncle ? Est il hetiés? »
Respont Florée : « Uns grans meschiés
« Li est soudainnement venus
« En vo nom, et ne l'en poet nulz
« Delivrer, fors vous seulement. »
— « Pour moi ! » — « Voires, certainnement. »
— « Et dont vient, ce dittes le tos. »
Et Florée reprent ses mos,
Et dist : « Volentiers, ma cousine,
« Cilz Camelz a la male estrine,
« Qui l'autrier vous tramist la lettre,
« Nous poet en trop grant dangier mettre,
« Car mon pere tient en prison,
« Et se n'i scet autre raison
« Dire, ne aleghier ossi,
« Hors tant qu'il moustre et dist ensi
« Qu'il vous aime si ardanment
« Que durer ne poet nullement,
« Se de vous n'est reconfortés, *f. 12 c*
« Et de ce est tous enhortés
« Que deça estes retournée.
« Sitost que il sceut la journée
« Que partesites de Montgriès,
« Il vint courir sur nous si priès
« Qu'il occist no gent a no porte.
« Mes peres, en cui pas n'est morte
« Encores grant chevalerie,
« Issi hors et sa compagnie,
« Et cuida son honte vengier.
« Mais Camelz le vint calengier
« Et le combati telement,

« Que mon pere finablement
« Fu pris et mort cil de sa route.
« Depuis m'en a mis a grant doubte,
« Car il disoit qu'il l'ociroit,
« Et tous les jours le me mandoit
« Par qui que fust en mon castiel,
« Voires, se je a son appiel
« Ne voloie dou tout descendre.
« Cousine, il me couvint entendre
« A ses trettiés : g'i entendi
« Briefment. Il m'envoie a vous ci,
« Et dist c'avoir vous voet a femme.
« S'il ne vous a, il jure s'ame
« Que il occira mon chier pere.
« Il est bien de tele matere,
« Que, s'au retour je ne li porte
« Aucune riens qui le conforte,
« Il le fera sans nul respit,
« Car il a pris en grant despit
« Ce qu'il ne sceut vo departie.
« Sus cel estat me sui partie,
« Que je li ay juré, pour voir, *f. 12 d*
« Que j'en ferai tout mon pooir.
« Ensi va, com je vous devis.
« Si en avés sur ce avis. »

QUANT Hermondine au corps parfait
Ot sa cousine qui li fait
Telz recors, s'en fu esbahie.
Nonpourquant, com bien consillie,
Respondi et li dist ensi :
« Pour voir ceste matere ci,
« Ma cousine, qui est si grande,
« Conseil de .xv. jours demande.
« Vous demorrés par dalés moy.

« Nous nos devons amour et foy.
« S'en parlerons et viserons
« Comment user nous en porons.
« Le pis que voi en la besongne,
« Et que plus je crieng et ressongne,
« C'est qu'il tient en prison vo pere
« Lequel j'ains, j'en ay bien matere :
« C'est mon oncle et si m'a nouri,
« Doucement, .v. ans et demi.
« S'en sui tenue grandement
« A faire tout avancement,
« Mettre y conseil et ordenance
« Et sus cel estat attemprance.
« Ançois ne me marieroie
« Jamais, se ravoir le poroie,
« Qu'il usast sa vie en prison.
« Il nous venra quelque raison
« En avis, dedens le termine
« Que vous serés ci, ma cousine :
« Si vous confortés, je vous pri. »
Respont Florée : « Je l'otri.
« Diex nous aidera, voirement, *f. 13 a*
« Et de ce que si sagement
« M'avés respondu, j'en suis toute
« En parti ostée de doubte. »

Ensi fu dedens Signandon,
Ou moult a jolie maison,
Florée .xv. jours entiers.
Moult li veoient volentiers
Li rois, sa fille et tout li homme
De la terre qu'Escoce on nomme.
O sa cousine se tenoit
A qui souvent parlementoit
De ce Camel et de son pere,

Et c'estoit assés grant matere;
Car, le terme que la se tint
Florée, par .v. fois avint
C'on le requist de mariage,
Homme vaillant, poissant et sage :
Li .III. estoient fil de roy,
Et de dus estoient li doy.
Et proprement li rois Hermons,
Comme fort priiés et semons
Pour sa fille, en ot grant conseil,
Et fu si priès de l'appareil
Que pour mettre les mains ensamble,
Mais Hermondine, ce me samble,
Brisoit tout et disoit ensi :
« Mon chier pere, pour Dieu merci !
« Que volés vous faire de moy?
« Trop sui jonete, par ma foy,
« Pour entrer en ce mariage.
« Je n'i ai ne goust, ne corage,
« Car ce m'est uns fais trop pesans.
« Encores n'ay pas .XIIII. ans :
« Je sui voir trop mole et trop tendre. *f. 13 b*
« Laissieme encor .I. peu attendre
« Tant que soie plus eagie
« Et a ce faire encoragie.
« Vos me poriés a le mort traire
« Par moy en cel estat attraire
« Oultre mon gré, saciés le bien;
« Car je le crieng sur toute rien.
« Se morte estoie, en vo vivant
« N'ariés jamais le coer joiant.
« Tant say jou bien que vous m'amés.
« Vo belle fille me clamés,
« Or me tenés donc dalés vous. »
Et quant li rois ooit telz doulz
Parlers trettiier a sa fille,

Et le veoit jone et gentille,
Sage en maintien et en arroi,
Si disoit : « Ma fille, je croy,
« Vous avés cause et j'ay grant tort,
« Mais on me prie si tres fort
« De vous, que j'en suis tous honteus
« D'escondire a .i. ou a deus
« Filz de roy qui sont mi voisin,
« Et mes gens sont a ce enclin
« Que pour pais et amour nourir
« Je vous vosisse a l'un plevir.
« C'est la cause qui m'en resveille
« Et pour coy je vous en traveille;
« Mais as prians responderai
« C'oultre vo gré riens n'en ferai. »

HERMONDINE ensi s'escusoit,
Qui Florée pas n'acusoit
De son message envers son pere,
Mais tenoit bien ceste matere
Secrée et sa cousine ossi. *f. 13 c*
Jamais ne li euist, ensi
Que li fais aloit, recordé
Comment Camelz, par le corps Dé,
A juret qu'il l'ara a femme,
Ou il fera damage et blame
A Florée ditte devant.
Nennil. Elle seroit avant
Tout son eage a marier,
Ce voet elle bien affremer,
Que cilz secrés fust ja sceüs,
Ne de son pere cogneüs.
Bellement s'en porte et s'en cuevre,
Mais hardiement s'en descuevre
A Florée quant vient a point,

En disant : « Ne m'espargniés point,
« Belle cousine, je vous pri,
« De trouver aucun tour joli,
« Et de dire ossi a le fie
« Comment Camelz qui vous herie,
« Si com fait m'avés a savoir,
« Et qui me voet par force avoir,
« Poroit estre si apaisiés
« Que vostre pere reuissiés,
« Mon cier oncle, dont je sui moult
« Couroucie, quant si estout
« Il a trouvé le chevalier;
« Car, bien me poés consillier.
« Se de conseil mestier avoie,
« A vous avant en parleroie
« Qu'a nulle creature humainne,
« Qui m'estes cousine germainne. »
Lors dist Florée : « Puis trois jours,
« J[e] ay visé des soutieus tours,
« Dont l'un je vous remousterai. » *f. 13 d*
Dist Hermondine : « Et je l'orai
« Volentiers, il n'est mies doubte,
« Et metterai ma painne toute
« Au furnir, s'il m'est honnerables
« Et a vous bons et pourfitables. »

Ce dist Florée a Hermondine :
« Je vous di, ma belle cousine,
« Que pour ce Camel apaisier
« Et a no fait remediier,
« Qui est grans et pesans assés,
« Il vous faurra, se vous volés,
« Faintement devers lui escrire
« Avoech ce que li porai dire,
« De par vous, en nom d'amisté;

« Que vous avés consideré
« La grant amour dont il vous aime,
« Quant vos sers se rent et se claimme,
« Et que volentiers vous feriés
« Grasce a lui, voires, se poiés;
« Mais vous estes en l'ordenance
« Dou tout et en l'obeïssance
« Dou roy vo pere, c'est raisons,
« Et poet de vous faire ses bons,
« Dou marier ou dou laissier.
« Tout ce ne li poés brisier ;
« Mais, pour ce qu'en bon espoir vive,
« Amours voet, qui vo cuer avive,
« Que vous y metés attemprance.
« Vos orés par quele ordenance.
« Cousine, vous li escrirés
« Que s'il se sent chevaliers tels,
« Et preus, corageus et hardis,
« Il s'ordonne après vo devis :
« Aultrement ne vous poet avoir. *f. 14 a*
« Car vous li ferés a savoir
« Que d'enfans de rois et de dus
« Bons et nobles, n'en nommés nulz,
« Estes vous requise et priie,
« Et de vo pere heriie,
« Que vous voelliés a l'un entendre.
« De ce ne vous poés deffendre,
« Se ce n'est voir, par une voie,
« Laquele c'est drois qu'il le voie
« Et que sus voeille regarder,
« Pour vostre honeur en ce garder.
« Vous vous escuserés en tant
« C'a vostre pere, non obstant
« Toutes priieres et requestes,
« Il faut que de vous uns conquestes
« Se face, et que juré avés,

« En veu dou miex que vous savés,
« Que ja n'arés a mari homme,
« De quel estat c'on le renomme,
« Soit poissant d'afaire ou d'arroi,
« Fils de duch, de conte ou de roi,
« Se trouvés n'est, dedens .v. ans,
« Li plus preus, et li plus vaillans,
« Et plus plains de chevalerie
« Qui soit en ycelle partie,
« Voires, et par condition
« Que de ce fait election
« En la court dou bon roy Artu,
« Ou tant a noblece et vertu,
« Sens, honneur et bonne ordenance ;
« Et cils, qui ara tel vaillance
« Qu'il sera li plus preus trouvés,
« En fin de queste, et esprouvés,
« Vous avra et nulz aultres non, *f 14 b*
« Et que vous avés en son nom
« Tout ce fait, jurés ent vo foy,
« Pour ce qu'il n'est pas filz de roy,
« Ne de duch, ne de hault afaire.
« Car, s'il se voloit avant traire
« Pour vous rouver au roy vo pere,
« Il seroit tost, c'est cose clere,
« Reboutés contre les prians
« Dont requis est, riches et grans
« D'amis, de linage et de terre ;
« Mais avoir vos poet par conquerre,
« Par proece, et non aultrement.
« Et li escrisiés bellement,
« Pour li mettre en oultrecuidance,
« Que vous avés bien tel fiance
« En la proece de son corps,
« Que nulz chevaliers de dehors,
« Ne de dedens la Grant Bretagne,

« Ne de terre, tant soit estragne,
« Ne le passera de proece.
« Cousine, n'i voi aultre adrece,
« Fors cesti, se Dix me doinst joie,
« Par quoi reconfortée soie
« Et de Camel assegurée,
« Le quel on crient en no contrée
« Trop plus que nul homme vivant.
« Je le sench de tel couvenant,
« Si hardi et si outrageus,
« Et pour vous si fort amoureus,
« C'onques il n'ot de riens tel joie
« Qu'il ara voir de ceste voie.
« Et s'il devoit estre en la painne
« Occis, c'est bien cose certainne,
« Voires, se l'entreprendra il. *f. 14 c*
« Ja n'i ressongnera peril,
« Mort, aventure, ne lonc jour,
« Pour son honneur et vostre amour,
« Qu'il aime tant qu'il ne vit mies.
« Ensi ferés vous double aÿe,
« L'une a moy et l'autre a lui voir;
« Car lors que li ferés savoir
« Ceste ordenance, en verité,
« Si tres plains de prosperité
« Sera et de grant entreprise,
« Avoech ce que nullui ne prise,
« Qu'il ne vous vorroit pas avoir
« Aultrement, par nesun avoir.
« Et tantost par ceste matere
« Vostre oncle rarai, et mon pere,
« Qui gist pour vous en sa prison.
« Siques, je vous pri, escrison,
« Sus le fourme que je vous di,
« Unes lettres par devers li. »
Hermondine adonques s'avise,

Qui prise assés bien la devise,
Et dist : « Cousine, vraiement,
« Mettre ne quier delaiement
« Ou cas que le me consilliés,
« Mais que trop fort esmervilliés
« Ne fust monsigneur de ceci.
« N'est çou pas bon, par vo merci,
« Que joieusement je li die? »
Et Florée sus estudie,
Et respont : « Oïl, il est bon,
« Mais qu'il y ait terme et raison.
« La premiere fois que sera
« C'aucunement vous parlera
« De celi ou de celi prendre, *f 14 d*
« Se li moustrés sans plus attendre
« L'ordenance que dit vous ay. »
Respont elle : « Je le ferai. »

Depuis ne remest lonch termine
Que li rois vint a Hermondine,
Sa fille, et se li dist ensi :
« Ma belle fille, entendés ci.
« Briefment il vous fault marier.
« Ne vous en poés escuser,
« Car j'en sui priiés et requis
« De mes hommes, et ossi puis
« Que je vous sai, sans moy sousmettre,
« En tres hault mariage mettre,
« Je le feray certainnement. »
Et adonques moult tendrement
Prist lors Hermondine a plorer
Et de parfont a souspirer,
Et puis se jeta en jenous
Devant le roy, et dist : « Tres doulz
« Peres, voelliés entendre a mi. »

Et quant li rois qui l'amoit si,
Que riens fors que sa fille amoit,
Plorer et en genous le voit,
Si se leva apertement
Et le baisa moult doucement,
En disant : « Que vous fault, ma fille,
« Volés vous tous jours estre cille
« Qui se tenra a marier ?
« Dittes de quoi volés parler,
« Je vous orai tres volentiers. »
— « Monsigneur, il m'est bien mestiers
« Et que vous y soiiés pour mi,
« Car je n'ai ou monde aultre ami
« Que vous, ne nul je n'en desire. *f. 15 a*
« Et puis qu'il le me couvient dire,
« J'ai voé, puis .II. ans en ça,
« Que ja mari mes corps n'ara,
« Quel qu'il soit, ne de quel arroi,
« Filz de duch, de conte ou de roy,
« S'il ne le vault, sans entredeus,
« Qu'il soit des aultres li plus preus. »
— « Li plus preus ! » li rois respondi.
— « Voires, monsigneur, ce vous di.
« Je ne l'arai par aultre voie ;
« Ançois en ce point demorroie
« Tout mon vivant. Nulz n'en parole. »
Dont reprist li rois la parolle
Et dist : « Ma belle fille, voir
« Ce seroit moult fort a savoir
« De trouver le plus preu qui soit;
« Ne sai ou on le trouveroit.
« Et qui tout tel l'aroit trouvé,
« Que de grant proece esprouvé,
« Espoir, est il loiiés aillours.
« Dont, ma fille, c'est grans folours,
« Ce samble il, a mon couvenant,

« De mettre tel wiseuse avant.
« Voelliés vous ent a tant souffrir
« Et a ma parolle obeïr.
« Pourveü vous ay, par ma foy,
« Dou fil d'un noble et vaillant roy
« Qui tient Suède et Danemarce,
« Qui d'un lés a ma terre marce.
« Vous serés dame noble et riche
« Et tenrés estat grant et frice,
« Tout tel que maintenir vodrés. »
Dist Hermondine : « Or vous soufrés,
« Monsigneur, pour Dieu je vous pri; *f. 15 b*
« Car ja il n'avenra ensi
« Que mon veu enfrainde ne brise
« Pour nul homme, voir, c'on me prise.
« Mais voelliés entendre comment
« Ce n'est point pour presentement
« Prendre le preu sus cest afaire.
« Nennil! Car j'en vorrai .I. faire
« Qui tendera a toute honnour,
« Et s'avancera par m'amour,
« Et ira par l'election
« Et la juste correction
« Des chevaliers de vostre hostel,
« Et par chiaus ossi qui sont tel
« Qui dou roi Artu se renomment
« Et que li preu pour vaillant nomment.
« Je seroie trop couroucie,
« Ou cas que je sui adrecie,
« De sens, Dieu merci, et d'arroi,
« Et nommée fille de roy,
« Et je n'euisse .I. chevalier
« Preu et hardi, vaillant et fier,
« Et en qui fust escripte toute
« Proece, et qu'il ne passast route
« De tous chevaliers de son temps. »

Li rois Hermons a bien contens
Se tient lors de sa fille belle,
Et reporte tost la nouvelle
As chevaliers de son conseil,
Et dist : « Signeur, je m'en conseil
« A vous. Qu'en est-il bon a faire ? »
Et cil dient : « Sus cest afaire,
« Monsigneur, ne sarions nous
« Entredeus mettre ne rebous.
« Plus biel ne se puet escuser *f. 15 c*
« Vo fille de non marier.
« Ossi le poés bien valoir,
« Pour mains de mautalens avoir,
« A chiaus qui le reuvent et prient,
« Et qui sejournent et detrient,
« Et ont ja sejourné droit ci
« Maint jour pour avenir a li. »

Ensi fu consilliés li rois,
Et respondi a celle fois
As messagiers qui la estoient,
Li quel la response attendoient
De sa belle fille Hermondine :
« Biau signeur, je ne voi nul signe
« En ma fille, comment qu'il aille,
« Que de mari avoir li taille,
« Pour cose c'on l'en peuist parler.
« Si en poés moult bien raler
« Tant que je vous remanderai.
« Espoir, ma fille trouverai
« En aultre estat dedens .I. an.
« Ne l'en quier faire plus d'ahan,
« Ne d'enqueste, ne de parolle
« Tant qu'en present, car on parolle
« A li, ce m'est vis, pour noient. »

Cil qui oent finablement
Le roy respondre .I. tel langage,
Qui la estoient en message,
S'en retournent sans plus targier.
Or sont parti li messagier;
Mais Florée encores demeure,
Qui moult couvertement labeure,
Que sa cousine parmaintiegne
Ce qu'elle a mis avant et tiegne.
Li rois Hermons si l'enparla, *f. 15 d*
Entrues qu'elle sejournoit la,
Et li compta le couvenant
Ensi que je l'ai dit devant.
Et celle, qui l'estragne en fist,
Au roy respondi et li dist :
« Monsigneur, la cose est nouvelle
« Et s'en est la matere belle,
« Et vous poés otant voloir
« Qu'il soit ensi c'autrement, voir,
« Puis qu'ensi gist ses apetis,
« Qui n'est mies, saciés, petis,
« Mais est grans et moult honnourables.
« Et si vous sera agreables
« Quant uns telz chevaliers venra,
« Qui par proece conquerra
« Vostre fille que tant amés,
« Et s'en serés plus renommés,
« Plus doubtés de fait et de guerre,
« Et plus prisiet cil de vo terre. »

BRIEFMENT li rois Hermons s'apaise
En ce, et dist que c'est sen aise
C'on regarde, sans detriance,

1972 estragne, *B* estragre.

Comment, par tres bonne ordenance,
Ce se pora perseverer.
Lors prisent a considerer
Sus cel estat tous li consaulz
Dou roy. Et la estoit entre yaus
Hermondine qui leur moustroit
Comment, ce dist, voé l'avoit
Et a par lui tailliet la cose.
Si tres sagement leur propose,
Que joie en eut sur toute rien,
Et n'i voient que tres grant bien,
Ce dient il certainnement. *f. 16 a*
La fu acordé finalment
Que en la court dou roy Artu,
Ou tant a honneur et vertu,
Hastéement envoieront
.vi. chevaliers, li quel seront
D'Escoce et dou conseil dou roy,
Et s'en iront en grant arroi
Remoustrer, sans nesun ensongne,
L'estat, l'afaire et la besongne
De leur fille et son bon pourpos.
On mist ceste cose en repos
Bien .vi. sepmainnes puissedi,
Car en Escoce on entendi
Que li rois Artus court tenroit
A Carlion, et la venroit
En devant de le Pentecouste.
Ceste nouvelle bien agouste
Au roy Hermont et a ses gens,
Car il dient que tant est gens
Li rois Artus, et de grant nom,
C'au jour nommé, a Carlion,
Sera fleur de chevalerie,
Siques pour .i. tant on detrie
A envoiier de celle part.

Et entrues, par sens et par art,
Li rois Hermons si se conseille
Et ses coses si appareille,
Par quoi il peussent toute honnour
Remoustrer, quant venra au jour
Qui moult durement les approce,
Et c'on die : « Ces gens d'Escoce,
« Qui sont ci venu pour le roy,
« Moustrent bien estat et arroy
« Que de noble court issu sont : *f. 16 b*
« Vaillant homme a ou roy Hermont. »

Or sont les damoiselles lies,
Qui souvent se sont consillies
Sus l'ordenance dessus ditte.
Florée souvent le recite
A sa cousine de grant coer,
Et dist : « Ma cousine, a nul fuer
« Ne poions [nous] mieus aviser,
« Pour vous en tous cas excuser
« Et ossi pour ravoir mon pere. »
Hermondine, qui la matere
Glose bien souvent a par soy,
Dist : « Cousine, tenés ma foy
« Que je l'ai fait pour vostre amour,
« Mais je crieng trop c'au cief dou jour
« Des .v. ans c'ordené y ay,
« Cis Camelz c'onques je n'amai
« Ne soit trouvés, sans entredeus,
« De tous les aultres li plus preus.
« S'ensi estoit, las, que feroie?
« Jamais jour je n'aroie joie.
« Voir, je ne le poroie amer,
« Ne mon coer sur lui entamer,
« Pour proece qui de lui viegne,

« Se n'est fortune qui n'aviegne;
« C'est çou ou je pense a par mi. »
Adont respont Florée : « Hé mi!
« Cousine, ne vous esmaiiés.
« Dedens .v. ans sera paiiés
« De ses dessertes, je l'espoir.
« Trop de coses avenront, voir,
« Et trop de vaillans chevaliers,
« Pour vostre renom tout premiers,
« Se meteront en celle cace. *f. 16 c*
« Pas ne di que Camelz ne face
« De grant proece a renommer,
« Mais telz venra sans li nommer,
« Querant armes et aventures,
« Qui a Camel les donra dures.
« Ne pensés point, belle cousine,
« A ce Camel. Je vous destine
« Que vous orés, ains les .v. ans,
« Parler des fais d'armes si grans
« Des preus chevaliers de Bretagne,
« Que petit seront et estragne
« Li fait de Camel encontre eulz,
« Tant soit il bien bacelereus.
« Autrui arés, mes coers l'ordonne,
« Qui grant esperance m'en donne.
« Mais, cousine, il vous fault rescrire
« Sus la matere a quoi je tire,
« Si com je vous parlay l'autrier.
« De moy ferés vo messagier.
« Il ne creroit nulle riens tant
« Que la lettre et moy, non obstant
« Que mon pere tiegne en prison.
« Cousine, moult souvent brise on
« Grant courous par .i. peu de lettre.

2081 Que, *B* Qui.

« Si nous faurra entente mettre,
« Comment nous ferons, ne sur quoi. »
Et celle respont : « Par ma foy,
« Vous ordonnerés, j'escrirai.
« Si com vous dirés, je ferai. »
Adont ont pris encre et papier.
Hermondine qui bien taillier
Savoit une penne, a son droit,
D'un canivet lonc et estroit
Le taille, errant et par mesure, *f. 16 d*
Pour faire delie escripture.
Si escrit apriès la devise
De Florée qui li devise :

« SALUS et toutes amistés
« Au chevalier qui se dist telz
« Qu'il se voet mettre en no service,
« De par la jone dame rice
« Que tous li mondes voet avoir.
« Et pourtant vous fait a savoir
« Que sus le information
« Et la certainne intention
« De ceste qui la lettre porte,
« Chevaliers, de tant vous enhorte
« Que vous le creés loyaument,
« Car elle a parlé royaument
« Pour vostre besongne envers nous.
« Dit li avons, ou nom de vous,
« Tout ce que nous pensons a faire,
« De coer joieus et deboinaire.
« Mais, par quoi vous en valés mieulz,
« Souviegne vous des dous vers ieuz
« Dont vo lettre fait mention,
« Et soiiés .v. ans en son nom
« Preus, hardis et entreprendans.

« Car, se vous au cief de .v. ans,
« Poiés tant faire par proece,
« Entre la vostre forterece
« Et ceste ou li dis cers fu pris,
« Que honneur euissiés et pris,
« Et dou plus preu la renommée,
« Si com ordenance est nommée
« Et que ceste vous contera
« Qui dou fait vous enfourmera,
« Vous seriés Paris, jou Helaine. *f. 17 a*
« Et c'est cose toute certainne
« Que le verions volentiers,
« Ce saciés, sires chevaliers.
« Escript par dedens Signandon,
« Cieunc jours en march, et vous fai don
« D'un rondelet que vous envoie,
« Afin que plus aiiés de joie,
« Car li vostres li plaisi bien
« Et le prisons sur toute rien. »

Rondel.

PLUS c'onques mais, je voel amer
Celui qui m'a tres bien servi,
Car trestout bien si sont en li.

DE tres bon coer, sans nul fausser,
Li ay donné l'amour de mi.
Plus c'onques mais, etc.

NE pour cose c'on puist parler,
Ne sera ja de li parti,
Mon coer dou tout, ne le demi:
Plus c'onques mais, etc.

A trop grant dur volt Hermondine
Ce rondelet que sa cousine
Li nommoit escrire, et disoit
Que la lettre bien li plaisoit,
Mais dou rondelet c'estoit trop,
Et qu'elle freoit trop grant cop
Que d'escrire ores si avant.
Florée, qui le couvenant
Veoit moult bien de sa cousine,
Que ses coers noient ne s'encline
Envers Camel, li respondoit :
« Cousine, qui ne mentiroit
« A le fois pour pais mieulz attraire,
« On n'aroit point granment a faire, *f. 17 b*
« Les coses iroient trop bien.
« Il fault mentir pour .I. moiien
« Trouver, quant le requiert le cas.
« Bien sai dire, ne le fault pas,
« Que ce que vous avés escript,
« Je et vous, nous avons mentit,
« Et que nous arions plus cíer
« Ce Camel veoir escorcier
« Que ja jour vous euist a femme,
« Quoi qu'il vous tiegne pour sa dame.
« Par parolles le fault mener,
« Pour mon chier pere ramener,
« Qu'il tient en Camois en prison.
« Si vous pri que nous escrison
« Ce rondelet avoech la lettre,
« Pour plus avant ce Camel mettre
« En pensées et en espoir. »
Respont Hermondine : « Or soit voir
« Tout ensi que vous le volés. »
Dont fù li rondelès boutés
Desous la lettre, et l'escrisi

Hermondine, et tout relisi
Pour savoir si riens y falloit.
Mais la cose si bien aloit,
Qu'il n'i ot riens a corrigier.
Apriès l'ala clore, et ploiier
Et seeler de son signet.
A sa cousine dist : « C'est fait.
« Quant vous vodrés vous partirés,
« Mais ançois congiet prenderés
« A monsigneur, s'il vous agrée. »
— « Oïl », ce respondi Florée,
« Nullement ne me partiroie
« Sans son congiet; trop mal feroie. » *f. 17 c*

NE demora puis que .III. jours
Que Florée, qui grant secours
Fera au retour a son pere,
A son oncle, c'est cose clere,
Prist congiet amiablement.
Li rois, qui l'amoit loyaument,
Li donna et des biaus jeuiaus,
Fremaus, chaintures et aniaus,
Et palefrois pour chevaucier.
.I. jour parti apr[i]ès mengier.
Hermondine en plora assés;
Car trop tost, ce dist, fu passés
Li termes que la vint Florée.
Or chevauce vers sa contrée
La demoiselle dessus dite,
Qui telement se abilite
Que retournée est a Montgriès.
Moult fu conjoïe de priès
De ses gens qui le desiroient
A ravoir, car forment l'amoient.
Elle ne fist la de repos

C'une nuit qu'elle parti tos,
Et chevauca devers Camois
Toutdis en costiant les bois
Qui estoient grant et plenier.
Au chastiel vint sans detriier.
Messires Camelz y estoit
Qui sa revenue attendoit :
Si fu moult liés quant il le vit.
Messires Los dessus son lit
Estoit, quant laiens vint la belle.
Riens ne sceut de ceste nouvelle
Que sa fille fu la venue.
Ceste, qui fu bien pourveüe
De parler, se traist vers Camel *f. 17 d*
Qui ossi ne desiroit el,
Fors que nouvelles li desist.
Moult grandement se resjoïst
Messires Camelz de la lettre
Que ceste li va ou poing mettre.
Il l'ouvri et se le lisi.
Nulle autre place n'eslisi
Pour parlementer a Florée,
Et dist : « Florée, bien m'agrée
« Que vous me devés enfourmer.
« Or tos, or tos, voelliés parler.
« Dittes ce que vous devés dire,
« Car c'est la riens que plus desire
« Que d'oïr de dela nouvelles,
« Si les avés bonnes et belles. »
Ce li dist Florée en riant :
« Ma cousine a esploitié tant
« Devers mon oncle, son chier pere,
« Par soubtieue et belle matere,
« Que tout cil qui le requeroient,
« Li quel enfant de roi estoient,
« Ont congiet par une maniere,

« Car il faut c'uns preus le conquiere.
« Et pour ce que je li ai dit
« L'afaire de vous et l'abit,
« La proece et la grant vaillance,
« Elle y a pris si grant plaisance
« Que elle escuser aultrement
« Ne se pooit aucunement.
« Si remoustra a son chier pere
« Comment elle avoit en matere
« .I. veu voé depuis .II. ans,
« Le quel veu li estoit pesans, *f. 18 a*
« Car pas ne le voloit brisier
« Pour homme c'on sceuist prisier,
« Pour grant avoir, ne pour parage,
« Ne pour tenir grant hyretage;
« Mais uns preus chevaliers l'aroit
« Qui, dedens .v. ans, telz seroit
« Que des aultres passeroit route.
« Li preus serés, il n'est pas doubte,
« Ma cousine l'entent ensi
« Et jou otant bien, et vous di
« Que ceste honnourable ordenance
« Se fera par grant pourveance,
« Tele que recorder orés.
« Dou jour garde ne vous donrés,
« Mais encor, quant je me parti,
« Mon oncle et son conseil ossi
« N'avoient pas conclut dou tout
« L'estat qui avancera moult
« De chevaliers en grant proece;
« Siques, Camel, je vous adrece
« Que vous pourveés armeüres
« Qui soient a l'esprueve dures,
« Et bons chevaus pour sus combatre.
« A tout ce vous faurra esbatre
« S'avoir vous volés ma cousine.

« De ce vous prie et en ce signe,
« Tenés, veci un anelet
« Qu'elle vous envoie, et l'a fet
« Pour vous le plus encoragier,
« Par quoi on ne puist chevalier
« Trouver, qui a vous apartiegne
« De proece, ne qui s'i tiegne. »
Adont Camelz l'anelet prist,
Qui grandement s'en resjoïst *f. 18 b*
Et de ce que Florée compte.
Or aroit il, ce dist, grant honte
Et li tourroit a grant reproce,
Se la fille le roi d'Escoce
Refusoit sa bonne ordenance.
Si respondi par grant plaisance,
Et dist : « Florée, vraiement
« Vous ne me poiés nullement
« Aporter ou monde nouvelles
« Qui me fuissent de riens plus belles,
« Plus honnourables, ne plus rices,
« Et je vodrai estre tres frices
« Chevaliers et de grant renom,
« Pour ceste queste et en son nom.
« Et maintenant je vous delivre
« Vostre pere, et sers je me livre
« A vous, et compains et voisins ;
« Et tous anois et tous arsins
« Que vous ay fait et ay fait faire,
« A vostre plaisir volontaire
« Je l'amenderai seulement. »
— Dist Florée : « Moult doucement
« Parlés ; si vous en sai bon gré.
« Or tenés tout ce en secré
« Et si faites vo pourveance

2314 Florée, *B* Floré.

« Pour premiers estre en l'ordenance
« Et pour deffendre vo contrée.
« Ce seroit cose mal discrée,
« Se l'ordenance estoit sceüe
« Ançois qu'elle fust pourveüe,
« Car on le fera par arroi,
« Et par l'ordenance dou roi
« Artus, qui est si vaillans homs,
« Qu'en tous pays en ceurt li noms, *f. 18 c*
« Si com nous sarons les nouvelles
« Temprement qui vous feront belles. »
Respont Camelz : « Belle, par m'ame,
« Vous premiers et ma droite dame
« Je n'oseroie couroucier ;
« Mais me vodrai tous consillier
« Par vous et par le vostre afaire.
« Autrement ne me puis parfaire,
« Tant ay je bien de cognissance
« En vous et en vostre ordenance. »

Ensi est Camelz resjoïs,
Qui trop volentiers a oÿs
Les recors la fais par Florée,
Et, par quoi encor miex agrée
A la belle ditte devant,
Messires Camelz fist avant
Venir Lot le pere a celi.
Quant venus fu, il dist ensi :
« Monsigneur Lot, je vous delivre
« Et a vo fille vous relivre,
« Car elle a esploitié si bien
« Que je m'en lo sour toute rien,
« Et sui de ce jour en avant
« En vo commandement, par tant
« Que pour vous aidier et deffendre.

« Se nulz voloit vers vous mesprendre,
« Tost l'aroie mis a raison,
« Et me verés en vo maison
« Aler et venir a le fois.
« Se m'i soiiés doulz et courtois,
« Car ceens vous poés venir
« Et aler a vostre plaisir.
« En ce venir, en cel aler
« N'est nulz qui en doie parler, *f. 18 d*
« Fors tout a point et par honnour,
« Et averai ce jour bon jour
« Que parlé arai a Florée. »
Messires Los dist : « Bien m'agrée
« Que vous et moy sommes d'acort,
« Car, quant voisin sont en descort,
« C'est grans perilz et grans damages
« Pour yaus et pour leur hiretages. »
Ensi demora la besongne.
Messires Camelz forment songne
D'onnourer Florée et son pere.
A l'endemain, c'est cose clere,
Se sont il parti de Camois.
Messires Camelz plus de .III.
Grandes liewes les convoia,
Qui le plus dou chemin parla
A Florée, bien le saciés,
Car ses coers estoit si laciés
Au penser apriès Hermondine,
Qu'a riens el ses coers ne s'encline.
Et quant arrier fist son retour
Et laissier les ot pour ce jour,
Il s'esjoÿ a une fois,
Et chanta lors a haute vois
.I. rondelet biel et joli,
Et le fist poursieuant celi
Qui estoit en la lettre enclos,

Dont tenu vous ay le pourpos.
Li rondelès fu moult plaisans,
Et gracieus en fu li cans,
Que li chevaliers canta lors.
En veci les propres recors.

Rondel.

De nullui joie ou monde n'ay *f. 19 a*
Que de vous, dame, seulement,
N'avoir ne voel, par mon serment.

Comment qu'il voist, vostres serai
Tout mon vivant entierement.
De nullui joie ou monde n'ay.

Ne jamais je ne vous lairai.
Car tout mon eur vraiement
Me vient de vous certainnement.
De nullui joie, etc.

Ensi se rejoïst Camelz
Qui dist moult bien qu'il sera telz,
Que des aultres passera route.
En soi dist : « Il n'est mies doubte
« Puis que j'ay belle amie a dame,
« Enventurer et corps et ame
« Vodrai voir pour l'amour de li.
« Je serai encore, je le di,
« Rois d'Escoce : il n'est mies fort,
« Mais qui m'en poroit faire tort.
« Tant voel faire par mes .II. bras,
« Que je n'ai ne pesans ne cras,

« Et tant combatre et tant luitier,
« Que, pour le plus preu chevalier
« Qui soit ne sera les .v. ans
« Des alans ne des combatans,
« J'en averai la renommée.
« En la place qui m'est nommée
« De par ma dame souverainne,
« La vodrai souffrir haire et painne.
« A tous chevaliers qui venront,
« Ja nul escondit n'en iront
« Que recueilliet de moy ne soient,
« Quel proece qu'avoir cil doient.
« Plus seront preu, miex me plaira *f. 19 b*
« Et plus grant honnour m'en sera. »
Ensi cilz Camelz se devise.
En chevaucant fait sa devise,
Revenus s'en est a Camois.
De li lairons, tant c'a le fois,
Et d'aultres coses parlerons.
Ensi se passa li saisons.
Tant fu que li estés revint,
Si vous dirai quel cose avint.
Li rois Artus, qui fu toutdis
En fais, en oevres et en dis
Larges, courtois, et tres vaillans,
Et en festes tenir poissans,
En volt une en ce temps tenir,
Pour faire devers lui venir
Chevaliers, dames et pucelles.
En ce temps li vinrent nouvelles
Qui li furent moult agreables.
Li bons rois, qui estoit moult ables
A toutes emprises d'onnour,
Fu ensi enfourmés .i. jour
Et par tel langage on li baille :
« Sire, il y a en Cornuaille

« .I. enfant qui est moult propisces,
« Plains de bon meurs et vuis de visces,
« Filz dou duch, le vostre compere.
« En cel enfant on considere
« Tant de biens et d'avancement,
« Selonch le grant commencement
« C'on voit en lui, que c'est merveilles.
« Si seroit moult bon qu'ens es veilles,
« Par devant ceste Ascention
« Dont fait nous avés mention,
« De vostre feste qui venra *f. 19 c*
« Et qui si noble se tenra,
« Il y fust et le veïssiés ;
« Siques, monsigneur, escrisiés
« Deviers son pere et li mandés
« Que son fil avoir vous volés.
« Il en sera tous resjoïs. »
Li rois a ces parlers oÿs.
Si dist : « C'est bon. Tost on escrise. »
Lors fu escript sus le devise
Que compté vous ay maintenant,
Et se partirent, tout errant,
Dou noble roy li messagier,
Qui si bien peurent esploitier,
Qu'il sont en Cornuaille entré.
Adont ont dou duch demandé
Ou il estoit : on leur ensengne.
Quant on voit qu'il sont de Bretagne
Et messagier au noble roy,
Cil ont trové en bon arroy
Le duch en une cité bonne,
Que lors on appelloit Tarbonne.
Cilz dus avoit a nom Patris.
De renommée et de grant pris
Estoit en ycelle contrée,
Et mesnie moult renommée,

De sens, d'onneur et d'ordenance
Avoit o lui de pourveance.
Li dus rechut moult liement
Les messagiers certainnement,
Car il estoient a signeur
A qui on devoit toute honneur.
Cil fisent moult bien leur message
Et li disent par biel langage :
« Sire, apriès ceste Ascention, *f. 19 d*
« C'est la certainne entention
« Dou roy Artu, a qui nous sommes,
« Qu'il a mandé par tout ses hommes,
« Les nobles, qu'il pora avoir.
« Si vous fait par nous a savoir
« Que vostre fil li envoiiés
« Et, de ce tous segurs soiiés,
« Droit au jour de la Pentecouste,
« Chevaliers sera, quoi qu'il couste. »
Adont li dus en respondi,
Qui bien leur langage entendi :
« Signeur, saciés, que ces nouvelles
« Me sont moult bonnes et moult belles,
« Et, quant bien l'estat considere
« De monsigneur mon chier compere,
« Qui voet Melyador avoir,
« Refuser ne li doi pas voir ;
« Mais l'en doi moult remerciier
« Quant faire le voet chevalier.
« Liement li envoierai
« Quant a ce ordonné l'arai,
« Dedens .xv. jours au plus tart. »
Cil respondent : « Diex y ait part! »
De puis .III. jours la demorerent
A Tarbonne, et s'i reposerent
Dalés le duch et sa moullier
Qui, de coer joieus et entier,

Les tinrent en ce jour tout aise,
Et au partir, mais qu'il vous plaise,
Il leur donnerent grans jeuiaus,
Et palefrois amblans moult biaus.
Li messagier Artus le roy
Retournerent, en grant arroy,
En la cité de Carlyon. *f. 20 a*
Si trouverent ens ou dongnon
Le roy et la roÿne ossi.
Si leur compterent tout ensi
Qu'il ont trouvé en Cornuaille,
Et du duch qui est de tel vaille
C'on ne le poet trop honnourer,
Ne son fil ossi trop amer,
Tant est sages et bien apris,
Que bien en doit avoir grant pris.

Or est li rois Artus moult liés
Quant il voit si appareilliés
Ses voisins, a son mandement,
Qui sont a son commandement.
Il dist qu'il tenra court pleniere
Et feste souffissans et chiere.
Par tout s'espandent ces nouvelles,
As dames et as damoiselles,
As signeurs et as chevaliers.
Cescuns s'ordonne a ce premiers
Pour estre la, quoi qu'il leur couste,
Trois jours devant le Pentecouste.
Li dus Patris de Cornuaille
Ne voet pas que ses filz y faille,
Mais fait penser sus son arroy
Pour venir en la court du roy,

l. 2557 qui, *B* quil.

Richement et en bonne estoffe.
Ce qu'il li fault, on li estoffe :
Montées, chevaus et sommiers,
Draps fourrés, coffres et deniers,
Riens ne fault en leur ordenance,
Dont on puist avoir cognissance.
Li dus le recarge a ses gens
Et as chevaliers de grant sens.
Il se partent et puis cheminent, *f. 20 b*
Qui ne sejournent ne ne finent
De chevaucier par leurs journées
Parmi landes et par contrées,
Tant qu'a Carlyon sont venu
Et droit au chastiel descendu,
Ou li nobles rois se tenoit.
Si tost c'on sceut que la venoit
Li filz au duch de Cornuaille,
Cescuns issi hors de la baille
Pour conjoïr et recueillier.
Errant l'ont pris doi chevalier,
Qui de lui honnourer moult painnent
Et par devers le roy l'enmainnent,
Qui doucement le recuelli.
Quant Melyador vint vers li,
Il s'enclina priès que tout bas,
Mais li rois le prist par les bras
Et le fist lever contremont,
En li baisant en mi le front.
Et puis si le met en parole,
Et Melyador si parolle
Courtoisement et sagement.
Depuis fu assés prestement
Menés ossi vers la roÿne
Qui li moustra d'amour grant signe.
Tout ensi fu la conjoÿs
Melyador, soiiés ent fis,

Et puis se li fu delivrée
Une cambre toute ordenée,
Pour son corps, dedens le chastiel.
Puis furent logiet, bien et biel,
Toutes les gens en la cité,
Car des hostelz y ot plenté.

Ensi se fist ceste ordenance; *f. 20 c*
La feste grandement s'avance.
Moult grant y sera li estas.
A Carlyon viennent a tas
Dames et signeur de tous lés.
On ne les euist ostelés
Jamais tous dedens la cité,
Tant en y avoit grant plenté,
Et pour ce y couvient entendre.
On fist tout, aval les prés, tendre
Tentes, loges et pavillons,
Et faire ossi moult de maisons
De fueillies et de vers bois.
A tout ce mist on bien .I. mois
Pour ordener au dit plaisir
Dou roy, li quels les vint veïr.
Quant veü en ot l'ordenance,
Se li vint a moult grant plaisance,
Et dist en regardant sus destre :
« Aultrement ne pooient estre
« Toutes gens logiet a leur large.
« Or voel jou que plus on n'atarge
« De faire feste, quoi qu'il en couste.
« Demain sera li Pentecouste.
« Vienent avant jone escuier
« Qui voelent estre chevalier,
« Je leur donrai a chiere lie
« L'ordene de le chevalerie. »

Adont resjoïr veïssiés
Toutes gens, et si oïssiés
Trompes, muses et canemeles,
Et toutes aultres coses belles,
Dont on poet en ce cas parler.
Li rois donna le grant souper,
Et puis en joie et en desduit *f. 20 d*
Passerent il entre yaus la nuit.
A l'endemain, il n'est pas doubte,
Fu li jours de le Pentecouste.
Ce fu uns estas bons et biaus,
Car .cc. chevaliers nouviaus
Y fist li nobles rois Artus.
Et dura .xv. jours et plus
Ceste feste, et li grans despens.
Si vous di qu'entre ces .cc.
Chevaliers, qui toutdis joustoient
Et qui as armes s'esprouvoient,
Melyador en ot le pris
Et com vaillans et bien apris,
Toutes les joustes fourjousta;
Et si grandement li cousta
Que, toutdis courant sus la feste,
Onques il n'osta de sa teste
Le hÿaume, bien le saciés.
La fu il boutés et saciés,
Et reçut tamaint horion,
Et pour .i. tant lencerion
Qu'il couroit sus les rens toutdis,
Ne nulz n'en aloit escondis
Qu'il ne li fesist delivrance.
Maint en porta de cop de lance
Jus par terre et le reversa.
Melyador le pris en a;
Ensi li est il acordés
Par les hiraus bien recordés,

Par dames et par damoiselles.
Gracieuses sont ces nouvelles
Au roy, quant Melyador voit
Qui d'eage encores n'avoit
Que dis et vuit ans ou entours, *f. 21 a*
Et tant a fait les .xv. jours
Que l'onneur en a et le pris.
Une fois l'a par le main pris
Li rois qui estoit en reviel,
Et li dist : « Il me va moult biel
« Melyador, quant tels vous estes,
« Que le pris avés de nos festes.
« Ce vous sera avancemens
« Et uns tres grans commencemens.
« Diex vous otroist, par sa poissance,
« Toute bonne perseverance. »
Respont cilz qui tout bas s'encline :
« Vous me donnés si bonne estrine,
« Mon chier signeur, si m'aït Diex,
« Que j'en vaurrai a tous jours miex. »

En grant bien se continua
La feste qui pas n'anuia
A tous ceulz qui la sejournoient,
Car pour fester venu estoient.
Or avint au quinsime jour
Que li signeur qui leur sejour
Avoient pris dalés le roy
Se veurent partie par arroy,
Ossi dames et damoiselles,
Et avoient varlet mis selles
Que pour partir au matinet.
Mais la roÿne, de grant het,

2680 Que dis et vuit, *B* Que .xviii.

Leur fist dire et dist au souper
C'a l'endemain voloit donner
Un disner a tous et a toutes,
Dont pour quoi il couvint les routes,
Ou fust envis ou volentiers,
Des dames et des chevaliers
Demorer et faire .I. sejour *f. 21 b*
Encores ce jour, toute jour.
Cilz disners si fu tres notables
Et tres grandement honnourables,
Et la en la sale seoient
.ccc. dames qui bien estoient
Appareillies ricement,
Et la servoient fricement
Jone chevalier amoureus.
Li rois Artus n'estoit pas seulz
En alant visetant les dames,
Dont Diex gart les corps et les ames,
Mais estoit bien acompagniés
De chevaliers jones et liés.
Dalés lui fu Melyador
A nu chief qui, d'un cercle d'or,
Avoit ses cheviaus mis a point.
Evous, droitement sus le point
C'on ot servi dou darrain mès,
.I. moult grant et noble entremès;
Car .VI. chevalier sont entré
En la sale qui en .I. pré
Estoit faite d'une fueillie.
Chil chevalier a chiere lie
S'en viennent devant la roÿne.
Cascuns d'yaulz a son tour l'encline.
Ce fait, il passent oultre apriès;
Uns hiraus les sieuoit de priès,
Qui portoit une targe ouvrée,
De vermeil toute coulourée,

A une bleue dame en mi,
La quele dame, je vous di,
Portoit une couronne d'or.
Cil chevalier, de chief en cor,
Par devant les tables alerent, *f. 21 c*
Ne onques au roy ne parlerent.
Ossi nes pressa point li rois,
Ançois se retrest, ce fu drois,
En une cambre quoiement,
Tant que cil leur dosnoiement
Eurent fait a leur bon loisir,
Ensi que vous porés oïr.

QUANT cil .VI. chevalier notable
Eurent passet devant la table
De la roÿne dessus ditte,
Qui a yaus veoir se delitte,
Et remoustré ossi se furent
Par ordenance ensi qu'il durent,
De table en table francement,
Toutdis dalés yaus proprement
Leur hiraut qui fu de tous lés
Pour l'eure forment regardés,
Il prisent errant leur retour
En mi la sale, et la au tour
De leur hiraut sont arresté,
Et l'ont bellement acosté.
Li quelz hiraus en hault monta
Sus .I. escamiel qui fu la,
Et puis commença a criier,
Et toutes gens [a] acoisier,
Et a traire de celle part.
Li hiraus estoit ou regart
De la roÿne de Bretagne
Qui ne tient pas a trop estragne

L'ordenance quant cilz parolle,
Qui moult bien fourma sa parolle.

Ce dist li hiraus en parlant :
« Or oiiés et venés avant
« Dalés moy, qui volés oïr. *f. 21 d*
« Vous vos devés bien resjoïr
« Entre vous, jones chevaliers :
« Je parole a vous tout premiers,
« Car hui toute honneur vous approce.
« Hermons li nobles rois d'Escoce
« Vous fait plainnement a savoir
« Que qui voet Hermondine avoir,
« Sa belle fille, en mariage,
« Qui tant est gracieuse et sage,
« Par proece le fault conquerre.
« Bien est voirs que le font requerre
« Roy, duc et conte dusqu'a .x.;
« Mais cascuns s'en va escondis,
« Car elle est a ce ordenée
« Et de volenté adonnée,
« Et se l'a dit au roy son pere,
« Qui bien son estat considere,
« Que ja est riche d'avantage
« Et hoirs de tres grant hiretage,
« Se ne voelt nul mari avoir,
« Ne pour terre, ne pour avoir,
« Se il n'est telz sans entre .ii.
« De tous les aultres li plus preus.
« En cel estat est et demeure ;
« Ne pour cause c'on y labeure,
« Ne c'on li puist hommes prisier,
« On ne li poet son coer brisier.
« En ce point est et demorra,
« Et, s'il besongne, elle y morra.

« Dont biau signeur qui droit ci estes,
« Qui poursieués tournois et festes,
« Joustes, armes et les behours,
« Et toutes amoureuses cours,
« Considerés ce coer tres gent, *f.* 22 *a*
« Qui ne voet ne or ne argent,
« Fors proece et tres bon renom,
« Et chevalier qui ait le nom
« De proece c'on doit amer;
« Et voelliés vo coer enflamer
« En ceste vertu tres hautainne,
« Car ma dame se fait certainne
« Q'uns preus chevaliers li venra,
« Qui par armes le conquerra.
« Biau signeur, par l'ame a mon pere,
« Nulz n'a bien, s'il ne le compere;
« Si vous voelliés dont resvillier
« Et l'un a l'autre consillier
« Comment vous ferés la besongne,
« C'a pour certain il vous besongne.
« Ce n'est pas cose a refuser,
« Car vous devés vo temps user
« En armes, et en gentillece
« Et en tous membres de proece.
« Ves le ci, je le vous avance.
« Encor avés de pourveance,
« De par le roy mon chier signeur.
« En la queste de toute honneur
« Entera qui en ara goust
« Le .xiiiie. jour d'aoust,
« Et de ce jour jusqu'a .v. ans,
« Sera les armes poursieuans
« Et ce qui de ce pora nestre.
« Or vera on qui vorra estre

2825 Qui par armes, *B* Qui parmes.

« Preus, hardis, et chevalereus
« Et sus les armes curieus,
« Quant la cace est si honourable
« Que tout chevalier, jone et able,
« Y doient bien l'oreille tendre. *f. 22 b*
« Et me voelliés encore entendre,
« Car c'est raisons que je devise
« Le parfait de ceste devise,
« Comment on le pora tenir,
« Entreprendre et parmaintenir :
« A toutes coses fault avis.
« C'est li entente et li devis
« Dou roy Hermont et son conseil,
« Pour ce que desous le soleil
« On ne scet nulle court qui passe,
« Ne qui ressemble de grasce,
« D'onneur, d'armes et de vertus,
« Que la court le bon roy Artus,
« Et en ceste court revenront
« Tout li chevalier qui seront
« De queste au cor des .v. anées,
« Et toutes aventures nées
« D'armes, en poursieuant la cace,
« Li rois monsigneur voet c'on sace :
« Que cescuns chevaliers par soi,
« Sus sen honneur et sus sa foy,
« Raisonnablement les retiegne,
« Et qu'en la ditte court reviegne;
« La les raporte ou les renvoie,
« Telement c'on sace et c'on voie
« Qu'elles sont toutes approuvées,
« Non pas faintes et controuvées.
« Et li roy y ordonneront
« Douse chevaliers qui seront
« Vaillant homme et bon coustumier,
« Le noble roy Artus premier

« Et le roy Hermont mon signeur
« Qui ne tire qu'a toute honneur ;
« Et la ou ceste cours sera *f. 22 c*
« Les chevaliers on trouvera,
« A qui et par quel pourveance,
« Se conclura ceste ordenance.
« Encores poroit on tout perdre,
« Par lui en grant orgueil aherdre,
« Ne aler beubancierement ;
« Pour ce vous prient chierement
« Et enjoindent li esliseur,
« Qui sont ou qui seront diseur,
« Que cascuns chevaliers s'avise,
« Car dit est, par droite devise,
« C'uns chevaliers ne poet sans doubte
« Mener c'un seul varlet de route,
« Et garde ossi qu'il ne se nomme,
« Pour aventure ne pour homme
« Qui li puist nestre ne venir,
« En la cace parmaintenir.
« Et qui le feroit aultrement,
« Point ne seroit ou jugement
« Des .xii. chevaliers veüs,
« Ne de ma dame pourveüs,
« Qui vous mande et cil qui ci sont,
« Se vous volés, il vous jurront,
« Cescuns par sa foy et sus s'ame,
« Que li plus preus l'ara a femme.
« La quele, ce vous di jou bien,
« Fait a prisier sur toute rien
« De biauté, de sens et d'arroy,
« Et s'est fille de vaillant roy,
« Dont elle fait miex a amer.
« Ensi le porés vous clamer
« En la queste de la bleue dame,
« Qui est figurée, par m'ame,

« Au samblant de ceste imagete *f. 22 d*
« Que je pors, qui est moult doucete,
« Si vous voelliés aviser sus
« Et prendre lances et escus,
« Hÿaumes et espées dures.
« Et entrés ens es aventures
« Des armes, et aiiés espoir
« D'avenir, a ma dame voir,
« Car elle vous en fait requeste.
« La quelle, en la fin de la queste,
« Ara .I. tournoy en son nom,
« De tel grasce et de tel renom,
« Que la seront .v^{c}. hÿaumes,
« Sus le marce des .II. royaumes
« D'Escoce et de la Grant Bretagne,
« Et la tout chevalier estragne,
« Qui la cace tenu aront,
« A ce jour s'i recueilleront. »

Atant li hiraus descendi,
Et cascuns errant entendi
Au parler et au murmurer,
Et li lontain a demander
As proçains : « Quel cose a il dit? »
Si com on l'euist en escript,
Li uns a l'autre le recorde.
A ce record cascuns s'acorde.
Atant li chevalier s'en vont
Devers li roy et trouvé l'ont,
Ou uns chevaliers li contoit
Le cri, si com oÿ l'avoit.
Li rois l'entendoit volentiers,
Et quant il vit les chevaliers,
Tous .VI. qui devers li venoient
Et qui leur hiraut amenoient,

Si laissa errant li parler, *f. 23 a*
Et s'en commença a aler
Devers les chevaliers venans.
Et la fu bons li couvenans
Dou roy Artus qui les reçut
Arréement, ensi qu'il dut,
Et furent une espasse ensamble
Toutdis en parlant, ce me samble,
De ce cri et de ces nouvelles,
Qui sont au roy bonnes et belles;
Et volentiers parler en ot,
Si tost que li hiraus la ot
Fait son cri, si com vous savés.
Certainement savoir devés
Que lors se prist a envoisier
Ceste sale et a engrossier
Cil coer es corps des gentilzhommes,
Et dient, a par yaus : « Nous sommes
« En voie de moult pourfiter.
« Bien se devera debiter
« Et faire en tous pays la feste
« Cilz qui sera, en fin de queste,
« Trouvés des aultres li plus preus.
« Veci .I. cri chevalereus,
« Et cose moult bien devisée,
« Et dame tres bien avisée,
« Qui voet mari par tel maniere
« Et couvient q'uns preus le conquiere!
« Or fera elle as vassaus querre
« Les armes et les fais de guerre.
« Or fera elle travillier
« Chevaliers et yaus resvillier,
« Espoir, de telz qui ja n'euissent
« Riens valu ne il ne seuissent
« Que c'euist des armes esté; *f. 23 b*
« Ançois se fuissent arresté

« En huiseuses et en folies,
« Se ce ne fuissent les jolies
« Nouvelles c'on nous met avant.
« Or nous remet elle au devant
« Le chemin et la droite adrece
« D'armes, d'amour, et de proece
« Et de toute bacelerie,
« Et l'estat de chevalerie.
« Or ne poet nulz, ne nuit ne jour,
« Faire a l'ostel nul biel sejour,
« S'il ne voet estre trop fourfais.
« Or nous carge elle d'un grant fais,
« Quant elle voet que telz soions,
« Que ceste queste poursieuons
« .V. ans entiers. ce n'est pas doubte,
« Et q'uns chevaliers de sa route
« N'ait q'un seul escuier sans plus,
« Et se ne voet ossi que nuls
« Se nomme ne que beubant face,
« Par quoi en riens ne se fourface;
« Et a ce taille elle raison,
« C'est sus a perdre se saison.
« Or fera elle as preus vuidier
« Leurs hostelz et cascun cuidier
« Que ce sera, comment qu'il aille,
« Des aultres li plus preus sans faille.
« Car li esperance joieuse,
« Et la maniere gratieuse
« De la dame et de son franc cuer,
« Qui ne s'ordonne a nesun fuer,
« A roy, ne a duch, ne a conte,
« Et ne fait de nul homme compte
« Se des aultres n'est li plus preus, *f. 23 c*
« Nous fera tous bacelereus ;
« Car les fortunes sont si grans
« C'uns petis chevaliers errans,

« Par eür et par vasselage,
« Pora telz estre en ce voiage
« Qu'il l'ara, et la terre ossi
« Dou royaume c'on prise si.
« C'est droitement li apetis
« Dou desir qui n'est pas petis,
« Mais grans assés pour esmouvoir
« Tous jones chevaliers, pour voir. »

Ensi a par yaus devisoient
Li chevalier qui s'avisoient,
En considerant la besongne
Que nulz d'yaus ne crient ne ressongne,
Car espoir, desir et jonece,
Honneurs, hardemens et proece
Les amoneste et les enflame,
Et atise de l'ardant flame,
Dont pluiseur coer ont esté chaint,
Sans les leur, espris et attaint.
Car, ensi que j'ay devant dit,
Cascuns cuide, sans contredit,
Qu'il passera proece et route,
Ne nulz le peril ne redoubte.
Haute honneur a ce les encline
Et qu'il oent de Hermondine
Toutes grans vertus recorder.
La se commencent a galer,
Quant eulz troi se voient ensamble
Li mariet, si com me samble,
As jones, et dient : « Signeur,
« Nous sommes quitte par honneur
« De ceste queste; a vous en tient. *f. 23 d*
« A nous de riens n'en apartient,
« Entre nous qui avons nos dames.
« Nous ne poons avoir .II. femmes,

« C'est escusance assés pour nous.
« Mais elle touche bien a vous,
« Car, se nous estions ou point
« Que vous estes, n'en doubtés point,
« Nous en ferions no devoir
« Telement, saciés le de voir,
« Que telz ara terre et amie,
« Qui de legier ne l'aroit mie. »
Et la dient li anciien
Pour les jones honneur et bien,
En riant : « Nous parlons as jones
« Qui ont corps frices et ydones
« Et membres fors et bien tailliés.
« Faites dont et vous resvilliés.
« On doit bien, pour une tel dame,
« Aventurer tout jusqu'a l'ame. »

ENSI, et en tamainte guise
Que toute ne di ne ne devise,
Eut en la sale la journée
Mainte parolle retournée.
Proprement dames et pucelles,
Jones, frisces, gentes et belles,
Devant qui les parolles vont,
Grant compte et grans estas en font,
Car la matere le demande.
Cascune en soi moult recommande
Hermondine et son noble afaire,
Et dient que elle voet faire
Bons chevaliers, preus et hardis,
Car, qui seroit acouardis,
Se couvient il voir qu'il s'avance, *f. 24 a*
Tant pour honneur que pour chavance
C'on prendera avoec la dame,
Et dient entre elles : « Par m'ame,

« Ceste Hermondine est de grant pris.
« Regardés comment elle a pris
« Une devise assés nouvelle ;
« Mais de quoi avisée est elle
« Quant elle voet a sa maniere
« Mari avoir qui le conquiere ?
« Toutes fois pas ne l'en blasmons,
« Mais en tous cas miex l'en amons,
« Puis qu'elle en voet ensi user. »
Quant une dame voit muser
.I. chevalier, elle l'appelle
Et li dist : « Vous pensés a celle
« Fille de roy, dame Hermondine.
« Elle le vault, et est bien digne
« C'on y pense, car ses corps gens
« Resjoïra hui pluiseurs gens,
« Otretant bien ailleurs que ci.
« Elle mettera a merci
« Pluiseurs coers dedens les .v. ans. »
Ensi as chevaliers pensans
Dames et pucelles s'esbatent.
Lors les tables partout abatent
Li officiier de l'hostel.
Adont pipent li menestrel,
De quoy les danses renouvellent,
Et signeur et dames revellent
Liement, car li rois le voet,
Qui y rent painne ce qu'il poet.

Li rois en mainne tout riant
Les Escoçois en yaus priant
Qu'il s'esjoïssent et qu'il facent *f. 24 b*
Bonne ciere, car voir il sacent,
Leur venue, ossi leurs nouvelles,
Sont a lui et a ses gens belles.

Et cil font ce qu'il leur commande.
Encor li rois les recommande
A ses gens, et cascuns en songne
Et leur font ce qu'il leur besongne.
En une cambre les menerent,
Ou tout paiseulement disnerent.
La furent ricement servi,
Et li rois disna a par li,
Car la roÿne avoit ce jour
Tenu le tinel et l'onnour
Des dames et des damoiselles,
Et pour ce estoit la entre elles
En la sale li grans esbas.
Ensi se porta cilz estas,
En joie et sans retardement,
Jusc'au jour dou departement.
Quant li termes de partir vint,
Que dames et signeurs couvint,
Et pucelles, partir d'iluec,
Li rois et la roÿne avoec
Grandement les remerciierent,
Et liement leur envoiierent
Rices presens, dons et jeuiaus,
De quoi cascune et cascuns d'yaus
De cel estat se contenterent
Et dou roy moult recommenderent
Et de la roÿne leurs dons.
Ensi se vuida li maisons
Et dedens leurs marces revinrent,
Mais li dit Escoçois se tinrent
Dalés le roy .v. jours entiers, *f. 24 c*
Qui parolle a yaus volentiers,
Et leur fait toute amour et feste,
Et se devise de la queste
Qui se fera bien, ce dist il,
Car jone chevalier gentil

Qui ont desir d'yaus avancier
Ne se poeent mieus emploiier.
Et cil qui sont garni d'onneur
Dient au roy : « Mon chier signeur,
« C'est bien la vraie ententions
« Que nos sires li roys Hermons
« Envoiera ci temprement
« .VI. chevaliers arréement,
« Si com ditte est li ordenance
« Dont vous avés la cognissance. »
Respont li rois : « Si les verons
« Volentiers, et si leur ferons
« Toute la milleur compagnie
« Que nous porons, n'en doubtés mie,
« Et ordenerons otretel
« Sis chevaliers de nostre hostel,
« Qui leur aideront a enquerre
« Tout ce qui se fera, par terre,
« D'armes et de bacelerie
« De la bonne chevalerie,
« Qui vodront endurer la painne
« En ceste queste tres hautainne. »
Tantost, puis les .v. jours passés,
Li chevaliers, qui ont assés
Sejourné par dalés le roy,
Eurent fait tout prest leur arroy.
Congiet ont pris et on leur donne;
Mais li rois au partir ordonne
Biaus jeuiaus c'on leur a donnés *f. 24 d*
Et de par leur roy presentés,
Et ossi de par la roÿne
Qui leur prie et voet qu'Ermondine
Leur soit de par lui saluée.
Cescuns liement li agrée
Son bon desir a ceste fois.
Or se partent li Escoçois.

Si chevauchent tant mons et vaulz,
Sus hagenées et chevaus,
Qu'il se sont trouvé en Escoce.
En .i. chastiel seans sus roce
Que lors on clamoit Signandon,
En pays gracieus et bon,
Ont trouvé le roy et sa fille,
Leur estat et leur domicile,
Qui demanderent des nouvelles.
Et cil les recorderent belles,
Et dient bien qu'en ce voiage
Avoient furni leur message
Et ont trouvé roy et roÿne,
Si plain d'onneur et de doctrine,
C'on n'en poet trop en bien parler,
Ne leur estat recommender.
Li rois d'Escoce les entent
Volentiers et grans grés en rent
Au roy Artus, et dist moult bien
Qu'il ne scet nul roy terriien
Qui s'apertiegne contre li,
Tant a le cuer noble et joli.

Or dirons de Melyador,
Qui demorés estoit encor
Dalés le noble roy Artus.
Amours, qui voet de ses vertus
Ouvrer es coers des siens sans faille, *f. 25 a*
Ne voet mies que cilz y faille
Qui est des chevaliers nouviaus.
Tant li semble li recors biaus
Dou hiraut, qu'il n'en poet partir.
Toutdis li vient en souvenir
La fille au roy Hermont d'Escoce,
Et si trestost que dire ot ce.

Ceste queste commencera
Dedens tel jour qui tost venra.
Il commence tout a fremir,
Ne par nuit il ne poet dormir.
En son lit se tourne et retourne,
Et en retournant telz s'atourne
Qu'il couvient briefment qu'il descuevre
A .I. sien escuier ceste oevre,
Li quels Lansonnès a a nom.
Une heure le met a raison
Et dist : « Lansonnet, vien avant.
« Je t'ai trouvé loyal servant,
« Ja des anées plus de trois,
« Secré, discré, bon et courtois,
« Et pour ce te voel remoustrer
« A present ores mon penser.
« Amours, qui voet que des siens soie,
« M'a trop fort bouté en le voie
« De penser a celle Hermondine
« Et, puis que cel estat m'encline
« Et que j'en ay le souvenir,
« Je le voel laiier couvenir
« De moy, car pour quoi c'est tous biens.
« Jones chevaliers ne vault riens
« S'amours ne le fait et avance.
« Je ne puis faillir a chavance
« Que je n'aie toutdis assés, *f. 25 b*
« Et se cilz temps estoit passés,
« Ou poroiie aultre recouvrer?
« Mais feroie a deshonnourer
« Plus que nulz homs de mon eage,
« Se par deffaute de corage
« Je refroidoie mon desir.
« Certes j'ay plus chier a morir

3234 tout, *B* tous.

« En la queste, s'ensi avient,
« Puis c'on y doit et y couvient
« Aler, que des premiers n'i soie.
« Mais orains trop fort je pensoie
« A mon pere et a son congiet,
« Le quel j'ai trop fort ressongniet,
« Car je sai bien que par son gré
« Jamais ne l'aroie impetré,
« Et pour ce a toi me descuevre
« Que tu m'aideras sus ceste oevre.
« Partir me fault, il n'y a el,
« Et raler devers nostre ostel,
« Mais par derriere demorras,
« Car le malade tu feras,
« Et de tout ce t'escuserai.
« Mais la finance te lairai
« Pour faire ouvrer, bien et a point,
« Armeüres apriès mon point,
« Et les fais faire sans sejour
« Par quoy partir je puisse au jour
« Qui est ordonnés de mouvoir.
« Or te fault voirement savoir
« De quoi je me voel coulourer :
« .I. bleu harnois sans riens oster,
« Hÿaume et targe, espée et lance,
« Feras tu faire a me samblance.
« Mais tu metteras en me targe *f. 25 c*
« .I. soleil d'or, de tant te carge.
« Pour l'amour de la blewe dame
« Serai li bleus errans, par m'ame. »
Respont Lansonnès qui s'avise :
« Sire, je pris bien vo devise
« Et je le ferai tout ensi.
« Que recordé le m'avés chi. »
Depuis ne demora granment
Que Melyador proprement

Prist congiet et parti dou roy,
Et retourna o son arroi
En Cornuaille et a Tarbonne.
.I. joedi a heure de nonne
Y vint a belle compagnie.
Receüs fu a ciere lie
Dou duc son pere et de sa mere,
As quelz il a assés matere
De parler dou bon roy Artu,
Et de dire de quel vertu
Il est et la roÿne ossi.
Melyador dou bien de li
Parole veritablement,
Et li dus en grant bien l'entent,
Et dist voirement que li rois
Est nobles, larges et courtois.

Ensi se tient en Cornuaille
Li filz dou duc Patris, sans faille,
Melyador li damoisiaus :
As chiens s'en va et as oisiaus
Deduire et cacier toute jour.
Et Lansonnès, qui son sejour
Prent en Charlion la cité,
A tantos fait et carpenté
Armeüres bonnes et belles, *f. 25 d*
Et vous di que blewes sont celles.
Quant elles furent ordonnées
A son gré, faites et ouvrées,
Il se part et s'en vient arriere
Viers Tarbonne, en tele maniere
Que de nuit se mist en .I. bois,
Ou Melyador a le fois

3308 Dou duc, *B* Dou roy.

Venoit jewer et soi esbatre.
A tele heure s'i peut embatre
Lansonnès qui sus son chemin
Y trouva son mestre au matin,
Qui de lui moult resjoïs fu.
Tantost regarda son escu
Et ensieuant ses armeüres;
Bien l'en plaisirent les parures.
Il s'arma sans plus riens attendre,
Et dist que il vodra entendre
A estre chevaliers de queste.
Quant armés fu, si fait grant feste.
A son valet a dit : « Alons,
« Lansonnet, puis que droit ci sons,
« Point ne parlerai a mon pere,
« Ne a la ducoise ma mere,
« Ne a Phenonée ma suer,
« Car il m'aiment de si grant cuer
« Que, se de l'aler je parloie,
« Jamais le congiet n'en aroie. »
Et Lansonnès bien s'i acorde
Qui ensi encor li recorde :
« Mestres, je sui a vo commant. »
Ensi se partent tout errant,
Et si se sont mis au chemin
Ce propre jour, et au matin
Commençoit li jours de la queste, *f. 26 a*
Ou Melyador par conqueste
Vodra estre des travillans
Et sieuir, ce dist, les .v. ans,
Voires, s'il poet durer et vivre.
Par tele ordenance il s'i livre.

Or furent iret de grant cuer
Li dus, sa moullier et la suer

De Melyador ce, sachiés,
Quant ensi leur est eslongiés
Et partis, sans nul congiet prendre;
Mais cilz qui voet a honneur tendre
Ne vise point a leur courous,
Fors a estre vrais amourous,
Et dist briefment ou il chemine
Que tant fort il aime Hermondine
Que pour l'amour de lui sera
Bons chevaliers, ou il morra
En le painne et en celle cace.
Or est drois que mention face
Des chevaliers le roi d'Escoce.
Ens ou cas que la queste approce,
.vi. vaillans hommes de grant pris
A li rois en sa terre pris.
Si les envoie incontinent
Devers le roy Artus qui prent
Ossi .vi. chevaliers des siens.
Par ces .xii., c'est uns grans biens,
Se feront li juste recort,
Tout li raport et li enhort.
Dalés le roy Artus se tienent,
Et la les nouvelles revienent,
Tous les jours, des bons chevaliers
Qui travellent, et tout premiers
De Melyador parlerons, *f. 26 b*
Car chevalier le trouverons
Preu et hardi, oultre l'ensengne.
Entrés est en la Grant Bretagne;
La trouvera des aventures
Qui li seront grandes et dures.
Ensi qu'il chevaucoit .i. jour,
Il regarde vers .i. destour
Et voit .i. chevalier venant
En tres biel et bon couvenant.

Jones estoit, et amoureus
Et de son abit curieus.
Armés estoit, a me samblance,
Pour ce jour, d'une targe blance
A .i. feu vermeil contremont.
Bien a cause qui le semont :
Ce font Amours, quant je m'avise ;
Ensi le requiert sa devise.
Messires Fernagus ot nom
Li chevaliers, mais son sournom
Ne sçai nommer, ne tant ne quant.
Il s'en venoit a chevaucant,
Tout galopant sus son cheval.
Si a encontré en .i. val
Le chevalier au soleil d'or,
Qui point jousté n'avoit encor
En ses nouvelles armeüres.
Remoustrer vodra ses parures
Au chevalier qui vient vers li :
Cescuns abaisse, ce vous di,
Sa lance si tost qu'il se voient
Et s'en viennent ensi qu'il doient,
De quanques chevaus poet courir.
Sus les escus se vont ferir
Des bons fers trencans et agus. *f. 26 c*
La fu messires Fernagus
Portés jus et si rudement,
Qu'il li couvint moult longement
Jesir a terre et, au cheoir
Qu'il fist, il eut le brach, pour voir,
Briset, dont il portoit sa targe.
Melyador, qui point n'atarge,
Passe oultre, et puis si prent son tour.
Au chevalier a son retour

3431 li, *B* le.

A demandé : « Que faites vous ? »
Et cilz respont qui estoit tous
Angousseus : « Se me va moult mal.
« Au cheoir jus de mon cheval
« Ay eü le brach tout rompu.
« Plus ne puis tenir mon escu. »
Et quant Melyador l'entent,
Com cilz qui a toute honneur tent,
Dist : « Ce poise moi, par ma foi,
« Mais il vous couvenoit, ou moi,
« Par armes estre en ce parti,
« Et, puis qu'il vous en est ensi
« Avenu, porter le vous fault. »
Adont Melyador tout hault
Dist a son varlet : « C'or descens
« Et a ce chevalier entens,
« Tant qu'il soit mis en aultre point. »
Et cil qui ot corps able et joint
Est a la terre descendus.
Si fu messires Fernagus.
Par lui et par son escuier,
Mis a point tant que dou loiier
Le bras brisiet et asteler,
Et le vont moult bien bendeler,
Ensi que l'aportoit li lieus, *f. 26 d*
Jusc'a tant qu'il trouvera mieus.
Et quant il l'ont ensi aisiet,
Congiet prendent, si l'ont laissiet,
Et chevaucent sans point d'arrest,
Tout en costiant la forest.
Ensi alerent tout le jour
Et l'endemain jusc'au sejour,
Sans trouver nesune aventure
C'on doie mettre en escriture.

3451 Adont, *B* Adout.

Au soir trouverent .I. manoir,
La sont venu pour remanoir.
Cilz a qui li ostelz estoit,
Les conjoïst quant il les voit,
Et les tint celle nuit tout aise
Tant que cescuns bien s'en apaise.
Et, quant ce vint apriès souper,
Il li alerent demander
S'il savoit aucunes nouvelles :
« Oïl », ce respont cilz, « moult belles.
« Il doit avoir certainnement
« .I. grant tournoi proçainnement
« Devant le chastiel de la Garde. »
A ces mots Lansonnès regarde
Le preudomme et li dist ensi :
« Et la Garde, est ce priès de ci ? »
Et li forestiers sans delai
Respont : « Voir, sire, je ne sai ;
« Mais ensi le me dist hersoir
« Uns chevaliers errans, pour voir,
« Qui l'avoit oÿ recorder
« .I. heraut, et bien affremer.
« Et, se vous chevauciés avant
« En l'estat et ou couvenant
« Ou vous estes, il n'est pas doubte, *f. 27 a*
« Vous en trouverés bien la route. »
Dist Lansonnès : « Vous dittes voir. »
Ensi l'ont laissiet pour ce soir
Et, quant ce vint au bon matin,
Tout doi se sont mis ou chemin,
Et chevaucent sans detriance,
En moult couvegnable ordenance.

Si com Melyador aloit,
Qui a son escuier parloit

De ce tournoi qui devoit estre,
Il jette ses iex sus senestre,
Et voit .i. chevalier venir
Et le chemin vers yaus tenir.
Une targe vermeille et blance
Portoit cilz, selonch ma samblance,
A .vi. besans d'azur en mi.
Au chevalier sont ennemi
Tout chevalier errant sans doubte.
Melyador qui ne le doubte,
Dieu merci ! petit ne granment,
S'est appareilliés erranment
Pour jouster audit chevalier
Qui s'est poüs tant avancier
Que Melyador bien avise.
Riens ne parolle, ne devise,
Mais le bon cheval esporonne,
Et Melyador, qui s'ordonne
Pour jouster, s'en vient contre li.
Je croi c'on appelloit celi
Messire Gobart des Marès.
Il estoit chevaliers moult sès,
Fors de membres et de grant taille.
Ja feront la bonne bataille.
Encontré se sont roidement, *f. 27 b*
Sus les escus, par tel couvent
Que li fier qui sont aceré
S'ont .i. grant piet dedens entré,
Mais point ne sont ataint en char ;
Oultre passent. Evous Gobar
Qui a jetté sa lance jus.
L'espée trette, s'en vient sus
Melyador pour lui ferir.
Quant cilz le voit sur lui venir,
Qui estoit vistes et appers,
Contre le cop s'est lors covers.

Gobars le feri sur l'escu,
Mais ne l'empira .i. festu,
Car il estoit moult fort nervés.
Lors s'est Melyador tournés
Sus ce Gobart, en mi le voie,
Et .i. cop moult grant li envoie
Tout amont, dessus son hyaume :
Bien poet dire une belle psaume,
Quant tout ens ne le pourfendi.
Gobart .i. grant cop li rendi
De l'espée dure et taillans,
Mais li bons chevaliers vaillans
Melyador bien se targa
Et adonques plus ne targa,
Mais s'en vint ce Gobar requerre.
Ilz, qui savoit moult de la guerre,
Le consieui sus le brac dextre.
De ce couvint ce Gobart estre
Ou dangier de Melyador,
Car les bracelès a claus d'or
Copa, et le brach li navra
Telement, que Gobars n'avra
Pooir de maniier espée *f. 27 c*
Dedens une demi anée,
Et, quant cilz se senti blechiés,
Arriere s'est retrais .iii. piés,
Et voit que li sans qui le moulle
Le brach et le costé li soulle :
Si en est forment esbahis.
Melyador, qui le pays
Voloit de telz gens aquitter,
Li va erranment demander
S'il se rendra, et cilz dist :
« Oïl, sire. » Adont la se mist
En son plaisir tout francement.
Ce dist Melyador briefment :

« A Carlion vous fault aler
« Et au bon roy Artus parler.
« Se li dirés, il est mestiers,
« Comment hui li bleus chevaliers
« Vous a combati et conquis. »
Dist Gobars : « Quant j'en suis requis,
« C'est raisons c'a vous j'obeïsse
« Et que sus l'estat me cevisse
« Que nous chevaucons les contrées. »
Ensi font la les dessevrées
Melyador et cilz Gobars,
Qui n'estoit mie trop couwars,
Comment qu'il li fust mesvenu.
Ses varlès a pris son escu
Et son hÿaume ; si les porte.
Entret en une voie torte,
Qui s'en va devers .I. manoir,
S'en vont, et pour la remanoir
Tant que Gobars sera garis.
Tout ce fera qu'il a promis,
Ne le lairoit pour .I. royaume *f. 27 d*
Avant qu'il mette mes hÿaume ;
Et Melyador d'autre part,
Si tost que dou chevalier part,
Il entre en une voie ombrue.
Souvenirs d'amours si l'argüe,
Et Plaisance avoecques Jonece,
De canter par droite liece
.I. rondelet biel et joli.
Vous l'orés pour l'amour de li.

Rondel.

Je ferai tous jours mon devoir
Vers ma dame et le servirai,
De bon coer, a chiere lie ;

Et tel me trouvera de voir
Que tout a lui m'asservirai.
Je ferai, etc.

Pour ce sui desirans de voir
Sen tres doulz corps c'a servir ay,
D'entier voloir qui me lie.
Je ferai, etc.

Or fu Lansonnès resjoïs
Quant il a si doulz mos oÿs,
En chevaucant, canter son mestre,
Si li dist : « Vous devés estre
« D'or en avant bacelereus,
« Puis que vous estes amoureus,
« Et faire par armes merveilles. »
— « Je te pri que tu me conseilles,
« Compains », dist lors Melyador.
« Point n'ai veü, tu scés, encor
« Ceste pour qui je suis en cace,
« Et si voet Amours que jou face
« Cançons, rondiaus et virelais.
« Dont vient li sentemens si frais ? *f. 28 a*
« Se tu le scés, se le me dis. »
— « Oïl, sire, par Jhesucris,
« Vos coers entierement s'encline
« Au penser a ceste Hermondine,
« Qui est dame de grant arroy,
« Fille de roÿne et de roy ;
« Siques com plus y penserés,
« Plus liés et plus gais en serés,
« Plus chevalereus et plus fiers
« Contre tous aultres chevaliers. »
Dist Melyador : « Tu dis voir.

« Encor ay je bien cel espoir
« Que si bien je me porterai,
« Que li plus preus de tous serai,
« Ou je demorrai en le painne. »
Ensi que li chemins les mainne
S'en chevaucent tout en plant,
Tout ensi qu'il vont avalant
Vers .I. bois et sus le costiere.
La voient en bonne maniere
Tendu .I. vermeil pavillon.
De mains assés s'esmervill[e] on.
A son escuier en parla
Melyador et dist : « Va la,
« Et si me raporte nouvelles
« Se ce sont dames, ou pucelles,
« Ou chevalier en cel arroi. »
Respont Lansonnès : « Je l'otroi. »
Lors part de son signeur en l'eure.
Il ne sejourne ne demeure,
Mais est ou pavillon venus
Et, .I. peu ensus descendus,
Son cheval loie a .I. aubiel
Qu'il trouva vert, foellu et biel, *f. 28 b*
Et puis d'aler avant s'avance.
S'a trouvé en bonne ordenance
Trois dames et .III. escuiers,
Camberieres et camberiers,
Qui moult menoient grant reviel.
Tout ce vint assés a nouv[i]el
A Lansonnet, bien le saciés.
Adonques s'est il avanciés,
Si salue la compagnie.
Respondus fu a ceste fie
Moult doucement et liement :
« Dames, s'il vous vient a talent »,
Ce dist Lansonnès, « c'or me dittes

« La ou vos voies sont escrites. »
Lors commença li une a rire
Et dist : « Mais dittes nous, biau sire
« Quele part vous volés aler,
« Car vous devés premiers parler
« De nous, se vous avés mestier
« De conseil ou de ravoiier. »
Ce dist Lansonnès : « Nous tendons,
« Mes mestres et moi qui la sons,
« A aler, mes trop nous retarde,
« Au tournoy qui devant la Garde
« Se doit tenir proçainnement. »
Dont respondi courtoisement
La demoiselle belle et douce;
Ce dist : « Je croi que bien vous touche
« Li chemins d'aler celle part,
« Mais encore, se Dix me gart,
« Y venrés vous a temps asses.
« Cilz mois sera avant passés
« Et li aultres recommenciés,
« C'on die la : « Laciés, laciés ! » *f. 28 c*
« Mais, pour vostre mestre emploiier
« Son temps, je vous voeil envoiier
« Ou les armes il trouvera
« Et sen corps il esprouvera.
« Vous enterés en ce chemin
« Qui s'en va devers Carmelin;
« La demeure une jone dame
« C'uns aultres chevaliers, par m'ame,
« Herie, et ne scet qu'il li voet.
« Nulz au chevalier ne se poet
« Prendre qu'il ne soit desconfis.
« Ce serait honneur et pourfis
« Pour vostre mestre vraiement
« S'il se maintenoit telement
« Que le chevalier renommé,

« Que mies ne vous ay nommé,
« Si croi jou c'Agamar a nom,
« Peuist si bien mettre a raison
« Que la dame en fust apaisie.
« Se li feroit grant courtoisie,
« Et s'en seroit par ceste ayewe
« A tous jours mes vers lui tenue. »
Dist Lansonnès : « Vous dittes voir.
« Saciés, j'en ferai mon devoir
« De li dire et dou remoustrer,
« Et croi bien a briefment parler
« Qu'il se traira de celle part. »
Lors prent congiet, et si se part.
Si s'en est retournés arriere,
Et la recorde a lie chiere
Tout ce que vous aves oÿ.
Doncques veïssiés resjoÿ
Melyador, pour ces nouvelles,
Tant les tient a bonnes et belles. *f. 28 d*

Ensi chevauce les galos
Cilz qui voudra avoir le los
D'armes et de chevalerie,
Car nuit et jour y estudie
Comment il se puist avancier
Au pourpos de son escuier.
S'en chevauce vers Carmelin :
Bien y scet tenir le chemin,
Car il y est grans et ouvers,
Et s'est li bois ombrus et vers,
Et sus les chesnes sont les glandes.
Ensi chevaucent par les landes,
Par pays et par les contrées
Chevaliers, les tiestes armées,
Qui tout les aventures quierent

Et as espées le requierent,
As lances et as fiers agus,
Qui en la queste sont mis sus
Pour l'amour la belle Hermondine,
Qui d'estre amée est moult bien digne.
Plusieur bon chevalier y pensent,
Qui de leurs terres s'en absensent
Et viennent en la Grant Bretagne,
Mais, pour privet ne pour estragne,
Messires Camelz de Camois
N'a point laissiet a ceste fois
Sa contrée et son pays;
Ançois si est tenus toutdis,
Car ensi li est ordonné,
De par Hermondine et donné
Congiet, que droit la se tenra
Et que sa marce gardera
Contre tous chevaliers errans.
Il est bien si fiers et si grans *f. 29 a*
Que tous les aultres petit prise.
Une devise a pour lui prise
De rouge a une verde targe;
De nulle riens il ne le carge
Fors que d'une couronne d'or.
On parlera de lui encor
Ains que la queste soit finie,
Car plains est de chevalerie,
De proece et d'oultrecuidier;
Et s'a, ce qui le doit aidier,
Le coer joli et amoureus
Et desir d'estre li plus preus.
Tous les jours est dedens ses bois
Messires Camelz de Camois,
Ou entre Montgriès et sa terre,
Et la le vient Florée querre
Quant chevalier a Montgriès viennent,

Li quel ceste ordenance tiennent.
Tant vous di que li chevaliers
Y est tres vaillans au premiers
Et fait merveilles de son corps,
Tant que renommée et recors
S'en espandent en plusieurs lieus,
Car il n'est ne jones, ne vieus,
Qui dure vers lui par bataille.
Se li vaillans de Cornuaille,
Cilz qui porte le soleil d'or,
Ne se combat a lui encor
Et des grans pro[e]ces y face,
Je ne sçai nul qui le pourface.
Et encores quant cil Camelz,
Qui est chevaliers preus et telz
Que recordé ay chi dessus,
Quant .I. chevalier a mis jus *f. 29 b*
Et par proece desconfi,
Et que cilz s'est rendu a li,
Il l'envoie tenir prison
Par dedens Montgriès le maison,
Afin que Florée le voie
Et que la cognissance en voie
A la fille le roi d'Escoce.
En li ne sçai nulle reproce
Qu'il ne soit moult chevalereus,
Fors tant qu'il n'osoit dormir seulz.
Ne sçai se hardemens li fault,
Mais je tieng certes ce deffaut
A tres mervilleus et tres dur
Et le chevalier mains segur.

OR parlons de Melyador,
Le chevalier au soleil d'or,
Qui chevauce viers Carmelin.

Bien y ont trouvé le chemin
Entre lui et son escuier.
Si tost qu'il deurent approcier
Le chastiel, il voient la tour
Et tout le plain pays au tour.
Ou dongnon avoit une gette
Qui la ditte frontiere gette.
Si tost qu'il voit illuec venant
Melyador, ou couvenant
Qu'il estoit, si sonne et ressonne,
Et en sa buisine raisonne
Qu'uns chevaliers errans vient la.
A ce que les gens enfourma
Qui estoient à la barriere,
Il se vont tout retraire arriere.
Lansonnès s'en vient a la porte,
Qui tels nouvelles leur aporte. *f. 29 c*
« Signeur, c'or nous metés laiens, »
Ce dist, « nous sommes de vos gens.
« Veci mon signeur et mon mestre
« Qui voet vostre saudoiiers estre
« Contre Agamar, qui vous guerrie
« Et qui sans raison vous herie. »
Dont sitost que cil l'ont oÿ,
Si en sont forment resjoÿ,
Et dient : « Amis, cilz nous vaille.
« Si enterés dedens no baille,
« Que vous soiiés li bien venus
« Et a grant joie receüs. »
Adont ont il la porte ouverte.
Cil y entrent a le couverte,
Qui estoient en grant desir
Que de cel Aghamar veïr.

En dementrues que la estoient
Et qu'as bailles il arrestoient,
La gaite, qui estoit amont,
Chiaus d'aval de rechief semont
Et leur ensengne en sa buisine,
Qui laiens estoit bonne huisine :
« Veci Agamar qui vous vient. »
Adont cilz qui la bare tient,
De la porte, lors le refrume
Et Melyador ens enfrume,
Qui dist, lors que l'afaire voit :
« Signeur, maintenés vous a droit;
« Ouvrés la porte apartement.
« Je ne vorroie nullement
« Estre trouvés chi enfremés.
« J'en seroie trop fort blasmés. »
Et cil dient : « Nous ferons, sire,
« Tout ce que vous nous vodrés dire. » *f. 29 d*
Adont fu de rechief ouverte
La porte. Point n'i ot de perte,
Car Melyador en issi,
Le hÿaume lachiet ensi
Que pour lors entrer en bataille.
La bonne espée qui bien taille
Avoit il pendu a la selle.
Ja y ara jouste moult belle
De cel Agamar et de li,
Li quelz chevaliers, ce vous di,
Est la venus tout galopant
Et Melyador ramprонnant,
Quant il se voelt contre li mettre.
Au partir se va entremettre
Et dist en reproçant encor :
« O chevaliers au soleil d'or,
« Ançois c'a moi vous vous prendés,

« Je vous pri que vous aprendrés
« Qui je sui, ne comment je jouste,
« Car il couvient que trop vous couste
« S'a moi vous metés en bataille. »
Dist Melyador : « Ne me caille
« Qui vous soiiés, sachiés de voir ;
« Mais faire vodrai mon devoir
« Enviers vous, comment qu'il m'emprende,
« Et se je puis a vous aprendre
« Aucun bon tour, j'en vaudrai mieus.
« Ja de moi ne serés eskieus
« Pour aventure qui m'aviegne. »
A ces mos n'i a nul ne tiegne
Sa lance a son droit toute preste,
Et qui en l'arrest ne l'arreste.
A ces mos Agamar s'atourne,
Qui pour jouster trop bien s'atourne, *f. 30 a*
Car il a pris en grant despit
Ce que Melyador ot dit :
Par dessus ses estriers s'estent.
Li bleus chevaliers, qui l'atent,
S'appareille pour faire empainte
Dou glave qui fu en bleu tainte.
Cevaus brochent des esporons.
Assés tost bonne jouste orons,
Car point espargnier ne se voellent.
Moult tres fierement se recueillent
Des lances as bons fers agus,
Et se fierent sus les escus
Plainnement et en abandon.
Aghamar feri de randon
Le damoisiel Melyador,
Sus sa targe au biel soleil d'or ;
Mais de noient ne l'empira,
Car li mestres qui l'atira
Le fist si bonne et si certainne

Qu'encontre ce cop fu estainne.
Son glave volle en .II. tronçons.
Onques n'en perdi les arçons
Melyador qui bien se tint;
Mais en venant la se maintint
A guise de bon chevalier,
Car tele li ala baillier
De son glave trencant et roide
Que la pointe acerée et froide
En l'espaule li embara,
Par tel façon qu'il ne l'ara
Sanée dedens quatre mois.
Moult bien se tint a ceste fois
Aghamar qui point ne cheï.
Melyador se pourveÿ, *f. 30 b*
Qui mies ne se va lassant
De sachier l'espée en passant,
Et dessus Agamar retourne.
Pour bien escremir biel s'atourne,
Car il sceüt que faire doit
Et, quant li chevaliers le voit,
Que cilz si aigrement l'approce,
Le cheval des esporons broce
Et si le cuevre de sa targe.
Melyador, qui point n'atarge
Et qui noient ne le ressongne,
De li ferir .I. grant coup songne
De l'espée qui moult bien taille.
Amont le hÿaume, sans faille,
.I. si grant cop li a donné
C'Agamar a tout estonné;
A painnes qu'il ne l'abati
De ce cop, tout l'a endormi.
Cil qui estoient ou chastiel

3942 Car il sceüt que, *B* Car il sceüt ce que.

Voient maintenir bien et biel,
Et par moult arée ordenance,
Leur chevalier; s'ont grant fiance
Que Agamar desconfira,
De quoi Dix bien les aidera.

QUANT Agamar fut redreciés,
Qui moult avoit estet blechiés
Dou grant cop qu'il ot receü,
Si a grant mautalent eü
Et dist qu'il se revengera.
L'espée estraint et approça
Melyador, bonne aleüre,
Et le fiert; mais li armeüre
La endroit ou consieuois fu,
Estoit forte, et si mist l'escu *f. 30 c*
Au devant dou cop de l'espée,
Qui dedens n'est noient entrée.
Et Melyador le requiert,
Qui sus le hÿaume le fiert
De l'espée qui fu certainne.
A ce cop telement le mainne
Que le hÿaume li trenca
Et la coiffe après li perça,
Tant qu'il eut navrée le tieste.
Or ont ens ou chastiel grant fieste,
Quant il voient leur chevalier
Ensi Aghamar maniier.
Entre yaus dient : « Il est vassaus,
« Et cilz Agamars si est faulz,
« Il trouvera hui ci son mestre. »
Melyador, qui ja scet estre
En armes tres bacelereus,
Comme homs ables et vigereus,
Quant Agamar voit canceler

Sans nulle riens a lui parler,
Sus lui en traversant s'avance
Et son brach ens ou col li lance;
Si fort l'estraint, au dire voir,
C'Agamars piert tout son pooir.
Ensi en cel estat le mainne,
Tirant jusc'a le grosse alainne,
Car Agamars fu gros et cras,
Et Melyador eut les bras
Lons, et drois et bien estraindans.
Jamais n'i fust venu a tamps
Homs pour lui, la l'euist estaint.
Ja l'avoit vaincu et estraint
Si roidement, qu'il ne pooit
Parler, fors que il babioit,
Et laissa ceoir son espée, *f. 30 d*
La pointe desous, en la prée,
Tout ensi comme uns homs vaincus :
Rien ne li valloit ses escus.
Adont Melyador s'arreste,
Qui li bat a le fois la teste
Et li demande : « Chevaliers,
« Qui orains estiiés si fiers,
« Vous mettés vous en ma merci,
« Ou je vous occirai droit ci ? »
Et Agamar, quant parler pot,
Dist : « Sire, oïl. » Et a ce mot
Melyador le lait aler,
Et li dist : « Il vous fault parler
« A la dame de ceste terre,
« A qui a tort avés fait guerre.
« De vous et de vo delivrance
« En ira par soie ordenance. »
Cilz voit qu'il ne poet aultrement
Finer par nul encéement :
Se li accorde et se li prie,

Ens ou nom de chevalerie,
Que amoiener il le voelle
Vers ceste, ançois que plus s'en doelle.
Dist Melyador : « Volentiers.
« Or en venés, il est mestiers,
« Que voirement je vous aÿe,
« Car vo personne est tant haÿe,
« Selonc ce c'orains il disoient,
« Que tout a le mort vous jugoient,
« Se vous estiés pris ne vaincus ;
« Mais je vous serai bons escus
« Envers yaus, ou cas que dit l'ay,
« Et pour vous sauver prierai
« A la damoiselle dou lieu,
« A son pere et a leur baillieu. » *f. 31 a*

Atant se sont mis au chemin
Et s'en viennent vers Carmelin,
Qui n'estoit mies lonch de la.
Messire Aghamar grante honte a
Quant il se voit la amener,
Mais ce honte li fault porter,
Encor se par tant en escape ;
Car cescuns sur lui mort et hape,
Quant il est entrés en le porte.
Melyador contre yaus le porte
Et dist : « Laissiés le chevalier,
« Je le tieng pour mon prisonnier.
« Se riens li faites, mal pour vous. »
La est de toutes et de tous
Melyador fort regardés.
Adont avale les degrés
La damoiselle dou castiel

4057 avale, *B* avalent.

Et s'en vient vers le damoisiel,
Ses peres ossi dalés li,
Qui grandement sont resjoÿ
Quant leur ennemi droit la voient.
Si reçoivent ensi qu'il doivent
Le chevalier qui l'a conquis.
Ce jour l'ont honnouré de pris,
Moult grandement, en tous estas.
Ens ou chastiel, plus que le pas,
En fu li prisonniers menés
Et dedens une tour boutés.
Tout li promettent dure fin;
Mais li bleus chevaliers, a fin
C'Agamar de li mieus souviegne,
En prie et dist : « C'est droit qu'il viegne
« A merci, puisqu'il le requiert. »
Adont dient : « A vous en iert, *f. 31 b*
« Sire chevaliers. Tailliés li
« Delivrance tele et ensi
« Que vous savés que si fait sont. »
Melyador y pense adont
Et dist : « Certes, grans est ses visces,
« Mais il vous jurra tous services,
« Et vous tenra a bonne pais
« Et a segur a tous jours mais,
« Et encores jurra sa foy
« Qu'il s'en ira devers le roy
« Artu, pour tout ce recognoistre.
« La porés vous vo pris accroistre
« Et de li toute assegurance.
« Y volés vous aultre ordenance ? »
Ils respondent : « Bien nous souffist. »
Adont a Agamar on fist
Relation de ceste afaire

4065 de pris, *B* de puis.

Et comment il li faurra faire.
Ils qui se voit en grant dangier,
N'i osa muer ne cangier ;
Mais tout ensi que cilz li taille,
Qui conquis l'avoit en bataille,
Acorde et jure plainnement,
Et au partir presentement
Pour aler en le court dou roy.
Moult est resjoïs, bien le voi,
Quant il sent qu'il est mis au large.
On ne li rent lance ne targe,
Blason, hÿaume ne parures ;
Ou chastiel lait ses armeüres.
.I. seul cheval li ont donné
Cil qui l'avoient ordonné.
Il se part en celle propre heure,
Et Melyador la demeure *f. 31 c*
Tout le jour pour lui rafreschir.
On se painne de lui servir
Et, quant ce vint au matinet,
Ses escuiers les selles met :
Congiet prendent, si sont parti.
Or s'en chevaucent tout joli
Li chevaliers et ses varlès.
Ne vont ni galop, ne eslès,
Mais tout souef vers une lande.
Melyador adont demande
A Lansonnet s'il cantera,
Et que trop grant desir en a,
Pour l'amour la belle Hermondine
Que ses coers dou tout imagine.
Et cilz incontinent respont :
« Melyador, oïl, quoi dont !
« Ou cas que plaisance y avés
« Et que bien faire le savés,
« Cantés, je vous pri, hautement.

« Si en irons plus liement »
Adont Melyador canta
.I. virelay qu'il fist droit la,
Je l'espoir selonc ma samblance,
Ou il l'avoit de pourveance.

Virelay.

Ce me fait estre en grant joie
Qu'en quelconque lieu que je soie,
Si croist l'amour de jour en jour,
Que j'ai a vous, ma douce amour,
Dont je n'ai riens qui m'anoie.

Car j'ai si tres grant plaisance
A vo douce souvenance;
C'est mon deport
Et ossi ma souffisance, *f. 31 d*
Mon espoir, et ma fiance
Et mon confort.

Plus que nulle riens que j'oie
Ou monde, dont je m'otroie,
De faire toutdis sans retour
Vostre voloir et sans sejour,
Et pour riens ne le lairoie.
Ce me fait, etc.

Et c'est drois, car sans doubtance
Mon coer, m'amour, m'esperance
Sont si d'acort
D'iestre vostres sans muance
Et sans faire dessevrance
Jusc'a la mort.

Se par soushaidier pooie
Avoir ce que je vorroie,
Ce seroit [bien] pour mon millour
Que de veoir vo[stre] coulour,
Ne riens el ne desirroie.
Ce me fait, etc.

Melyador ensi s'esbat,
Qui encores en son estat
Reprent la plaisance nouvelle
Qui grandement li renouvelle
Ses amouretes non veües;
Pour quoi toutes choses deües
Sont bien taillies de descendre
En son coer, et ossi d'entendre
A faire joieuses cançons
Et amoureuses pareçons.
Encores la presentement
Avoit il assés sentement
De faire ou dire quelque chose,
Selonch l'amour qui est enclose *f. 32 a*
En son coer qui n'en poet partir.
Mais il a oï retentir
Le son d'un cor a longe alainne.
Ceste vois, c'est cose certainne,
Son penser proprement li brise,
Car Lansonnès, qui moult le prise
En son coer, li dist : « Monsigneur,
« Puisque vous tirés a honneur,
« Prendés vo coiffe et vo hÿaume :
« Vous orrés tantost aultre psaume
« Canter que vous n'aiiés canté.
« Je vous voi bien en volenté

4178 oï, *B* oïr.

« De jouster, se il vient a point. »
Et Melyador, qui ce point
N'euist jamais desconsilliet,
A encor .I. peu orilliet,
Et ot le son qui approçoit,
Et, pour ce que moult li toucoit,
Sa coife met et si le lace.
Lansonnès en soi se solace
Dou hÿaume mettre et assir,
Ensi qu'ens ou chief doit jesir,
Et li estraint de .II. lanieres :
J'en prise moult bien les manieres.
Apriès uns gantelès li baille,
Sa targe et sa lance, sans faille ;
Puis chevaucent parmi .I. pré.
Lors qu'en la lande sont entré,
Si voient devers yaus venir
.I. chevalier en grant desir
De jouster, si com il moustroit.
Aramé, je croi, se nommoit.
Grans et fors fu oultre mesure,
Et vighereüs en l'armeüre. *f. 32 b*
Oncles estoit a Aghamar,
Et portoit ossi d'or .I. bar
Sus vermeil, tel, ne plus [ne]mains,
Que portoit ses neveus germains.
A cest Aramé, je vous di,
Avoit on ja compté ensi
L'aventure de son cousin ;
Si chevaucoit vers Carmelin
Pour Agamar contrevengier.
Trop fort s'en peut esmervillier
Lansonnès, quant il l'avisa,
Et dist : « Sire, cilz qui vient ça
« Est armés de teles parures,
« Sans point cangier ses armeüres,

« Com cilz qui fu desconfis hier.
« Je ne sai sur lui que cuidier :
« Se vodroit il desloyauter ?
« Il doit a Carlion aler
« Ançois que il s'arme jamais.
« Or vous tenés ci en vo pais,
« Et vers lui irai pour savoir
« Qui c'est; lors en sarai le voir. »
Dist Melyador : Non feras.
« Ja a lui tu ne parleras.
« Lait le venir. Diex y ait part !
« Nous sarons bien, ains son depart,
« Qui c'est. Ne vois tu qu'il m'aproce
« Et le cheval radement broce.
« Adieu, je m'en voi contre li. »
Lors esporonne sans detri
Melyador le bon coursier,
Et s'en vient vers le chevalier,
Et chilz sus li sans nul deport.
N'en y a nul qui ne se port *f. 32 c*
A le jouste moult francement.
Consieui se sont roidement,
Mais point ne se sont abatu,
Mehagnié, ne en char feru.
A ces cops cescuns se retourne,
N'en y a nul qui ne s'atourne
Pour jouster la seconde fois
Le plain cours, en l'ombre d'un bois.
En portant leurs lances sus fautre,
S'en viennent li un contre l'autre,
Moult radement esporonnant.
Si s'encontrent, par couvenant,
Ce secont cop, de tel ravine,
Que ce samble c'on les souvine.
Aramé le sien chevalier
Feri sans noient espargnier,

Car volentiers l'euist honni.
Mais a dire vous sçai de li
Que cilz cops rien ne le greva,
Ne onques ne s'en sourleva,
Ne perdi selle ne arçons.
Son glave vole en .II. tronçons,
Mais la Melyador entiere
Demora et en tele maniere
Que celi feri en l'escu,
Lequel il li a pourfendu
Et la cote de maille apriès.
Dou costé li ala si priès
Que li fiers .I. piet bien en prent;
Oultre le passe telement
Que li sans contreval li raie.
Messires Aramés sent la plaie
Et le sanc qui descent aval
Sus l'erbe, parmi son cheval: *f. 32 d*
Si en est forment effraés.
Melyador, tous aprestés
Dou dit chevalier envaïr,
Le vient fierement assallir ;
Mais messire Aramé recule
Qui en lui n'a deffense nulle.
Adont Melyador s'avance,
Quant il en voit la contenance,
Et li demande tout en hault :
« Qui estes vous, se Diex vous sault,
« Chevaliers, vous cognois jou point ?
« Vous m'avés de grant dolour point,
« Se vous estes cilz Agamars,
« Auquel me combati demars.
« Se vous estes, si le me dittes,
« Car, parures teles escriptes

4283 Aramé, *B* Agamar.

« Qu'il portoit, portés vous sans doubte.
« De noient je ne vous redoubte,
« Fors tant que vous estes parjures.
« Se fait vous avés tels injures,
« Point n'ai cause que je vous prende
« A merci, ne c'a vous entende. »
Respont cilz, qui moult bien sentoit
Que durement navrés estoit,
Car son sanc veoit jus raiier
Qui moult le faisoit esmaiier :
« Sire, nennil, je ne sui pas
« Agamar, qui fu pris au pas,
« En qui j'avoie grant fiance,
« Mais je sui de sa cognissance
« Et il otant bien de le mienne;
« Et pour tant que la honte sienne
« Estoit, ce m'est vis, trop proçainne,
« Bien le cuidoie avoech ma painne *f. 33 a*
« Contrevengier, sans nul defaut,
« Mais bien voi que cuidiers me fault.
« A vous me rent pour ceste anée,
« Que point n'i porterai espée,
« Se par tant me laissiés partir. »
Dist cilz quant il le peut oïr :
« Chevaliers, oïl, je vous prens,
« Mais de ci endroit je vous rens
« A la dame de Carmelin.
« La vous fault aler le chemin
« Et rendre a lui vos armeüres.
« Avoech ce, faut il que tu jures,
« Chevaliers, que sans nul desroi
« Tu iras en la court dou roi
« Artu, et le voir li diras
« Comment combatu te seras
« Et a qui. » Et cilz li acorde
Tout ce qu'il ot c'on li recorde

Et en creante la sa foy.
Melyador, sus cel ottroy,
Le lait partir courtoisement.
Mais, devant son departement,
Lansonnès moult bien li aÿe
Tant que sa plaie soit loiie
Et tantée, bien et a point.
Et, quant il l'ont mis en ce point,
Congiet ont pris : si sont parti
Li mestres et varlès ossi.
Si chevaucent parmi la lande,
Qui estoit moult belle et moult grande;
Mais, pour ce c'aventure quierent,
Pas ne vont si fort que requierent
Li cheval qui sont bien nourri,
Mais souraitendant, je vous di, *f. 33 b*
Toutdis c'aventure lor viegne.
Or est çou raison qu'il souviegne
A Melyador de canter,
Si tretost comme il poet penser
A la fille le roy d'Escoce.
Sentemens nouviaus li approce
Et, encores en chevaucant,
Mist la .i. rondelet avant,
Lequel en present je dirai,
Si com retenu de lui l'ay.

Rondel.

Ma dame, je vous ay donné
Mon coer, mon corps et quanques j'é,
Sans riens ou monde retenir.

Si vous prie, prenés le en gré,
Que c'est de bonne volenté.
Ma dame, etc.

Pour ce, vous jur en verité,
Se plus avoie en loyauté,
Vostre seroit sans departir.
Ma dame, etc.

Tout ensi se va esbatant
Melyador, saciés ent tant,
En requerant les aventures.
Or nous dient les escriptures,
Qui sont de ceste hystore enqueste,
Que pluiseur chevalier en queste
Se misent la premiere anée.
Cescuns issoit de la contrée
Au plus nettement qu'il pooit,
Et lors c'uns chevaliers ooit
Recorder tout certainnement :
« En ceste marce vraiement
« Chevauce uns chevaliers errans *f. 33 c*
« Qui est aventures querans »,
Il demandoient sa façon,
Ses parures et son blason,
Car dou nom ne faisoient compte
Et puis ne ressongnoient honte,
Ne riens qui en peuist venir,
Mais pensoient dou poursieuir
Celui, tant que trouvé l'avoient,
Et puis a lui se combatoient
Tout acertes jusques au rendre,

4381 Sa façon, *B* la façon.

Car s'on peuist par yaus entendre,
Ou par autrui, qu'il se fuïssent,
Jamais jour honnouré ne fuissent.
Si avoient il trop plus chier,
Au requerre et a l'approcier,
Les armes, a quel fin que fust
Et morir de fer ou de fust,
Fust en tournoi ou en bataille,
Que jesir a l'ostel, sans faille.
Tele estoit la vie pour lors
Et disoient : « Moult bien est mors
« Cilz chevaliers et vaillamment,
« Quant ensi par son hardement
« Il s'est mis as camps tous armés. »
Car otretant que renommés
Est sains Pieres, ou sains Jehans,
Dessus aultres sains moins poissans,
Estoient renommé adont
Li chevalier par tout le mont
Que on disoit aventureus,
Et estoient pour ewireus
Tenu, pour noble et pour gentil,
Et li aultre tenu a vil
Qui sejournoient a l'ostel, *f. 33 d*
Voires, se il n'estoient tel
Que Camelz c'on dist de Camois,
Qui gardoit sa marce et sen bois
Contre tous chevaliers venans.
Cil qui estoient en ce tamps
Tel chevalier que Camelz fu,
On parloit bien de son escu,
Dou fait de lui et des proeces.
Cil qui avoient teles teces
Que de bien fait passoient route,
On mettoit son entente toute
Au renommer et honnourer,

Et faisoient tant a amer
Que on les appelloit, sans faille,
Oultre preu ou dieu de bataille,
Et s'avançoient en ce temps
Cil qui aloient par les camps,
Povre chevalier, preu et bon,
De tele loenge et de tel nom,
Que une roÿne ou sa fille,
Et tenissent par an .c. mille,
L'euissent plus chier a avoir
C'un chevalier a grant avoir
Qui ne fust preus et corageus.
Mais autrement va or li geus,
Car li preus est boutés arriere
Et li avoirs a lie chiere
Est receüs premierement,
Ne or n'est dame vraiement
Qui face conte en son corage,
Ne ne prise nul mariage,
Se la mise ne va devant,
Voires, tele par couvenant,
Que forte soit oultre l'ensengne. *f. 34 a*
Nous nos retrairons en Bretagne
Et parlerons des chevaliers
Bons et preus, corageus et fiers,
Qui se fisent et avancierent
En ces anées, et cerchierent
Les aventures a grant painne;
Car, sachiés, c'est cose certainne,
En la cace ne fu pas seulz
Melyador li corageus.
Plus en y ot de .xxiiii.
Qui se vorrent o lui esbatre;
Vint et .iiii., voires, x fois.
Cescuns voloit a ceste fois
Oultre passer son compaignon

De proece et de bon renom.
D'aucuns on vous fera memore
Chi, en poursieuant ceste hystore,
Qui furent bon oultre l'ensengne,
Si com leur vie nous ensengne.

Nous clorons .I. peu nos escris
Au fil dou noble duch Patris,
Que j'appelle Melyador,
Le chevalier au soleil d'or,
Et parlerons d'un moult vaillant
Et tres volentiers travillant,
C'on nomme le chevalier rouge,
Qui ne fait mies le harouge,
Mais chevauce par grant avis
Et fait a le fois les devis
A Bertoulet son escuier;
Mais qu'il ne vous voelle anoiier.
On trouveroit bien mains vassal,
Mains preu a piet et a cheval,
Que li dis chevaliers ne soit. *f. 34 b*
Agamanor cilz se nommoit:
Issus estoit de Normendie.
Pour dame avoir, ses cuers mendie;
Nuit et jour pense a Hermondine,
Et dist certes qu'elle est bien digne
Que prisie soit et amée,
Et souverainne reclamée
De celles qui sont a present.
Messire Agamanor se sent
Fors et jones, et de grant taille
Pour bien furnir une bataille;
Si en est plus bacelereus,
Avoech ce qu'il est amoureus.
Entrés est en la Grant Bretagne,

Ou tamainte aventure estragne
Li avenront, ains qu'il en isse.
De li plus lonch recort feïsse
S'il fust li tiers en celle queste
Pour Hermondine et le conqueste.
Mais, nennil, il en y a moult,
Li quel sont bon chevalier tout;
Si m'en faudra ossi parler
Et leurs proeces recorder.
Mais, puis qu'a Agamanor sui,
Je ne parlerai de nullui,
Quelz qu'ilz soit, ne de quel renom,
Si arai avanchié son nom.

Or s'en chevauce Agamanor
Sus .I. cheval, .I. petit sor,
Sa targe au col, ou poing le glave.
Il n'est nulle riens qui l'emblave;
Tant li est plaisans li mestiers
Que tout ce fait il volentiers.
Ja avoit passet .I. boscage *f. 34 c*
Et s'en venoit sus .I. village,
La ou desarmer se devoit.
Ses escuiers regarde et voit
.I. chevaliers dessus la lande,
Qui moult estoit herbue et grande
Et le traversoit o son page.
Armés estoit a son usage,
Et portoit selonch ma semblance
De rouge a une targe blance.
Moult y avoit bel chevalier
Et bien tailliet de recueillier
.I. autre chevalier sans faille,

4511 Le glave, *B* la glave.

A le jouste ou a le bataille.
Ce dist Bertoulès a son mestre :
« Sire, jettés vos yex sus dextre
« Et regardés droit chi devant
« .I. chevalier moult avenant.
« Ne l'avions encor veü,
« Mais il nous a aperceü,
« Car contre nous vient droitement.
« Jouster vous couvient erranment,
« Il ne vous demande autre cose »
Et Agamanor, qui bien ose
Attendre et recueiller ossi
Le chevalier amanevi,
Respont tantost : « Diex y ait part! »
Ce fu fait. Errant il se part
En esporonnant le coursier
Et va son droit glave abaissier,
Qui estoit coulourée rouge,
Sans faire noient le harouge ;
Mais bien et aviséement,
Ossi assés arréement,
S'en vint li chevaliers vers li. *f. 34 d*
Encontré se sont, je vous di,
Et donné tres grans horions
En la fourme de leurs blasons.
Ne se sont noient espargniet,
Mais telement acompagniet
A la jouste, ce premier tour,
Pour acquerre pris et honnour,
Que jus se sont porté a terre.
Agamanor, qui de la guerre
Savoit plus que ses aversaires,
Et ce li estoit necessaires,
Saut sus et si a trait l'espée;
Son cheval lait en mi la prée
En la garde de son varlet,

Et puis en bon arroi se met
Et s'en vient dessus Agaiant,
Qui levés estoit en estant ;
Mais trop fort estoit estourdis
Pour la cheüte, ce m'est vis.
Et, si tost qu'il se poet ravoir,
Vous devés vraiement savoir
Qu'il ne fist mies l'emprunté,
Ançois a contre lui enté
La targe et a trette l'espée.
Ja orés tres bonne meslée,
Car hardiement se requierent
Et sus les hÿaumes se fierent
Grans horions durs et pesans.
Fors chevaliers fu Agaians,
De gros membres et de grant taille ;
Mais Agamanor en bataille
Valoit mieulz que demi dousainne,
Car cilz avoit si courte alainne
Que tantost li estoit fallie, *f. 35 a*
Et fu ferus a ceste fie
D'Agamanor sus son hÿaume.
A paines ne li fist le psaume
Canter des mors, dou hourion,
Mais l'achier trouva dur et bon
Qui le garda d'estre navrés.
Si fu il forment estonnés
Et adont, pour soi revengier,
L'espée ala amont haucier
Et le rabati en l'escu
D'Agamanor, par tel vertu,
Que .IIII. doies y entra.
Et a ce qu'il le retira
Agamanor le hasta si,
Avoech ce qu'il le consieui
De l'espée, par grant vaillance,

Qu'il le navra, a me semblance,
Amont ou descouvers estoit,
Et adont le hurta si roit
De l'espaule, par grant proece,
Qu'il li fist moustrer sa longhece
A la terre, car la cheï.
Agamanor se pourveï
De li haster pour faire rendre,
Ou la tieste a l'espée prendre.
Se le tint la en ce dangier
Tant qu'il li ala escriier :
« Chevaliers, rendre vous couvient
« Ou chi morir ; a moi en tient. »
Ce respont Agaians : « C'est voirs,
« A vous me rent, c'est mes espoirs
« Que courtoisie me ferez. »
Dist Agamanor : « Vous l'orés.
« Vous en irés a Carlion *f. 35 b*
« Et la, de bonne affection,
« Recognisterés no bataille.
« Penitance aultre ne vous taille;
« Car, quant fait arés ce voiage,
« Vous porés et sans nul outrage
« Retourner, en ce couvenant,
« En la queste comme devant. »
Dist Agaiant : « Dieus y ait part !
« Ensi ferai a vo depart.
« Jamais n'arai hÿaume en tieste
« S'arai acompli le requeste. »
Agamanor prist lors congiet,
Qui la a Agaiant laissiet
Avoech son varlet seulement.
Je crois bien qu'il fist telement
Que Agamanor li carga,

4600 Qu'il, *B* qui.

Et que noient il n'atarga,
Mais se mist tantost au chemin.
Ensi esploita ce matin
Li rouges chevaliers vaillans.
Ce jour fist .II. estours moult grans,
Car a heure de remontiere
En mist il .I. aultre a litiere,
Qui appellés estoit Gondrés.
Et puis chevauca ens uns prés,
Et s'en vint jesir sus ce soir,
Proprement au destour manoir,
Ou on li dist vraies nouvelles,
Qui li furent plaisans et belles,
Dou tournoi qui pas ne se tarde,
Qui se tenra devant la Garde.
Et la encor le voir oÿ
Dou chevalier c'on prise si,
En qui proece se deporte, *f. 35 c*
Qui dou soleil d'or s'arme et porte,
Comment il fu a Carmelin
Et desconfi par bon hustin
Aghamar, le fort chevalier.
Ces nouvelles sans anoiier
Ot volentiers Agamanor,
Et dist, s'il plait a Dieu encor,
Ce bon chevalier trouvera
Et a son corps s'esprouvera.
Ensi passerent il ce soir
A l'endemain, sans remanoir,
Agamanor et ses varlès
Qui nommés estoit Bertoulès
Sont monté et remis a voie.
Or esce raison que je voie
S'Agamanor scet riens chanter ?
Oïl. Il s'en poet bien vanter,
S'il voet, qu'il en scet grandement

Et a moult joli sentement
D'ordener aucune cançon.
Encores l'en mist a raison
Ses varlès qui li dist : « Biau sire,
« Grant temps a ne vous oÿ dire
« Motet, cançon ne virelay. »
Et cilz respont sans nul delai :
« Tu le m'as or ramenteü,
« A tele fin c'un pourveü
« En ai puis .IIII. jours en ça.
« Je n'en fis ne cantai pieça
« Nul qui me pleusist telement.
« Se le vodrai presentement
« Chanter pour nous miex resjoïr. »
— « Et je suis tous près de l'oïr »,
Ce respont Bertoulès, « par m'ame. » *f. 35 d*
Adont Agamanor entame
Le virelay a clere vois,
Qui fu si fait, a ceste fois.

Virelay.

Ma dame, je vous laissai,
Au departir, quanques j'ai,
Mon coer, mon corps, entirement.
Si le gardés, car loyaument
De vous ja ne l'osterai.

Car ou monde je ne sçay,
Ce vous di je certainnement,
En qui fiance euisse ou ai,
Fors qu'en vous, dame, seulement.
Pour ce a vous je me donnai,
Tel que, tant com je viverai,

Me sera il bien souvenant,
Que vo voloir parfaitement,
Sans doubte, tous jours [je] ferai.
  Ma dame, etc.

Pour ce liés sui et serai
Qu'en bonne garde vraiement
Je me suis mis, et s'est bien vrai
Qui bien se met grant bien attent.
Pour ce tous jours attenderai;
De vous servir me penerai,
Que vostres bontés est si grant
Que j'en vic tous jours liement.
Pour ce de vous ne parlerai.
  Ma dame, etc.

Ensi Agamanor chanta
Son virelay. Moult le loa
Ses escuiers, pour verité,
Et qu'il avoit tres bien chanté.
Adont chevaucent tous les plains. *f. 36 a*
Agamanor fait ses complains
Souvent de la belle Hermondine,
Et dist certes qu'elle est bien digne,
A ce que il oÿ retraire,
Que on en doie et dire et faire
Toutes cançons tres amoureuses,
Car les pensées gracieuses
C'on a a li et c'on ara,
Les chevaliers esmovera
En armes, et en gentillece
Et en tous estas de liece;
Par quoi il en seront joli,
Bacelereus et tres hardi.

4714 Agamanor, *B* Agamanar.

D'Agamanor droit ci lairons
Et de Gratiien parlerons,
Qui ne fait pas a oubliier,
Car on faurroit a chevalier
Bien plus courtois que de son corps,
Si com vous dira li recors.
Moult estoit pleins de vasselage,
Liet d'esperit et de corage.
Cilz sur l'ordenance taillie
Estoit issus hors d'Italye,
En espoir, ou je l'adevine,
Pour l'amour la belle Hermondine,
Dont il avoit oÿ parler ;
Car nouvelles ne font c'aler
En tous lieus et en tous pays.
Pas ne se sentoit esbahis
Pour bien fournir une besongne.
Tourné li fust a grant virgongne,
Quant il avoit force et poissance,
Armeüres, mise, et chavance
Et desir d'acquerre proece, *f. 36 b*
Et dedens une forterece
On l'euist la trouvé chiés soi.
Plus chier euist morir, par foi,
Que sourvenus li fust cis blasmes,
Car trop grans estoit li esclames,
Par mi le monde, d'Ermondine.
.C. chevaliers de lui mains digne
S'estoient ja mis en la queste.
Mais je fai de Graciien feste
Pour ce qu'il estoit amoureus,
Friches, courtois et gracieus,
Sans estre hastieus ne harouges.
De blanch a .II. biaus pelz tous rouges,
L'un devant et l'autre derriere,
S'armoit li preus a sa maniere,

Et d'un pel en sa targe blance ;
Bonne en estoit li ordenance.
Varlet avoit pour radrecier,
Le quel on nommoit Manesier,
Qui menoit .I. cheval en destre,
Et portoit la lance son mestre
Et son hÿaume a chiés de fois.
Or est entrés en .I. biau bois
Graciiens, a heure de tierce.
Riens n'a sur lui, ne li affierce.
Entour l'eure de miedi
Dedens ce bois il entendi
La vois, qui estoit moult isnelle,
Vis li fu d'une damoiselle.
Adont a il levé la tieste ;
Si se tient tous quois et arreste
Pour lui enfourmer miex dou fait,
Et de la vois, et qui la fait.
De rechief ot et bien entent, *f. 36 c*
A ce que l'oreille il y tent,
Que ceste n'est pas a sen aise.
A son varlet dist : « Il te plaise
« A cevaucier droit ci devant
« Et va, je te pri, si avant
« Que tu me faces au retour
« De vrai conter, en quel atour,
« Ceste est, dont j'ai oÿ la vois.
« Et se trop parfont entre ou bois,
« Mait a bouche ton cor d'ivoire ;
« Par ton son arai bien memoire
« Se je doi devers toi aler. »
Quant Manesiers oÿ parler
Son signeur, si dist : « Je l'otri. »
D'iluec s'est partis sans detri
Et le bon coursier esporonne.
.I. petit vauciel environne ;

A l'assent de la vois s'en va
Ou la damoiselle trouva
Qui forment estoit esplorée :
Je croi c'on l'appelloit Florée.
Uns grans chevaliers l'enmenoit,
Qui trop griefment le demenoit.
Cilz l'avoit emblée et ravie,
Ne onques en jour de sa vie,
A painnes avoit il pensé
Bien, ne honneur, ne loyauté,
Fors que barat et trecerie,
Et encores par lecerie
Euist virgondé la pucelle,
Qui estoit moult jone et moult belle
Et fille de souffisant homme,
Se cilz que Graciien je nomme
Ne l'euist trouvé d'aventure, *f. 36 d*
Si com dira li escripture.

Quant la damoiselle jolie
Voit venir, parmi la fuellie,
.I. homme sus .I. blanc coursier,
Si se va .I. peu renforcier
A criier et a soi complaindre,
Et cilz, qui pas ne se volt faindre
Qu'il n'acomplesist le commant
Son mestre nommé chi devant,
Vint esporonnant jusc'a la.
De premiers bellement parla
En demandant a la pucelle :
« Dittes moy et que vous fault, belle,
« Qui telement vous lamentés ?
« Est çou oultre vos volentés
« Que cilz chevaliers vous emmainne ? »
— « Diex vous mette en male sepmainne, »

Ce dist tantost li chevaliers,
« Tres ors vis garçons lavendiers,
« Qu'en monte il a vous dou savoir ?
« Se je cuidoie honneur avoir
« A vous batre par ces .II. mains,
« Vous n'en porteriés mies mains.
« Finés de ci tantost en l'eure,
« Ou mal ira de vo demeure. »
Adont la pucelle s'escrie
Et dist : « Ha! frans varlès, aÿe!
« Se vous avés signeur ne mestre,
« De lui m'en devera bien nestre
« Aucune bonté au jour d'ui.
« Vous veés en quel point je sui
« Par ce faulz traïteur mauvais
« C'amer ne poroie jamais,
« Car il m'a faussement emblée *f. 37 a*
« Chiés mon pere et priès violée. »
Et quant Manesiers l'entendi,
Son cor sonne, plus n'atendi,
Et se part d'illuech bien montés.
Gratiens, en qui fu bontés,
Honneur, force et chevalerie,
Broce parmi la praerie
Et s'en vient droitement au son
De son varlet qui, par raison,
En sonnant le cor moult le coite.
Li chevaliers si bien s'esploite
Qu'il vient la, ne plus il ne targe,
Le glave ou poing, ou col la targe,
Bien armés et faiticement,
Pour faire .I. grant commencement.
Sitost qu'il fu mis ou chemin,
Il descendi de son roncin.
Ses escuiers errant li baille
Son coursier; il monte sans faille.

Ja li avoit il demandé
Tout le fait, et cils recordé
Ensi que la besongne aloit;
Gratiiens qui petit parloit
Est entrés errant es esclos
Ou li chevaliers fu enclos,
Qui la pucelle fourmenoit,
Car tout maugré li l'enmenoit.
Adonques Graciiens s'avance,
Hÿaume ou chief, ou poing la lance:
La vient ou le chevalier trueve:
De si lonch qu'il le voit li rueve
Qu'il lait la damoiselle aler
Et qu'il en fait trop a blasmer,
Quant ensi maugré li l'enmainne, *f. 37 b*
Et que c'est oevre trop villaine
Pour .I. chevalier de bon nom
Qui voet avoir grasce et renom.
A painnes le daigna respondre
Begos, qui cuidoit bien confondre
Tous chevaliers par sa proece,
Mais passe oultre et la tieste drece.
Et, quant cilz en voit la maniere,
Si dist : « Dans chevaliers, arriere
« Vous fault il retourner sans faille,
« Car a moy arés la bataille.
« Je voel calengier la querelle
« De ceste jone damoiselle
« Et di que vous avés grant tort. »
Et quant Begos s'entent si fort
Manecier, s'en a grant virgongne.
Ensi que cilz qui ne ressongne
Monsigneur Graciien granment,
Prent sa lance tout erranment
Et pour trop bien jouster s'atourne.
Graciiens mies ne sejourne.

Tout doi leurs chevaus esporonnent.
Sus les targes grans cos se donnent
De leurs glaves as fiers trenchans.
Moult par estoit fors li perchans
Dou chevalier ytaliien,
C'on dist monsigneur Graciien :
Begot si tres roit consieui
Que jus a terre l'abati.
Ce fu si mesaisiement,
C'onques de puis aisiement
Ne s'aida si bien que devant.
Graciiens passe tout avant
Et met tantost le piet a terre; *f. 37 c*
Si vient son ennemi requerre
De grant coer a l'espée dure.
Begos, qui en son armeüre
Estoit grans, mais trop fors loudiers
Et trop garnis de grans cuidiers,
Estoit ja en piés relevés ;
Mais point n'estoit avant alés,
Ançois se tenoit en estant
Le branch tout nu. Si dist en tant
Que Graciiens s'en vint sur li :
« Chevaliers, qui m'avés droit ci
« Abatu par vo vasselage,
« Est çou par force ou par haussage
« Que tollir me volés m'amie ?
« Saciés que je ne vous voel mie
« Grever dou plus que je poroie.
« Vous ne aultrui je ne vorroie
« Faire tort, point n'en sui de taille,
« Mais laissiés moi et la bataille
« Et m'amie, et alés vo voie. »
Dist Gratiiens : « Se je devoie
« Morir en le painne, par m'ame,
« Si me renderés vous la dame,

« Et recognisterés pour quoi
« Vous li avés fait tel anoi. »
Dist Begos : « Ce ne sera ja. »
Adont nul d'iaus ne s'espargna,
Mais le requierent fierement
Sans mettre y nul detriement.

Cilz Begos estoit grans et durs,
Ce sambloit de son corps .i. murs.
Gratiiens fu de mendre taille,
Mais sans doubte pour la bataille
Il valoit trop miex que Begos. *f. 37 d*
Je ne comptai pas tous les cops
Que la entre yaus .ii. se donnerent,
Mais telement se randonnerent
Que ce sambloient doi forgeur.
Graciiens, qui en sa vigeur
Estoit et qui savoit le tour
De bien gouvrener .i. estour,
Ce Begot a .ii. bras embrace,
Et contre lui si fort le sace
Et l'estraint contre sa poitrine
Que il l'abat, pance souvine.
Sus li chiet l'espée ens ou poing ;
Dou pumiel, si com sus .i. coing,
Sus le hÿaume li martelle.
Diex, com lie est la damoiselle,
Quant elle voit son ennemi
Jesir a terre en ce parti !
N'en volsist tenir mille livres.
Moult bien volsist estre delivres
De ce pas messires Begos,
Car cilz li donne si grans cops
Sus la teste, que tout l'estonne ;
En ce point que je vous ordonne,

La endroit si fort le demainne
Que jusques a la grosse alainne
Le fait venir. Il ne poet plus;
Il vaut autant que homs vaincus,
Car ensi se lait maniier
C'on voet, sans braire et sans criier.
Gratiiens, qui de priès s'acoste,
Son hÿaume en tirant li oste,
Et li met dessus le visage
L'espée et dist : « J'ai avantage,
« Chevaliers, de toi ci occire. *f. 38 a*
« Di errant ce que tu dois dire,
« Ou tu n'en aras mies mains. »
Begos, qui se voit entre mains
Perilleuses, est moult confus
Et dist : « Certes, je ne puis plus,
« Chevaliers, a vous je me rens. »
Respont Graciiens : « Je vous prens,
« Parmi tant que vous dirés voir. »
— « Oïl », dist cilz sans remanoir.
Adonques de coer courroucié
Recorde Begos son pechié,
Et dist : « Sire, il est verités
« C'uns chevaliers qui est voir telz
« Que frans, courtois, preus et vaillans,
« Et vostre queste poursieuans,
« Se combati a moi l'autrier
« Et jou a lui, de coer entier.
« Il me conquist, je me rendi,
« Et sus ma foi il m'enjoindi
« C'a Carlion devoie aler
« Au roi et as barons parler,
« Et la recorder no bataille.
« Tout ce li creantai sans faille;
« Mais, lors qu'il me fu eslongiés
« Et que de lui fu pris congiés,

« Je m'avisai d'un grant malisce,
« Sire, a vous recognois mon visce,
« Car je di que la ja n'iroie,
« Et que trop vergondés seroie,
« S'il me couvenoit confesser
« Ce de quoi je me voel cesser.
« Si m'avisai que pas n'iroie
« Celle part, mais m'en retourroie
« Chiés moy et dedens mon chastiel. *f. 38 b*
« Sus mon chemin me vint a biel
« Au penser a ceste pucelle,
« Et me sambla moult bien, se celle
« Pooie avoir en mon manoir,
« Trop bien aroie esploitié voir.
« Si com je l'avisai je fis,
« Dont en ce trop fort me meffis,
« Car je l'emblai a son bon pere
« Et ossi a sa bonne mere
« Qui avoient en moy fiance,
« Et l'euch par soubtieue ordenance.
« S'il vous plaist, si le remenrai. »
Respont Graciiens : « Je ne sçai
« S'en vous affiier me poroie,
« Car nullement je ne vorroie
« Que la pucelle euist anoi ;
« Assés en a eü, par foy.
« Mais nommés moy le chevalier,
« Qui se combati avant hier
« A vous et qui vous desconfi. »
— « Sire », dist Begos, « je vous di
« Que mies ne le sçai nommer,
« Mais les armes qu'il poet porter
« Vous nommerai bien en apiert.
« En blewes parures il siert
« Ceste queste et dame Hermondine.
« En sa targe, qui moult est fine,

« Porte .i. soleil d'or, ce m'est vis.
« Biaus homs est, de corps et de vis,
« De membres et de toute taille,
« Et bien scet faire une bataille.
« Diex le gart d'anoi et de mal,
« Car il me rendi mon cheval,
« Mes parures et men espée, *f. 38 c*
« Et me mist en bonne pensée,
« Quoi que j'aie fait le contraire.
« Plus avant je n'en sçai retraire :
« Si vous pri que vous me faciés
« Grasce sur ce, et bien saciés
« Que jamais je ne mefferai.
« Loyaument je le vous jurrai. »

Grachiens ot celi parler,
Qui prie c'on le laist aler
Ou c'on li face aucune grasce.
Sur ce pensa il une espasse
Que dou faire et que dou laiier,
Et ossi au bleu chevalier
Au quel cilz a fait mesprison,
Quant pris l'avoit pour son prison
Et l'envoioit ens ou message,
Ou tout li fol et tout li sage
Vont ou cas qu'il en sont requis,
Et par armes pris et conquis.
Encor y a .i. aultre point
Qui a pardonner ne fait point
Et qui trop grandement le blece
Ou jugement de gentillece,
Quant une jone pucelete,
De pechié et de visce nette,
A trahi et son pere ossi.
Ces .ii. coses argüent si

Au chevalier certainnement,
Qu'il dist en soi que nullement
Il ne poet veoir par nul tour,
Que cils ne face son retour
Par le roy Artu et ses hommes;
Mais il dit : « Chevaliers, nous sommes
« Maintenant sus nostre chemin, *f. 38 d*
« Lequel nous avons jusqu'en fin
« Dit et juret solennelment
« Que les coses tout telement
« Qu'elles nous poront avenir,
« En painne que dou retenir,
« Nous metterons comment qu'il soit.
« Et se de verité estoit
« Sceü dou faire le contraire,
« Plus avant n'arions que faire
« Pour acquerre honneur et renom.
« Siques, chevaliers, en son nom
« Je vous di : Venir vous en fault
« Avoech moi, sans point de default,
« Au chastiel dont vous partesistes,
« Quant ceste pucelle presistes ;
« Je n'i voi nulle aultre querelle.
« Prendés vo cheval et vo selle;
« Si montés et partons de chi,
« Car vous n'arés aultre merchi.
« Chiés son pere vous remenrai
« Et la, espoir, conseil arai
« Comment user porrai de vous. »
Adont monta Begos li rous
Qui est grandement esbahis ;
Bien vodroit estre en son pays
Ou aultre part a sauveté.
Graciiens a errant monté

5114 Begos, *B* Agos.

La pucelle reconfortée.
Lors se partent sans demorée,
Et si se sont mis au chemin.
Venu s'en sont a Montgoffin ;
Ensi fu li chastiaus nommés.
Biaus estoit et moult bien fremés.
Laįens ot esté la journée *f. 39 a*
Toute grant tristrece ajournée
Pour l'amour de leur damoiselle,
Et, quant amont vint la nouvelle
Qu'elle estoit la jus a la porte,
Evous errant qui les clés porte
Qui deffrume tost et apiert.
Et si trestot c'on ot ouvert,
Il entrerent ens erranment
Et descendirent proprement
Ou chastiel, au piet des degrés.
On dit par tout : « Ouvrés, ouvrés ;
« Veci no fille revenue. »
Pere et mere qui bien perdue
Le cuidoient avoir, pour voir,
Ont grant jöie lors que veoir
Le poeent et le chevalier.
Adont vont leur fille embracier
Pere et mere moult doucement.
Ne furent pas la longement,
Quant la fillete leur recorde
La vie qui fu vilz et orde
De Begot qui l'avoit emblée,
Et comment a la bonne espée
Li chevaliers l'a reconquis
Et delivré de tous anuis.
Adont fu forment honnourés
Graciiens, prisiés et loés,
Et li met on en abandon
Chastiel, revenue et maison ;

Et cilz grans grasces lor en rent,
Et dist et prommet loyaument
C'un service encores plus grant
Feroit de cuer liet et joiant
A leur fille et a toutes dames, *f. 39 b*
Ançois que nulz trop grant esclames
Leur fust repris de villonnie,
Ou il y metteroit la vie.

BIEN fu festiiés cele nuit
En grant joie et en grant deduit
Graciiens, car ce fu raisons.
Tout li chastiaus et la maisons
En furent forment resbaudi.
A l'endemain on entendi
Que Graciiens voloit partir.
Adont li ala on offrir
Quel cose on feroit de Begot.
Ilz tantost ordené en ot
Et se le dit au chevalier,
Pere a la pucelle qui hier
Il avoit de peril osté :
« Sire, j'ai bien consideré
« Que cilz Begos s'est trop fourfais
« Et c'on ne li poet tant de fais
« Donner que bien a desservi ;
« Et pour ce que je voi en li
« Qu'il n'est ne loyaus ne estables,
« Vous prenderés de vos feables
« Sis ou .vii., ce que vous vodrés,
« Et par chiaus mener le ferés
« En la court dou bon roy Artu
« Qui regardera sus l'argu

5170 Adont li ala on, *B* Adonques li alan.

« Dou chevalier, et tout si homme,
« Plus sagement et mieulx en somme
« Que nous ne porions ja faire.
« Cil jugeront de son afaire,
« Car dou tout a yaus il en tient
« Et mieus qu'a nous en apertient. »
Cilz consaus fu tenus sans doute. *f. 39 c*
Adont est rentrés en sa route
Graciiens, et dou chastiel part.
La damoiselle a son depart
Li donna .I. biel anelet.
Il le prist, mies ne le let,
Et l'en remercia forment,
Et li dist que certainnement
C'est ses chevaliers a tous jours,
Et qu'il sera ou cilz behours
Se tenra par devant la Garde,
Se Fortune ne l'en retarde.
Sus cel estat ist de la porte
Et entre en une voie torte,
Qui l'enmainne devers le bois,
En chantant a moult haute vois
.I. virelai joli et gai,
Lequel pour s'amour je dirai,
Car il vault bien qu'il soit oïs
Et li chevaliers resjoïs,
Comme cilz qui bien par amours aimme,
Car des amoureus il se claime.

Virelay.

S'onques de coer vous desiré,
Encor vous desir je trop plus,
Ma douce dame en loyauté,

Et a bon droit, car vraiement
Tous les jours de ma vie
Serai vostres entirement,
De ce ne doubtés mie,
Pour faire a vostre volenté;
Car du tout y sui je tenus
Et certes voir je le feré.
S'onques de coer, etc.

Or pri a Dieu que bien briefment, *f. 39 d*
Et a chiere tres lie,
Je vous revoie ou nullement
Ne sera acomplie
Ma liece, car en verité
Tant de joie n'ot onques nuls,
Se ce bonheur m'estoit donné.
[S]onques, etc.

Ensi a par soi se solace
Graciiens, qui voet bien c'on sace
Qu'il est amoureus et jolis.
Ce li est plaisance et delis
De penser a ses amouretes.
Se sont pensées moult tres nettes
Et qui font a recommender.
Se de li volés demander,
Il chevauca celle journée
Sans encontrer nulle riensnée,
C'on puist conter par aventure.
Or nous dist chi li escripture
Que a l'endemain il trouva
Aventure ou il s'esprouva.
Mais ossi comment il li vint,
Et quel fortune li avint,

5230 Ma liece, car en verité, *B* Ma liece, et en verité.

Compter le vous voel clerement.
En le marce tout proprement,
Ou il chevaucoit tout armés,
Estoit uns biaus chastiaus fremés,
Dont li sires de la maison,
Qui avoit honneur et raison,
Avoit .i. damoisiel a fil,
Jone, gratieus et gentil,
Qui Clarins estoit appellés.
Cilz filz s'estoit entremellés
Que d'estre entrés en celle queste, *f. 40 a*
Dont chevalier faisoient feste,
Siques pour son corps avancier,
Car les armes avoit moult chier.
Ja ot fait pluiseurs apertises ;
Mais, tout ensi que les antises
D'armes sont assés mervilleuses,
Une heure bonne et puis nuiseuses,
Ensi l'en estoit avenu.
Il avoit longement tenu
La frontiere de son paÿs
Et n'estoit mies si haÿs
Qu'il ne fust en la cour nommés
Vaillans homs et moult renommés.
Mais puis .i. mois, en liu estragne,
Au departement de Bretagne,
En une moult obscure lande,
Sus les plains de Northombrelande,
Avoit jousté de fier de lance,
Par ahatie contenance,
A Camel c'on dist de Camois,
Li quelz l'avoit a ceste fois
Abatu et navré moult mal ;
Mais rendu li ot son cheval

5252 tout armés, *B* tous armés.

Et dist qu'il se fesist garir
Et pris sa foi de revenir
A Montgriès, en celle saison,
Et avoit laissié son blason,
Com prisonniers, au dit Camel.
Clarins, qui ne pensoit a el
Fors que voir sa santé avoir,
Estoit retrais en son manoir,
Ciés son pere moult anciien.
La avoit .I. phisiciien
Qui le medicinoit de coer. *f. 40 b*
Cilz Clarins avoit une soer,
Qui le gardoit songneusement
Et qui l'amoit moult tendrement,
Ensi c'on doit amer son frere.
Cilz chevaliers, c'est cose clere,
Qui moult desiroit sa santé,
Avoit de sa jonece hanté
Une moult tres belle fontainne
Qui n'estoit mies tres lointainne
Dou chastiel, et seoit ou bois
Ou Graciiens a celle fois
Chevaucoit, si com j'ai ja dit.
Messires Clarins sus son lit
Se tenoit souvent en seant ;
Sa serour li estoit devant.
Or li vint une heure en plaisance
De la fontainne en remembrance,
Et li sambla, s'il en avoit
Beü, que grant bien li feroit.
Si dist a sa sereur ensi :
« Ma belle sereur, je vous pri
« Que vous alés a la fontainne,
« Et d'une boutillete plainne
« M'en aportés tout quoiement,
« Et je vous ai bien en couvent

« Que elle me fera grant bien,
« Tout maugré mon phisiciien
« Qui m'en a defendu a boire. »
Ceste prist .I. vaissiel de voirre
Et se mist tantost au chemin,
Toute seule; et a celle fin,
Pour plus tost retourner arriere,
Tant esploita a sa maniere
Qu'a la fontaine en est venue, *f. 40 c*
Et l'a tout aval descendue.
Si rafresci sa boutillete
Et, pour ce qu'elle estoit seulete,
Elle en but et si s'en lava,
Et .I. peu trop y sejourna,
Dont il l'en fu priès mesvenu;
Car par dedens le bois ramu
Avoit .I. ours grant et hideus,
Qui celle part s'en vint tous seuls
Ou la damoiselle seoit
Et quant la fillette le voit,
Si en fu trop fort esbahie.
Adont a haute vois s'escrie :
« Haro! haro! voir, je sui morte. »
Li ours a tout sa tieste torte
Se croupoit dessus .I. monciel,
Et la fille estoit ou vauciel
Qui ne s'osoit partir de la.
Gratiiens adont s'avala
Celle part, car la vois oÿ
De la pucelle, ce vous di,
Et si tres bien la voie tint
Que droit a la fontainne vint.
Si voit la demoiselle en bas,
Et l'ours qui faisoit ses apas
En regardant la pucelete.
Adont l'espée toute trette,

S'en vient sur l'ours pour l'envaïr.
Li ours, qui ne daigna fuïr,
Se drece et fait une grant hure.
Gratiiens, qui lors met sa cure
Comment il le pora grever
Pour mieus le monde delivrer,
Tout a piet s'en vient devers li. *f. 40 d*
Li ours se lance et tout ensi
Qu'il volt le chevalier haper.
Gratiiens li ala fraper
Sen espée dedens la goule,
Et jusques ens es haus li coule.
Ens ou corps si bien l'assena
Que mort illuech le reversa.
Ensi fu occis li maufés,
Et Gratiiens tous escaufés
Reprist erranment son espée,
Qui toute estoit ensanglentée,
Et puis si regarda la beste
En mesurant et cors et tieste.
Et quant il ot alé au tour,
Il prist droitement son retour
Par dalés la jone pucelle,
Qui estoit a la fontenelle
Reconfortée grandement;
Car elle veoit en present,
La gisant mort, son ennemi.
La damoiselle, ce vous di,
Remercia le chevalier,
Et dist : « Sire, sans mal cuidier,
« Bien sçai que j'euisse esté morte,
« Se vostre espée dure et forte
« Ne m'euist osté de ce pas. »
Et Graciiens, qui n'est pas las
De li honnerer, li demande
Pourquoi, si seule en celle lande,

Elle estoit dou chastiel iṣsue.
Et celle, qui ne fu pas mue
De lui compter la verité,
Li a incontinent conté
. . . .
. . . .
Et moult volentiers travillans *f. 41 a*
En la queste dont je vous conte.
Honneur amoit et doubtoit honte,
Et grandement fu cogneüs,
Et moult souvent ramenteüs
En la court dou bon roi Artu.
Il portoit .I. vermeil escu
A une harpe toute blance,
J'en prise moult bien l'ordenance.
Dagorisès avoit cilz nom.
Chevaliers fu de grant renom,
De bon tour et de bonne taille
Pour bien furnir une bataille.
Dou grant estoit Agamanor :
De lui vodrons parler des or
Et recorder de ses proeces,
De ses fais et de ses nobleces.
Entrés fu en la Grant Bretagne ;
Si ont passé une montagne
Entre lui et son escuier.
Ce soir s'en vinrent herbegier
Ciés .I. chevalier moult viel homme.
Banidan cilz livres le nomme.

5395-5531 *Il manque aujourd'hui dans le ms. fr. 12557, un feuillet entre celui qui est actuellement coté 41 et le suivant. Ce feuillet devait comprendre 136 lignes divisées en quatre colonnes, mais, le feuillet 41 commençant par le second des vers d'une même rime, il semble qu'il devait contenir un nombre impair de vers, ou, pour parler exactement, que l'une de ses 136 lignes devait être occupée par le titre* (virelay, rondel ou ballade) *de l'une des pièces lyriques composées par le duc Wenceslas.*

.I. fil avoit dedens la queste,
Dont li chevaliers faisoit feste,
Qui Banidans estoit nommés.
Dagorisès fu ostelés
Dou chevalier tout a sen aise,
Tant que c'est drois que bien li plaise.
Adont li ala demander
Dagorisès apriès souper
Et dist : « Sire, par vo merci,
« C'or me dittes, je vous en pri,
« Se vos savés nulles nouvelles.
« Point n'ai fait remuer mes selles *f. 41 b*
« De puis .III. jours en escha ;
« Mais toutes fois, ne ça, ne la,
« N'ai trouvé nesune aventure
« Dont je deuisse faire cure.
« Si ne demande jou riens el. »
Dist li vielz chevaliers : « Otel
« Me demandoit hier soir, ceens,
« Uns chevaliers courtois et gens,
« Qui volentiers euist veü
« Aucun chevalier pourveü
« De jouster ou combatre a lui. »
Dist Dagorisès : « Vemeci
« Tout prest, mes que demain le trueve.
« Or me dittes, je le vous rueve,
« Quel chemin il tient ne u va. »
Dist li vi[e]lz chevaliers : « Dela
« Ce bois le fis mettre au chemin. »
— « Et de quoi s'arme il ? A le fin
« Le demande que le cognoisse,
« Ne s'il me fera ja angoisse,
« Mais a lui je vodrai jouster. »
Respont cilz qui l'oÿ parler :
« Monsigneur, sachiés tout de fi,
« De blanch et vermeil mi parti. »

— « C'est assés, dit Dagorisès,
« Je n'en voel plus oïr hui mes.
« A demain, se li temps l'ordonne,
« J'arai quelque aventure bonne. »
Ensi laissierent le parler.
Si s'en peurent couchier aler
Et dormirent jusc'au matin.
Ensiellé furent li roncin
Et la cose toute aprestée.
Dagorisès a çaint l'espée *f. 41 c*
Et puis monta sus son coursier.
Congiet a pris au chevalier,
Quant il l'ot ens ou chemin mis.
Or chevauce gais et jolis
Li chevaliers au rouge escu.
Supposés vous qu'il ait vescu
Jusc'a ores sans bien amer?
Nennil, voir, j'ose bien jurer
Que de ce a assés sa part,
Car, lors que dou chevalier part
Qui liement l'eut recueilli,
Il entre en .i. pourpos joli,
Et fist .i. rondelet moult gent,
Le quel il chanta en present,
De liet coer et a haute vois,
En costiant l'ombre dou bois.

Rondel.

Ma douce dame souverainne,
Ne me voelliés ja oublier,
Car ja ne vous oublierai.

De moi poés estre certainne
Que vostre sui, c'est sans doubter.
Ma douce, etc.

A vous servir mettrai tel painne
Que vous porés en moi trouver
L'entier voloir que vers vous ay.
Ma douce dame, etc.

DAGORISÈS ensi s'esbat
Et dedens la lande s'embat,
Ou temprement ora nouvelles
Selonch ce que sont ses querelles.
Ja estoit tierce, et non pas grande,
Quant chanter oÿ sus la lande,
Mais ne savoit a dire quoi, *f. 41 d*
Fors que la vois et l'esbanoi
D'un chevalier a son samblant.
Ses escuiers s'est trais avant;
Se li recorda ceste psaume :
« Sire, c'or metés vo hÿaume,
« Si serés plus près, s'il besongne. »
Et chils, qui mies ne ressongne
La painne, li a dit : « Amis,
« Baille cha. » Et chilz li a mis
Apertement dessus son chief;
Lachiet li a, et de rechief
Estraint sa targe et rebouclée.
Evous venant de randonnée
.I. chevalier moult bien armé,
Qui issoit dou vert bois ramé,
Et si traversoit celle lande,
Ne aultre cose ne demande
Que les armes, saciés pour voir.
C'est cilz dont li frans homs hersoir
Recorda a Daghoriset :
Il s'appelloit Hermonicet.
Je croi qu'il estoit de Cartage
Et si avoit bon avantage

D'estre fors, car il estoit grans,
Et par samblant entreprendans.
Compains estoit de ceste queste ;
Ja avoit tamaint biau conqueste
Par les armes pris et eüs.
Rouges et blans fu ses escus,
Et ossi li demorans tous.
Il n'estoit felons ne estous,
Mais gracieus en tous estas.
Quant il perchut qu'il avoit cas *f. 42 a*
De jouster, si mist le hÿaume ;
Il estoit plus lons une paulme
Que ne fust dans Dagorisès.
Entre lui et Hermonicès
Feront une jouste moult belle.
Cescuns la lance sous l'asselle,
En portant .I. petit sus fautre,
S'en viennent li .I. contre l'autre,
Sans demander : « Que querrés vous ? »
Ne : « Pour quoi nous combatons nous? »
Lors estoient leurs affaires telz
Que li camps leur estoit mortelz,
Sans nulles autres deffiances.
Ensi furent les cognissances
Données de dame Hermondine.
Chil doi chevalier, qui sont digne
D'estre escript ou nombre des preus,
Fisent la .I. cop amoureus
Qui ne fait pas a oublier,
Et pour yaus mieus appropriier,
De courage et de bon argu,
Se ferirent par tel vertu,
Sus leurs targes bonnes et belles,
Que tout oultre les anemielles
Fisent passet en abandon.
Li cop vuidierent de randon,

Autrement il se fuissent mort;
Mais il s'encontrerent si fort
Et de si arré couvenant
Que, l'un contre l'autre boutant,
Leurs lances en tronçons volerent.
Mais li doi tronçon demorerent
Ens es targes, sachiés pour voir,
Et les couvint pour les ravoir
Par les escuiers traire a force. *f. 42 b*
Adonques cascuns d'yaus s'efforce,
Pour requerre son compagnon,
D'espée et d'aultre cose non,
Et sus les hÿaumes se donnent
Telz horions, que tout s'estonnent.
Cescuns a bien tel hardement
Qu'il ont entre yaus grant mautalent,
De che que plus tos ne s'afinent.
Tant se batent, tant se hustinent
Que briefment il sont si hasté,
Et leur cheval si enarsé
De caleur et de grant suour,
Que leur cop n'ont mais tel vigour
De la moitié c'avoir soloient,
Ne a painnes il ne pooient
Ravoir leur force et leur alainne.
C'est bataille belle et villainne:
Belle en ce que bien se combatent,
Villaine en ce que trop se batent
Et se travellent sans repos.
Adont vint il la en pourpos
A leur .II. varlès, ce me samble,
Qui estoient tout doi ensamble
Et qui leurs mestres regardoient
Qui vassaument se combatoient,
Qu'il leur diroient leur avis;
Car il les veïssent envis

Yaus occire, ne mehaignier,
D'un acord sans yaus espargnier,
Ne savoir se bien font ou mal.
Par les regnes de son cheval
Vient cascuns d'yaus prendre son mestre
Et dient a yaus : « Que voet estre
« Quant ensi chi vous fourmenés, *f. 42 c*
« Et telement vous escaufés
« Que vertu perdés et alainne,
« Et vo cheval ont si grant painne
« Qu'il ne se poeent soustenir ?
« Ne vous doit il point souvenir
« Dou tournoi, que pas ne se tarde,
« Qui sera par devant la Garde ?
« Vous poriés droit ci, sans raison,
« Perdre vo temps et vo saison.
« Certes, vous estes si vaillant
« Tout doi et si bien travillant
« En armes, ce osons bien dire,
« Que ne sarions le mains pire
« Aviser par nulle maniere.
« Retraiiés vous .I. peu arriere,
« Tant que miex porés concevo[i]r
« Et sentir se nous disons voir. »
Lors se retraient par acort
Li chevalier qui sont si fort
Travilliet, que plus il ne poeent
Le fais porter, si las se truevent.
Leurs hÿaumes a on ostés
Et de puis .I. peu esventés,
Car il suoient de caleur.
Je ne saroie le milleur
Des .II. cuesir, se Diex m'aÿe.
A piet, en mi la praerie,
Sont descendu isnelle pas.
Adont s'en vient le petit pas

Dagorisès devers celi
Qui s'armoit de ce mi parti,
Si com il est dit chi dessus.
De li ne s'est pas trais ensus
Hermonicès, sachiés de voir, *f. 42 d*
Car faire voloit son devoir
De recueillier a sa parolle.
Dagorissès, qui biel parolle,
Li dist : « Chevaliers, par ma tieste,
« Se tout cil qui sont de la queste
« Estoient ossi bon que vous,
« Et ossi tres chevalerous,
« Moult seroient les aventures
« A l'encontrer fortes et dures. »
Ce respondi Hermonicès :
« Je ne vous vi ja onques mes,
« Mais tant m'avés donné a faire
« Qu'il me sera bien necessaire
« De .vii. ou .viii. jours reposer,
« S'ensi le volés acorder.
« Mais encor se vous vous metiés
« En arroi et vers moi veniés
« Pour combatre, je vous creant
« Ne me trouveriés recreant. »
Dist Dagorisès : « Bien le croi.
« Temprement serons au tournoi ;
« La mousterons nous no poissance,
« Tant que la plainne cognissance
« En vendra par devant les dames.
« Je croi que ce n'est pas nos blasmes,
« Se nous attendons jusc'adont. »
A ces mos, li chevalier ont
La cescuns repris son cheval,
Et chevaucierent en .i. val
Tout doi ensamble, ce m'est vis.
E les vous ensi departis;

Ne se veront mais jusc'au jour,
Ou il y ara bon estour
Devant le chastiel de la Garde, *f. 43 a*
Et la est la dame qui garde
.I. esprivier biel et joli,
Et le donra, ce dist, celi,
Sans doubte se li aÿt Diex,
Qui ce jour tourniera mieulz.

Nous revenrons a Graciien,
Le chevalier garni de bien,
D'onneur, de sens et de proece,
Qui prent droitement sen adrece
Ou pays de Northombrelande.
Entrés s'en est en une lande,
Qui le mainne devers les bois
Ou Camelz, c'on dist de Camois,
Se tient si com li est enjoint
D'Ermondine. Il ne s'en part point :
Pas ne le vorroit courroucier,
Ançois se lairoit detrencier
Par pieces, comment que ce fust.
Il ne crient espée ne fust,
Ne nul chevalier de Bretagne.
Ja en a mis en la montagne
Dou chastiel de Montgriès prisons
Et d'Alemans et de Frisons,
De Bretons et d'aultres païs,
Et si en a bien .v. ou .vi.
Occis, de quoi c'est grans damages.
Moult par est plains de vasselages
Cils Camelz, il n'est mies doubte,
Car nul chevalier ne redoubte,
Mais les desire a envaïr,
A yaus combatre et pour veïr

Leurs proeces et essaiier.
Il a bien corps de chevalier
Pour tout ce faire vraiement, *f. 43 b*
Et si aime tres ardanment
Hermondine, dont il vault mi[e]x.
Tant chevauca, si m'aÿt Diex,
Gratiiens parmi une lande
Dou pays de Northombrelande,
Sans trouver aucune aventure
C'on doie mettre en escripture,
Qu'il s'en est venus sus .i. soir
A la porte dou dit manoir
De Montgriès. Lors c'on sceut laiens
Qu'il estoit errans et des gens
Le roy Artu, on sault avant
Et Florée toute devant,
Qui li a fait la porte ouvrir.
Cilz y entre en tres grant desir
Que de laiens oïr nouvelles.
Florée avoech les damoiselles
Le rechiurent moult liement,
Et l'en menerent erranment
En une cambre desarmer
Et puis l'ont assis au souper.
Apriès souper se deviserent
Et de pluiseurs coses parlerent.
Gratiiens a la damoiselle
Demanda : « Or me dittes, belle,
« Des besongnes que je desire
« Me sariés vous aucunes dire? »
— « Quelz besongnes? » respont Florée.
— « Damoiselle, s'en vo contrée
« A nul chevalier qui s'avance,
« Selonc la queste et l'ordenance,
« La quele nous avons empris. »
Et celle a les parlers repris

Et dist : « Oïl, que fai jou dont? *f. 43 c*
« Puis que proece vous semont
« De combatre a .I. chevalier,
« Il me fault vers lui envoiier,
« S'il ne vient demain d'aventure.
« Mais, dou chevalier, je vous jure,
« Qu'il est hardis oultre l'ensengne.
« Encores n'a il en Bretagne
« Trouvé nullui qui maté l'ait. »
Graciiens mies ne li lait
Sa parolle a painnes pardire,
Quant il dist : « Voir, je le desire
« Moult a veoir, ce chevalier,
« Car n'ai trouvé, ne hui ne hier,
« A qui esprouver me peuisse.
« Si vous pri, ançois que jou isse
« De ce pays, que je·m'esprueve. »
Florée entent que cilz li rueve
Les armes de si tres grant cuer;
Se ne le vodroit a nul fuer
Destourner. Adont met en voie
.I. messagier, et si l'envoie
Tout de nuit, par devers Camois.
Cilz cognissoit moult bien les bois;
A mienuit vient au chastiel.
Ces nouvelles vinrent a biel
A Camel quant il les oÿ.
Onques de puis il ne dormi,
Mais s'arma tost et vistement,
Et se parti incontinent
De Camois montés a cheval,
Et portoit par especial
Lance et targe a son droit usage.
Ensi passe il le grant boscage
Et s'adrece devers Montgriès. *f. 43 d*
Ceste nuit fu servis de priès

Gratiiens dedens le chastiel.
Au matin s'arma bien et biel,
Car li varlès revint devant,
Qui dist : « Graciien, or avant !
« Armés vous, veci vo bataille,
« Mais hui n'i poés faire faille.
« Li chevaliers au vert escu
« Sera tost chi en cel argu
« Que pour esprouver contre vous. »
Dist Gratiiens : « C'est bien mes gous. »
En celle espasse qu'il s'armoit,
Evous, sus les plains venu droit,
Monsigneur Camel de Camois.
Ou chastiel s'en espant la vois
Que li chevaliers est venus,
Encontre qui ne se tient nulz.
Graciiens pas ne le ressongne :
Quant armés fu, erranment songne
Que la porte soit lors ouverte.
Elle le fu ample et aperte ;
Graciiens ist, lance sus fautre.
Or vienent, li .i. contre l'autre,
Li chevalier dessus la prée.
On attendi tant que Florée
Et les damoiselles ossi
Se furent mises ou parti,
La ou d'usage elles venoient,
Quant les batailles regardoient
Des chevaliers aventureus.
Ja orés conter des .ii. preus
Bataille forte et adrecie,
Et plainne de chevalerie.

DEVANT dames et damoiselles *f. 44 a*
Sont li chevalier sur les selles

Enfourchiet bien et proprement,
Et se joindrent moult fricement
En leurs targes. Il n'est pas doubte :
Nulz son compagnon ne redoubte,
Car tout doi ont proece assés.
Graciiens est avant passés
Et le bon cheval esporonne;
Tout d'otretel Camelz s'ordonne.
Des lances as bons fiers agus
Se sont ferus sus les escus
Si grant cops qu'il les ont perchiés.
.I. peu fu ou costés blechiés
Graciiens dou fer de la lance,
Mais onques il n'en fist samblance,
Tant estoit il ja escaufés,
Ensi qu'il est oultre passés.
L'espée tret, point ne sejourne
Et dessus Camel se retourne.
Dessus le hÿaume le fiert,
Ensi que cilz qui le requiert
Pour li occire, s'il pooit.
Mais li aciers si fors estoit,
Dont li hÿaumes fu temprés,
Que point n'i est li brans entrés,
Ançois redondist contremont.
Les damoiselles, qui la sont,
Dient : « Vela cop bien jetté. »
Camelz est en grant volenté
Dou parel a Gratiien rendre;
Adont va hault le brach estendre
Et sus Graciien le ravale.
La euist eü heure male ,
Se l'espée ne fust tournée : *f. 44 b*
S'est elle en tournant ravalée
Sus la targe dou chevalier,
Tant qu'il en cope .I. grant quartier

Et chiet en la prée, la jus.
Or fu Graciiens irascus,
Quant manoiier se vit ensi.
Le cheval point et sur celi
S'en vient l'espée toute trette.
.I. cop en traversant li jette
Qui Camel forment estonna,
Et a ce que se retourna,
Camelz Graciien consieui ;
Sus le hÿaume le feri
Si grant cop et de tele taille,
Que l'acier et la coiffe taille,
Et la tieste jusques au tiès.
Et apriès le sieut de si pr[i]ès,
Qu'il l'embrace et a soi le tire
Si roit que les las li descire,
Dont li escus estoit bouclés.
En tordant le prent sus son lés,
Briefment il le met jus a terre.
A ceste heure sceut plus de guerre
Camelz ne fesist Gratiiens.
La vint Florée com moiiens
Pour yaus partir de la bataille,
Et dist hault a Camel, sans faille :
« Camel, Camel, je vous requier
« Que me donnés ce chevalier. »
— « Damoiselle », ce dist Camelz
« Je ne sçais mies s'il est tels
« Qu'il se voelle encores combatre.
« Laissiés l'encore a moi esbatre
« .I. peu, ou vous lui demandés, *f. 44 c*
« Et son hÿaume li ostés,
« Qu'il voet faire, et s'a moi se rent. »
Florée adont Graciien prent

6005 laissiés l'encore, *B* laissiéle encore.

Par le brach et dist : « Chevalier,
« Laissiés vous .I. peu aresnier.
« Vous estes de sanch tous soulliés
« Et de vo corps moult travilliés.
« Demandé vous ai tout a point
« Au chevalier qui en ce point
« Vous a mis et par sa proece.
« Si venrés en ma forterece
« Ou hersoir peuistes souper.
« Je le vous conseil reposer :
« La dedens vous ferai garir. »
Graciiens, qui a grant aïr
De ce qu'en ce parti se voit,
Respondre a ce riens ne savoit,
Car voirement veoit il bien
Que par force, ne par engien,
Cesti ne pooit desconfire,
Qui l'avoit mis en tele tire.
Navrés se sent et bleciés dur,
Dont il n'est mies assegur ;
Toutes fois il s'avise en tant
Qu'il ne poet, la en combatant
Encontre le dit chevalier,
Point de son honte revengier,
Mais accroistre assés le poet il.
Dont, consideré le peril,
Il s'est rendus pour le journée,
Et baille a Camel sen espée.
Et Camelz errant le rebaille
A Florée, et li dist sans faille :
« Florée, pour vo prisonnier *f. 44 d*
« Je vous baille ce chevalier. »
— « Sire, dist elle, et je le prens. »
Ensi chi, par devant les gens,
Tout ce fait par tele ordenance.
Camelz parti sans detriance

Et cielz soi s'est retrès arriere,
Et rentré sont, en la barriere
Dou chastiel, dames et pucelles,
Qui laiens portent les nouvelles
Que li chevaliers est prisons
Qui par tant est gratieus homs,
Et que Camelz l'a desconfi.
Gratiiens fu tout a par li
Mis en une cambre moult belle.
On mist son cheval, et sa selle
Et ses armeüres a part.
Dou chastiel mies ne se part,
Ne partir ne poet nullement,
Se ce n'est au commandement
Dou dit Camel ou de Florée.
Moult se dementa la journée
Messires Gratiiens assés
Et dist : « Or est mes temps passés ;
« Or ai je perdu ma saison !
« On me fait ci tenir prison
« Et je deuisse chevaucier !
« Nul homme ne poet son encombrier
« Eschiewer par nesune voie.
« Or n'arai jou honneur, ne joie,
« Jamais, pour cose qui m'aviegne.
« C'est bien raisons qu'il me souviegne
« Que le premier an de no queste,
« J'ai trouvé le temps si rubeste
« Que chi me faudra sejourner ; *f. 45 a*
« Et tout cil qui oront parler
« De moi s'en trufferont ossi. »
Gratiiens se demente ensi,
Et ses escuiers ce qu'il poet
Le conforte, lors qu'il se doelt.
Ossi fait a le fois Florée
Qui ne dist mies sa pensée,

Car volentiers veroit la belle
C'on li aportast tel nouvelle
Que Camelz fust mors d'avantage.
Elle ne le poet en corage
Amer, ce dist, quoi qu'il soit preus
Et as armes tres corageus.

Or vous parleron de Camel
Qui retourna à son hostel,
Ens ou fort chastiel de Camois.
Dire avoit oÿ, puis .I. mois,
Qu'il devoit .I. tournoi avoir
Par devant la Garde, pour voir,
Et que tout chevalier errant,
Armes et honneur requerant,
Se traioient de celle part.
Lors dist en soi : « Se Diex me gard,
« Aler vodrai a ce tournoi,
« Par quoi on sara mieus de moi
« Parler encor que on ne face.
« Mais il faut ançois, que le sace
« Hermondine, que la je voise
« Et qu'elle me soit si courtoise
« Que congiet d'el aler me donne;
« Car[s'] elle voet et si ordonnè
« Que je me tiegne en ce païs,
« Si seroie tous fols naÿs,
« Se son commandement passoie, *f. 45 b*
« Mais je croi, s'a lui escrisoie,
« Que j'aroie son bon congié. »
Adonques n'a plus atargié
Messires Camelz ; mes, ensi
Qu'il li pleut, droit la escrisi
Une lettre moult bien dittée
Et amoureusement jettée.

Quant escript ot, si seela
Et puis meïsmes l'aporta
A Montgriès, ens ou propre jour.
A Florée dist sans sejour :
« Vous couvient en Escoce aler
« Et a vo cousine parler,
« Et raporter de ce response. »
Florée, qui se voit semonse,
N'ose respondre dou contraire;
Mais fait ses chevaus lors hors traire
Et monte, et de Montgriès se part,
Et puis chemine celle part
Ou messires Camelz l'envoie.
Gaires ne fi sus celle voie
De sejour puis son partement,
Car Camelz du departement
Li avoit enjoint et priiet,
Et elle li ot ottroiet.
A Signandon s'en est venue :
Moult fu lie de sa venue
Hermondine, saciés pour voir.
Elle volt erranment savoir
Pour quoi venoit la en tel haste,
Et Florée qui pas ne haste
Sa besongne, fors par raison,
Li dist : « Cousine, en ma maison
« Me vint Camelz priier et querre, *f. 45 c*
« Et especialment requerre,
« Que je vosisse chi venir
« Et ossi a mon revenir
« Response avoir de ceste lettre. »
Adonques li va ou poing mettre
La lettre et la belle le prent,
Qui a l'ouvrir errant entent.
Au lire ossi la est Florée,
Qui bien voet savoir la pensée

De Camel, quel cose il escript;
Car quant il li bailla l'escript
Pas ne li dist : « C'est ce, ne quoi;
« Aler je voel a ce tournoi. »
Or le sara, car Hermondine
La verité l'en determine,
Par les lettres que elle list,
Dont la teneur ensieuant dist :

« Ma droite dame souverainne,
« Estre poés toute certainne
« Que vous estes de moy amée
« De coer, de foy, et de pensée
« Et de fait, si entierement
« Que onques Paris vraiement
« N'ama tant Helainne, sa dame,
« Com je fai vous, car corps et ame
« Voel je pour vous enventurer.
« Ma chiere dame, il est tout clair
« Qu'il m'est venu a cognissance
« Que, par amoureuse ordenance,
« Il doit devant la Garde avoir
« .I. tournoi, et la seront voir
« Pluiseurs bon chevalier de queste
« A la priiere et la requeste
« De l'iretiere de la Garde. *f. 45 d*
« Par quoi, ma dame, je regarde,
« Se au dit tournoi je ne sui,
« Il me tourra a grant anui.
« Si vos pri que vo congiet aie,
« Par quoi la mon devoir je paie
« En armes, car c'est li mestiers
« Dou quel use plus volentiers,
« Pour mon pris en tous cas accroistre
« Et mon nom faire ossi cognoistre

« Entre ces chevaliers errans.
« Ce me seroit virgongne grans
« Se je sejournoie a l'ostel,
« Et se seuisse la .i. tel
« Tournoiement et je n'i fuisse;
« Ne sçai pas comment je m'en puisse
« Escuser par nulle maniere.
« Si vous suppli, ma dame chiere,
« Que par vo gré voise au tournoi,
« Et je vous creanc, par ma foi,
« Que g'i serai bons chevaliers,
« Et telz que assallans premiers
« Et demorans des daarrains,
« Et conquerrai le pris dou mains
« Ou je demorrai sus le place.
« Et, afin que vos gens corps sace
« Que je sui gais et amoureus
« Pour vostre amour, coer gratieus,
« Et que tous jours, quoi qu'il m'aviegne,
« Heure n'est qu'il ne me souviegne
« De vous par pensée jolie,
« Qui me donne esperance lie,
« J'ai fait selonch mon sentement
« Une balade vraiement.
« Si le lirés, je vous en prie; *f. 46 a*
« Car vous, a qui dou tout m'otri,
« En estes voir cause et matere,
« Et saciés que je persevere
« En telz oevres de grant valoir,
« En espoir que de miex valoir.
« Ce scet li diex d'Amours, qui ait
« En garde vo gent corps parfait,
« Ma tres droite et tres chiere dame.
« Escript droit a Camois, par m'ame,
« Dou mois d'avril l'onsime jour,
« Pensans tout dis a vostre amour. »

Balade.

Fuiés de moi, tout anoi et tout ire,
En moi n'arés vous jamais nul sejour.
Car mon coer a volu en soi eslire
A servir de toutes dames la flour.
Vous ne poés en moy avoir retour.
Ou monde n'a, ce saciés, qui m'anoie,
Quant donné m'ay a celle qui m'esjoie.

Demorer voel, pour voir le puis bien dire,
A ma dame, sans faire nul faulx tour,
Car ou monde n'a nul si tres dous mire.
Ce scai je bien c'osté m'a de dolour.
Je vauch trop mieulz de sa grande valour;
Comment n'arai dont eur et toute joie,
Quant donné m'ay, etc.

Dont me doit il, et poet tres bien souffire,
Quant j'ai voir mis mon coer en la millour
C'on poet penser, aviser ne eslire,
Dont je le voel servir et sans sejour.
C'est ma plaisance et mon bien, nuit et jour;
C'est ce qui met mon coer de bien en voie,
Quant donné m'ay, etc.

Vous devés pour certain savoir *f. 46 b*
Que les .II. damoiselles voir
Penserent a ce longement,
Sans point parler aucunement
Et l'une l'autre en regardant;
Car la lettre, je vous creant,
Et la balade desous mise

Les fait que cascune s'avise.
Tout premiers parla Hermondine
En disant : « Ma belle cousine,
« Cilz chevaliers moult s'umelie
« Envers moy, or et aultre fie,
« Et moult grandement se travelle
« A la fin que je me resvelle,
« A sçavoir que c'est par m'amour
« La ou il pense nuit et jour.
« Le vault il, dittes moi, cousine,
« Quant bien l'ordenance imagine
« De ses parlers et de ses fais?
« Il se nomme preus et parfais
« Quant aler voet en ce tournoy,
« Et me creante sus sa foy
« Qu'il sera si bons chevaliers
« Que des daarrains as premiers
« Tournians, et ara le pris.
« Ne sçai se l'en blasme ou l'en pris
« De ce que telement se vante;
« Mais s'il faisoit ce dont il chante
« On li deveroit envoiier,
« Se vous le volés consillier. »
Et Florée respont en l'eure :
« Cousine, quant bien je saveure
« Tout ce qui en poroit venir,
« Je ne m'i voel point assentir
« Ne acorder c'on li envoie; *f. 46 c*
« Car vous le metteriés en voie
« Qu'il aroit en vous moult grant part.
« Vous n'avés corage ne art
« De li amer, ce dittes vous,
« Et se vous li faisiés ses gous
« Et tele honneur, au dire voir,
« On le poroit tel part savoir
« Ou on n'en sara ja riensnée;

« Siques laissiés li sa contrée
« Garder et tenir sa frontiere,
« Et vous faindés a sa priiere,
« Car bien vous en escuserons.
« Encor anuit conseil arons.
« Comment vous rescrirés a lui
« J'ai ja pensé, je le vous di. »
Et Hermondine adont s'apaise,
Qui de la response est toute aise.

Atant laissierent le parler,
Car il fu heure de souper.
Hermondine soupa ce soir
En sa cambre, saciés pour voir,
Tout pour l'amour de sa cousine.
Secretement, je l'imagine,
Parlerent de leur fait ensamble.
Apriès souper, il le me samble,
Se sont remises au parler.
Adonques s'ala aviser
Hermondine; tout en parlant
Ce dist a sa cousine errant :
« Cousine, j'ay grant temps eü
« .I. penser qui m'a esmeü
« En pluiseurs pourpos, ce sachiés.
« Il m'est maintenant radreciés
« Quant je vous voi, sachiés de vrai. *f. 46 d*
« Ce que c'est je vous le dirai.
« Une fois, je vous oÿ dire,
« Ne sai pas se ce fu par ire
« Que vous avés au chevalier,
« Que on ne le poet reprochier
« De nulle riens, fors que d'un visce,
« Qu'il ne face trop bien l'office
« D'armes et de chevalerie.

« Or me dittes, je vous en prie,
« Ce visce que sur lui savés. »
Ce dist Florée : « Or m'entendés.
« Je le vous dirai volentiers.
« Camelz est assés chevaliers
« En proece certainnement.
« Mais, quoi qu'il ait grant hardement,
« Par tout le royaume d'Escoce,
« C'est ce pour quoy on le reproce,
« Et pour quoi sa bachelerie
« Est en pluiseurs lieus mains prisie :
« Il n'ose en une cambre seulz
« Jesir, tant soit hardis ne preus,
« Et encor souvent il avient
« Que trop laidement se maintient
« De nuit et trop diversement;
« Car en dormant certainnement
« Se lieve, et s'arme, et si s'en fuit,
« Et mainne en sa cambre tel bruit
« Que tout cịl, qui entour lui sont,
« De ses oevres grant hideur ont,
« Tant ressongnent sa contenance.
« N'esçou pas assés ordenance,
« Cousine, c'on doit reprocier?
« Vous vodrés vous, en ce dangier,
« Avoecques lui seul a seul mettre? » *f. 47 a*
Hermondine li va prommettre
Que nullement ne le feroit,
Et c'ançois elle soufferoit
A lui bouter dedens .i. clostre
— Si diroit la sa patrenostre —
C'uns telz homs l'euist a moullier.
« Je le soloie avoir plus chier
« Que je n'ai, ne n'arai jamais.

6344 Vous vodrés, *B* Vous vodriés.

« J'en vodroie bien avoir pais,
« S'il pooit estre aucunement. »
Et Florée moult doucement
Li respont et dit : « Ma cousine,
« Pour sen visce que je destine
« A grant et mervilleus pour vous,
« Ai je toutdis mis entre nous
« .I. bon moiien et metterai,
« Mais si tres cruel, je le sçai,
« Que, s'il percevoit le contraire,
« Je n'aroie jamais que faire.
« A Montgriès, saciés le de voir,
« Se vous cuide il moult bien avoir
« A moullier, combien qu'il attende.
« Or ne poet estre que ne tende
« Aucuns preus chevaliers pour vous
« Qui ne le contourne au desous,
« Ains que fins viegne des .v. ans.
« Cousine, je ne sui pas sans
« Pluiseurs pensées, nuit et jour,
« A celle fin c'a vostre honnour
« Puissiés de ceste cose issir.
« Or ai je pourpos et desir
« Que quant escusé vous arai,
« C'a la Garde au tournoi irai
« Pour veoir les bons chevaliers. *f. 47 b*
« Ja y veroie volentiers
« .I. chevalier de tel vertu
« Qui euist le force et l'argu
« De nous ce Camel desconfire.
« Cousine, me volés vous dire
« Plus nulle riens qui viegne a main,
« Car je vodrai partir demain.
« Faire ne puis chi lonch sejour :
« Li tournois sera en brief jour,
« S'en deffaurroie moult envis. »

Respont Hermondine : « Il m'est vis,
« Cousine, que bien dit avés.
« Je vous pri, si com vous savés,
« Si demenés cette besongne,
« Car dessus vous noient n'en songne.
« Laiier vous en voel couvenir. »
Plus n'i eut dit. On va dormir.
Au matin se parti Florée,
Qui est de son fet enfourmée
De faire response a Camel.
Tant chevauca c'a son hostel
Elle si est venue arriere,
Et entra dedens la barriere
De sa porte et de son chastiel.
Si le rechurent bien et biel
Ses gens, car il y eut raison.
On sceut tantost en le maison
De Camois qu'elle estoit venue.
Grant joie a de sa revenue
Messires Camelz, ce sachiés.
Il ne s'est noient atargiés.
A Mongriès est venus le cours.
Si moustre grant signe d'amours
A Florée et se li demande *f. 47 c*
Par affection bonne et grande
Des nouvelles de par dela.
Et Florée si l'en parla
Bellement et courtoisement,
Vous orés assés tost comment.

« SIRE », ce dist la demoiselle,
« J'ai parlé a la bonne et belle,
« Ma cousine qui bien vous aime,
« Car pour son souverain vous claimme
« Des chevaliers qui ores sont.

« Et sachiés, quant la vins adont
« En Escoce, elle estoit malade.
« Grant gré vous scet de la balade
« Et de la lettre moult courtoise
« Qu' escrit li avés, et li poise
« Qu'en point n'est que sur ce rescrire ;
« Mais raison par droit doit souffire :
« Bien me creés de la response.
« Ma cousine, qui pour semonse
« Se tient de vous a chiere lie,
« De par moi vous mande et vous prie
« Que vous tenés sans variier
« L'ordenance faite avant hier
« De garder la vostre frontiere ;
« Car mieus poés, sus la maniere
« Que commenchiet avés et pris,
« Acquerre honneur, proece et pris
« Que de vous moustrer aultre part.
« Vous attenderés, tempre et tart,
« Les chevaliers par chi passans.
« Vous serés telz dedens .v. ans
« A che que commenchiet avés,
« Que toutes routes passerés
« De proece et chevalerie. *f. 47 d*
« Elle se tient a emploiie
« A vous, tres grandement et bien,
« Et vous aime sans nul moiien ;
« De ce tout assegur soiiés.
« Et lors qu'elle pora sur piés
« Aler, car au lit le laiai,
« Elle me mandera, bien sçai;
« Mais elle voet, ne sçai pourquoi,
« C'a la Garde voise au tournoi.
« Vous avés oÿ sa parolle ;
« Siques, Camel, je vous escole,
« Vous le tenrés pour vo proufit. »

Ce dist Camel : « Nul contredit
« N'i oseroie mettre voir.
« Obeïr voel a son voloir
« Dou tout et a son ordenance. »
Ensi fu la cose en souffrance.
Camelz retourna a Camois,
Et li termes que li tournois
Se tenra par devant la Garde,
Sachiés que mies ne se tarde.
Florée sur ce s'apparelle,
Qui nuit et jour devise et veille
Sus ses besongnes, je le croi,
Afin qu'elle voist au tournoi.
En bon arroy, sans nulle doubte,
Elle part avoecques sa route
De Montgriès, et prent le chemin
Pour venir devers Carmelin,
Car elle a proprement entente.
Avoech lui emmena Argente,
Pour estre mieus acompagnie.
Bien fu festée et herbegie
A Carmelin, quant elle y vint. *f. 48 a*
.I. jour sejourner li couvint,
Car Argentine l'en pria,
Laquele avoecques lui ira
A la Garde, si com je croi :
Envis faurroient au tournoi.
A l'autre jour, de Carmelin
Se partirent le bon matin
Et tournerent devers la Garde.
Nous lairons ci d'yaux, Dix les garde!
Et de Melyador dirons
Qui chevauce com vaillans homs
Pour estre a ce tournoy au jour.
Dou mains qu'il poet prent son sejour,
Ens es marces ou il s'embat,

Ne nuls son chemin ne debat.

Or chevauce Melyador,
Li chevaliers au soleil d'or,
Entre lui et son escuier.
Il ne li doit pas anuiier,
Quant servans est au dieu d'Amours.
Ce li est plaisance et douchours
Au penser, par pensée fine,
A ma damoiselle Hermondine.
A le fois en est tres jolis
Et une aultre si esbahis
C'a paines ne scet il qu'il die.
Ensi porte il sa maladie
En mainte imagination.
Point ne vise a sa nation
Ne a pere et mere qu'il dit.
Tout quois et arriere les lait,
Et nuit et jour entent et songne
Qu'il puist telz estre a la besongne
Dou tournoy, lequel il approce, *f. 48 b*
Que nouvelle en voist en Escoce
Devers damoiselle Hermondine,
Laquele il aime d'amour fine.
Tant a erret et chevauciet
Qu'il a le chastiel approciet
De moult priès, que on dist la Garde.
Quant il scet, ce vis est qu'il arde
De liece et d'esbatement.
Adont li vint presentement
Un sentemens gais et jolis
Qui li fist faire, ce m'est vis,
.I. virelai tres amoureus
En pensant, comme gratieus,
A la belle qu'il ne vit onques.

Mais si bien l'ordena adonques
Et de si joieuse maniere
Que li recors, a lie chiere,
Moult grandement m'en resjoïst.
Melyador ensi le fist.

Virelay.

J'AI plaisance en doulz souvenir,
Qui me fait amoureusement
Vivre et tenir joieusement
Et de moi tout anoi fuïr.

MON coer fait en joie tenir
Et ma pensée resjoïr
Tant doucement.
Bien voi que tout me voet nourir
De doulz espoir, de vrai desir,
Entierement.

POUR ce voel de bon coer servir
Amours, tousjours tres loyaument,
Car je sçay bien certainnement :
Qui bien le siert bien scet merir. *f. 48 c*
J'ai plaisance, etc.

DONT doi Amours bien obeïr,
Qui pooir a dou remerir
Si largement
Ceulz qui le servent sans partir.
Pour ce voel faire a son plaisir
Parfaitement,

Et de ma dame sans faillir,
De bon voloir, tres fermement;
Car c'est celle tout seulement
Dont tous biens me poet avenir.
J'ai plaisance, etc.

Melyador chanta .ii. fois
Ce virelay a haute vois,
Tant l'en plaisi li ordenance.
Puis s'est logiés sans detriance
En .i. bois desous le chastiel,
Ou vert faisoit, ombru et biel.
La fist ses varlès leur estable
En .i. lieu moult inhabitable
De fueillies et d'arbrissiaus.
Au tour couroit uns biaus ruissiaus
D'une clere et douce fontainne,
Qui pas ne leur estoit lontainne.
Ensi se sont droit la logiet
Et fricement amanagiet.
La environ, sus la frontiere
Dou chastiel, devant et derriere,
Se sont logiet li chevalier
Qui vodront ossi tournoiier,
Uns as bois et aultres as camps.
Cilz tournois sera fors et grans.
Bien y a .cc. chevaliers
Amoureus, frices et legiers, *f. 48 d*
Qui le jour y tournieront,
Et pour ce la tout venu sont.
Li dis chastiaus estoit assis
Tout au plain dessus le paÿs,
Et menuement fenestrés,
Par quoi on poet bien de tous lés
Veoir .ii. liewes environ.

Toutes sont dedens la maison
Dou chastiel les dames logies,
Qui sont en coer moult resjoÿes,
Quant armés sus les chevaus voient
Chevaliers qui tournoiier doient.
On sonna ou chastiel .i. cor.
Li sons ala de chief en cor
Les logeïs des chevaliers,
Car lors montés sus les coursiers
Et sus les chevaus hors sallirent,
Et sachiés que pas ne fallirent
A commencier moult belle feste.
Sans faire a l'un l'autre requeste,
Des lances a bons fers agus
S'encontrent dessus les escus.
Li uns prent, et li aultres non,
Et li tiers chiet sus le sablon
En peril de plus relever.
Mais les dames, pour ordener
Le tournoi mieus a sa maniere,
Avoient sus la sabloniere
Fait la venir grant quantité
De paÿsans, pour verité,
Tout a piet et pour redrecier
Aucun mesaisiet chevalier,
Se cheüs estoit en peril.
Evous venant le tres gentil *f. 49 a*
Melyador, lance sus fautre.
Ensi c'on vient l'un contre l'autre,
.I. chevalier a encontré :
Tantost le reversa ou pré,
Le secont et le tierch apriès.
La damoiselle de Montgriès
Le regarde et le voit venant
En tres biel et bon couvenant ;
Si le prise moult grandement,

Car Melyador telement
Se remue, dont ça puis la,
Que jus de la lance en bouta
Plus de .xii., ains que fust brisie.
Moult font les dames grant prisie
Dou chevalier au soleil d'or.
Evous venu Agamanor,
En armes trestoutes vermeilles,
Qui y fait ossi grans merveilles,
Car chevaliers abat d'encontre,
Tout ensi com il les encontre.
Dagorissès, a l'autre lés,
Si est moult grandement portés.
Aratelès et Dromedon,
Feugins, Clarins et Tanardon,
Lucanor et Solidamas,
Albanor, Los et Almanas,
Li uns l'autre point ne ressongne.
Ensi s'entreprent la besongne
Et li tournois fors et entiers.
La veïssiés bons chevaliers
Faire merveilles de leurs corps,
Mais li vaillans Melyadors
Dessus tous grandement s'i porte ;
Une lance qui fu moult forte *f. 49 b*
Li eurent chil de piet taillie.
Lors esperonne a celle fie
Dessus le rouge chevalier,
Qui pas ne le voelt ressongnier,
Mais vient fierement contre li.
Des lances se fierent en mi
Les targes qui sont bien nervées ;
Aultrement fuissent effondrées.
Tant furent li cop tres pesant,
Et bouté par tel couvenant,
Que les lances as fiers bien lons

Se rompirent en .II. tronçons
Et ens es targes demorerent.
Li chevalier oultre passerent,
Qui tantost perdirent l'un l'autre;
Car la vinrent, lance sus fautre,
Chevalier qui les departirent.
Dames et damoiselles dirent
De la jouste qu'elle fu belle,
Que nulz d'yaus ne perdi la selle
Et si s'encontrerent si roit.
Melyador, a cel endroit
La ou li tournois est plus fors,
L'espée au poing ne s'est pas tors.
Celle part vient et ens se boute,
Et assamble a la plus grant route
Qui soit et la plus fort meslée.
Merveilles y fait de l'espée,
Tant que tout aultre chevalier
Le poeent assés ressongnier,
Car il les blece et les abat:
A ce faire prent son esbat.

Ensi le tournois se commence.
Ce n'est mies raison c'on mence *f. 49 c*
D'armes, car ce seroit pechiés.
Qui la est cheüs entre piés
Relevés est a grant malaise.
Ce n'est pas drois que je me taise
Des proeces Melyador.
Il a encontré Albanor,
.I. chevalier d'oultre Saverne;
D'un cop telement le gouverne
Qu'il le met jus de son cheval.
Ensi va amont et aval
Grandement faisant la besongne.

N'en y a nul ne le ressongne,
Car les aucuns fait tresbuchier
Et les aultres les colz ploiier,
Pour les grans cops qu'il leur entasse.
Targes fent et hÿaumes quase,
Moult par sont si cop vertueus.
Bien moustre qu'il est amoureus,
Qui le voit aler et venir,
Presses rompre et puis revenir
Tournoiier par devant les dames.
Sur li dou tout est li esclames
Pour le mieus faisant la journée.
Sa proece est bien avisée
Des damoiselles dou chastiel,
Et dient : « Chilz se maintient biel,
« Qui d'or porte ce cler soleil.
« Avoech le chevalier vermeil,
« La journée leur demorra,
« Ne le pris nulz ne leur torra. »

D'aultre part est Agamanor,
Montés sus .i. biel coursier sor,
Moult bien armés selonch sa taille ;
Souvent se boute en la bataille *f. 49 d*
Armés de vermeilles parures.
De lui doient bien escriptures
Estre faites et recordées,
Car ce sont toutes ses pensées
A son corps voloir avanchier.
Son gouvrenement ont moult chier
Toutes les dames a veoir,
Car bien li affiert a seoir
Sus son cheval, qui bien le porte.
En lui n'est pas proece morte.
D'aventure, ensi qu'en venant,

A trouvé en bon couvenant
Melyador qu'il desiroit
A trouver. Sitost qu'il le voit,
Fierement sur lui esporonne;
De l'espée grant cop li donne
Dessus le hÿaume d'achier,
Si que le col li fist baissier.
Melyador se sent ferus :
Si en est forment irascus,
Quant muet en a contenance.
Adont apertement se lance
Sus Aghamanor le vassal
En abandonnant son cheval,
Et le fiert ou hÿaume amont,
Telement que tout cil qui l'ont
Veü se sont esmervilliet,
Quant occis ne l'a ou plaiiet
Moult laidement dedens la tieste.
Ja y euist moult belle feste
D'yaus .II. qui les euist laiiés,
Mais on les a entrecangiés
Par aultres meslées qui viennent.
Pour .I. tant, pas ne s'en maintiennent *f. 50 a*
Li doi chevalier mies mains,
Car cescuns de proece est plains,
De chevalerie et d'emprise.
Ce qu'il font durement on prise
Dou chastiel, saciés le pour voir.
La font grandement leur devoir,
Li hiraut de crier en hault :
« A ce chevalier, qui le vault,
« Qui porte en sa targe .I. soleil?
« Nous n'i veons point le parel
« De tournoiier bien et apiert.
« Par lui sont li tournoi ouvert
« Et acompli li vasselage!

« Il a grandement avantage
« D'avoir le pris de le journée,
« Car proece est en son corps née. »
Et se li hiraut ensi dient,
Les dames d'autre part affient,
Qui dou regarder ne se faindent
Melyador, et bien attaindent
La force et la painne qu'il a,
Et comment il se maintient la.
Onques chevaliers, pour le jour,
Ne virent si bien en l'estour
Li acquitter en tous endrois,
Que Melyador. Ceste vois
Tout communement on li porte
Ou chastiel et dehors le porte.

Moult fu cilz tournois biaus et gens
Et moult y eut de vaillans gens
Et de bons chevaliers de queste,
De quoi trop mieus valoit la feste,
Car sans yaus ne pooit elle estre
Forte a senestre ne a destre, *f. 50 b*
Et toutes fois li miex faisant,
Li plus dur, et li plus poissant
Et qui mieulz pooient la painne
En leur force et en leur alainne,
Couroient avant et arriere.
La y eut devant la barriere
Dou chastiel .I. grant puigneïs
Et de chevaus grant fouleïs,
Et moult vaillamment s'i porta
Cilz en qui on se deporta,
Ce jour, a veoir son maintien,
C'est Melyador. Je le tieng
Pour vaillant, et outre l'ensengne.

.I. grant chevalier de Bretagne,
Qui s'appelloit Bekins Faroulz,
Fist jus ploiier sur ses jenouls;
Tel cop li donna de l'espée.
La y eut moult forte meslée
Au dit chevalier relever,
Et la en couvint desmonter
Des aultres, quant celle part vinrent.
Moult bien sus leurs chevaus se tinrent
Tout li jour li doi chevalier;
Je di Melyador premier,
Et Agamanor d'aultre part.
Onques pour lance, ne pour dart,
Ne pour cop que il rechuïssent,
Comment que les plus fors sieuissent,
Il ne cheïrent des chevaus;
Mais ont cil doi des plus vassaus
Desmontés plus de .II. dousainnes.
La sont si grandes les alainnes
Des dis chevaus et les fumieres
Que ce samblent droites pourrieres, *f. 50 c*
Qui en l'air volent contremont.
Proece les pluiseurs semont
D'estre chevalier alosé,
N'en y a nul si desghisé
Qui ne s'aquitte a son pooir,
Et qui ne face son devoir
En tres belle bacelerie
Par l'estat de chevalerie.

Melyador, qui pas ne cesse
De rompre a son pourpos la presse
Ou il chevauce en mi sa voie,
.I. bon chevalier de Savoie
Qui s'appelloit Hermonïas,

Grant de corps et moult fort de bras,
A encontré ; sur lui s'arreste.
De l'espée, qui estoit preste
De voler ensi qu'il en jue,
Dessus se hÿaume li rue
.I. cop si dur et si pesant
Que li chevalier en passant
Cheï : il ne se peut tenir.
La veïssiés hiraus venir
Et criier hault, a plains eslais :
« Au bleu chevalier est huimais
« Li honneur dou tournoy sans doubte,
« Car il n'i a si forte route
« Qu'il ne passe par son bien fait! »
Ensi de li grant compte on fait,
Et bien l'acquiert par vasselage.
Florée, la belle et la sage
Qui as fenestres s'apoioit,
Moult tres volontiers le veoit
Ablement aler et venir, *f. 50 d*
Et le grant tournoi envaïr,
Uns cachier et aultres abatre,
Et de l'espée biel combatre.
N'i a nul qui a lui se mette.
Moult le loe en coer la parfette,
Et dist qu'il a bien ordenance
D'avoir vertu et grant vaillance,
Plus que chevalier qui la soit.
Melyador qui les lassoit,
Tant au ferir comme au fraper,
Va Dagoriset encontrer,
.I. chevalier de grant afaire
Et qui ce jour ot poüt faire
Moult d'apertises de son corps,

6859 Qu'il a, *B* qu'il a a.

Mais Melyador li fist hors
Vuidier la selle et les arçons.
Hiraut crient : « Cilz bleus blasons
« Passera hui toutes les routes,
« Et par lui sont les presses routes
« Et chevalier mis a merchi. »
La dient les dame[s] : « Vechi
« Le chevalier qui fait merveilles.
« Il n'i a blanches ne vermeilles
« Armes, qui nullement le passent.
« Tous les lasse, pas ne le lassent
« Li chevalier qui sur lui viennent.
« A yaus avient, mais point n'aviennent
« A lui; il est moult fortunés.
« Nous ne savons dont il est nés;
« Mais, se longes vit, il fera
« Preu chevalier et telz sera. »

DAMES et damoisielles dient
Ensi, et pas ne contredient
Que li bleus chevaliers vaint tout.
Ce jour a maint hÿaume rout, *f. 51 a*
Mainte quaffe et tamaint escu,
Et maint chevalier abatu,
Qui de puis ne se peut aidier.
On se poroit esmervillier
Des grans proeces de son corps.
Encor en ira li recors,
Je l'espoir, a belle Hermondine,
Car ou chastiel est sa cousine
Qui li voit faire ces grans fais.
Elle dist moult bien : « Onques mais
« Ne vi chevalier de tel force;
« Sur li tous li tournois s'efforce
« Et a tous il rent bien estire.

« Se je l'osoie a painnes dire,
« Je vodroie qu'il fust ensi
« Que messires Camelz fust chi.
« Je me repens trop grandement
« Quant ne consenti aultrement
« Que Camelz fust droit et venus.
« Si y euist on ses vertus
« Veües a ce chevalier
« Et l'un contre l'autre assaiier.
« Camelz est fols et oultrageus,
« Et cilz chevaliers corageus,
« Preus et hardis, et bien le moustre.
« Il euissent ci fait grant moustre
« Se il se fuissent encontré.
« Encor les veroie a mon gré
« Volentiers combatre a l'espée. »
Ensi se devise Florée
Et Melyador se combat,
Qui ne prent a riens sen esbat,
Fors tout dis chevaucier avant,
Et, quant on li vient au devant, *f. 51 b*
Il s'arreste et les cops telz donne
C'un chevalier dou tout estonne.
Maint en sont reversé par li
Devant les armes, ce vous di,
Car celle part est li tournois
Plus fors c'ailleurs, et c'est bien drois.

Ensi furent en cel estri
Quatre heures ou plus, ce vous di;
De quoi ce fu trop a aucuns.
Mais ce que ne porte li uns,
Li aultres le poet bien porter.
La, au ferir et au fraper,
En y eut plenté de lassés,

Quant tournoiiet eurent assés
Et qu'il sambla as dames bon,
On sonna dedens le dongnon
.I. cor dont li sons s'espardi;
Le quel son bien on entendi
Que il ordonnoit le retraitte.
Depuis ceste ordenance traitte,
Il n'i eut feru ne frapé,
Mais sont issu dou bois ramé
Varlet a destre et a senestre.
Cescuns regarde après son mestre :
Li uns le trueve la gisant,
Et li aultres qui en a tant
De horïons qu'il ne poet plus.
Lansonnès est a point venus
A son signeur; illuec le trueve.
Adont dou retourner li rueve,
Et Melyador si s'ordonne
Au conseil que ses varlès donne.
Revenu sont au logeïs
Que le jour devant eurent pris. *f. 51 c*
Entrues que chevalier retournent,
Qui pour yaus rafrescir s'atournent,
Hiraut rentrent ens ou chastiel
Et menestrel qui grant cembiel
Mainent de leur menestraudies.
Et la sont les dames jolies
Qui parolent et qui devisent
Dou tournoy. Adonques s'avisent
Que elles vorront ordonner
Dou pris, et par acord donner
Au chevalier qui conquis l'a.
Adont on n'ala ça ne la,
Mais sont en une cambre entrées
Les dames et la enfremées,
Les hiraus seulement o eulz

Qui sevent jugier des plus preus,
Car il ont esté en l'estour
Et chevauciet trestout au tour;
Si ont veü les mieus faisans,
Les plus preus et li plus vaillans,
Et qui ont le mieus tournoiiet
Et les dames esbanoiiet.
Adont, en ceste cambre la,
Dou milleur cascune parla,
A son avis bien et a point.
Illuecques n'oublia on point
A parler dou bleu chevalier
Et dou rouge ossi. Tout premier
Furent cil doi la mis avant,
En remoustrant leur couvenant
Et comment cascuns l'avoit fait.
Bien examina on leur fait,
Et des autres chevaliers tous,
Des prisonniers et des rescous. *f. 51 d*
La estoit cascuns, quant g'i vise,
Renommés selonch sa devise
Tele dont il estoit armés.
Bien .xl. en a on nommés
Qui faisoient moult a prisier.
La couvint maint pourpos brisier,
Ançois c'acordés fust li pris.
Finablement il fu escris
Et par bonne sieute acordés,
Et des hiraus tous recordés
Et enfourmés a leur devoir,
Et dit : « Chils qui le doit avoir
« Et qui l'a conquesté de droit,
« Qui demander le me vodroit,
« Je li diroie sans targier.
« On l'appelle le chevalier
« Bleu, armé au cler solel d'or.

« Son nom ne voel je pas encor
« C'on recognoisse, il n'est pas heure. »
Mais toutes fois tant on l'onneure
Que, de pris et de renommée,
C'est le meilleur pour la journée.

Li chevalier, qui en ce jour
Avoient pour acquerre honnour
Travilliet et lassés leurs corps,
Qui logiet estoient dehors
Le chastiel et en le forest,
Retournerent la sans arrest
Ou lieu dont il furent parti,
Cescun son escuier o li.
Evous issu hors de le porte
Le pris qui vient, c'on lor aporte
Et nonce par hiraus jolis
Qui prendent solas et delis *f. 52 a*
A criier aval et amont,
Ensi qu'il chevaucent et vont,
En regardant viers la forest,
Et dient en hault sans arrest :
« O chevalier, qui laiens estes,
« Boutés hors .I. petit vos testes
« Et de vos logeïs issiés !
« Dittes nous se vous cognissiés
« Celui qui le soleil d'or porte,
« Ou quel proece n'est pas morte.
« Dittes li qu'il se traie avant,
« Car par son tres bon couvenant,
« Et par le tournoiier si bien
« Qu'en tous estas n'i falloit rien,
« On li aporte l'esprivier.
« Les dames, et li chevalier,
« Et les damoiselles ossi

« L'ont assis et jugiet sur li.
« Bien a cause de traire avant,
« Car il a fait au jour d'ui tant
« Que la grasce li est nommée
« De pris et de grant renommée. »
Et puis crient a haute vois,
Si fort qu'en retentist li bois,
Tout ensi c'on jupe au haro :
« Horho! horho! horho! horho! »

Cil hiraut ensi se demainnent,
Qui longement tel vie mainnent,
Alant a senestre et a destre,
Tant c'on en poet tout lasset estre.
Mais, pour cose que criant voisent
Ne que parmi les landes noisent,
Onques chevaliers n'issi hors
En moustrant vïaire ne corps, *f. 52 b*
Mais en leurs logeïs se tienent.
Le cri des hiraus bien retienent,
Car il chevauchent moult priès d'yaus,
Par les quelz grans est li reviaus
Tant que de braire et de criier.
Toutdis portoient l'esprivier;
Et quant il eurent tant alé
Que priès le bois environné,
Sus la lande viers le chastiel,
Il retournerent en reviel
Et dedens le chastiel entrerent :
Toutes les dames encontrerent
Qui recueillierent l'esprivier.
Adont veïssiés commencier
Grandes festes ens ou chastiel,
Apriès le souper grant et biel
Qui moult bien ordenés y fu,

Et la, de par le roy Artu,
Y avoit aucuns chevaliers
Qui festioient volentiers
Pour l'amour de la ditte dame
De la Garde, qui Diex gard l'ame.
Ensi se tinrent celle nuit
En grant joie et en grant deduit,
Et l'endemain trestout le jour.
Trois jours et .III. nuis lor sejour
Prisent la, en tres grant reviel,
Signeur, dames et damoisiel.
Au quart jour pluiseur s'en partirent
Qui par devers leurs manoirs tirent.
La damoiselle de Montgriès,
Qui ne demoroit pas trop priès,
Mais bien .III. journées en sus,
Prist congiet, et puis au sourplus *f. 52 c*
S'en retourna en son paÿs.
Messires Camelz, ce m'est vis,
Sitost qu'il le sceut revenue,
De Camois vint la voie herbue
A Montgriès pour oïr nouvelles.
Florée avoech ses damoiselles
Li fisent grant chiere de bras,
Et li recorderent en tas
Dou dit tournoi la verité,
Et comment on y ot esté
En grant joie et en grant revel.
Dist Camelz : « De tout ce m'est biel,
« Mais dittes moy qui ot le pris ? »
Adont a Florée repris
La parolle et dist : « Sire chiers,
« Le pris en porte uns chevaliers
« Dont je ne cognois pas le nom.
« Mais je li porte tel renom
« C'onques ne vi mieus tournoiant.

« On le poet bien en armoiant
« Deviser : bleues armes porte,
« En la targe qui est moult forte,
« A .I. soleil d'or de brisure.
« Cilz ot le pris et l'aventure
« Dou mieulz faisant pour la journée. »
Dist Camelz : « Ce forment m'agrée,
« Et en y eut nul otant bien
« Qui le pourseuissent de rien ? »
— « Oïl », Florée li respont,
Et dou rouge parole adont
Qui portoit une blance dame.
« Cilz chevaliers ossi, par m'ame,
« Le fist moult bien, oultre l'ensengne.
« Avoech le bleu je l'acompagne *f. 52 d*
« Pour le mieus faisant en ce jour. »
Dist Camelz : « J'ai bien en dolour
« Vescu depuis que partesistes.
« Las! pour quoi ne me souffresistes
« A aler a ce dit tournoy ?
« J'en ay eü si grant anoy
« C'a painnes n'en fui marvoiiés. »
Dist Florée : « Camel, oiés.
« Ce fu avis et ordenance
« De ceste qui bien a poissance
« De commander plus et avant
« Sus vostre corps ; de ce me vant. »
Respont Camelz : « Vous dittes voir
« Et, puis qu'el je n'en puis avoir,
« Il le me fault laiier ester.
« Volentiers vorroie jouster
« Au rouge et a cel bleu vesti,
« Car nul n'en y a de cesti
« Qui ne soit gais et amoureus,
« Et grandement chevalereus,
« Pour l'amour de ceste que j'aime

« Et que ma souverainne claime.
« Otant bien li autre le sont
« Qui tout en ceste cace vont,
« Et, pour .i. tant. je les desire
« L'un apriès l'autre a desconfire.
« Si vous pri, Florée, or oiés,
« Quant chi passe, si m'envoiiés
« Querre, et tantos venus serai. »
Dist Florée : « Je le ferai,
« Car je vous doi, par ordenance,
« Amour et vraie obeïssance. »

Ensi se rapaisa Camelz,
Qui devant estoit tous tourblés *f. 53 a*
De ce c'au dit tournoy il n'ot
Esté, car aler il y volt.
Arrier retourna a Camois,
Et Florée dedens ce mois
En ala veoir sa cousine
En Escoce, belle Hermondine,
Qui le rechut moult liement,
Et li demanda erranment
Dou tournoy ou elle ot esté,
Comment on y avoit jousté
Et tournoiiet otretant bien.
Florée n'i mist riens dou sien,
Mais l'en recorda tout le voir.
Adont volt la belle savoir
Qui en avoit le pris porté,
Et elle li a recordé :
« Cils chevaliers, dont je vous di,
« Qui se gouvrena tout ensi,
« Cousine, que conté vous ai,
« Son nom nommer je ne vous sçai,
« Mais une bleues armes porte ;

« Au parler de lui me deporte,
« Car il vault mieulz que ne le prise.
« D'un soleil d'or, voir, il se brise;
« Se jamais il venoit en place
« Ou vous fuissiés, je voel c'on sace
« Que c'est cilz qui en telz parures
« A fait faire ses armeüres. »
Hermondine atant le laissa;
Dou chevalier plus ne parla
Ne dou tournoy, mais de Camel,
Et dist : « Ma cousine et a tel
« Avés vous conté tout ensi? »
— « Oïl, cousine, ce vous di. » *f. 53 b*
— « Et qu'en dist il? » — « Il jure s'ame
« Qu'il a receü trop grant blasme
« Et que jamais n'ara honnour,
« Quant il ne fu la, a ce jour.
« Toutes fois je l'en apaisai
« Et ossi je vous escusai.
« De puis me dist : Bien voet c'on sace
« Que s'il en troeve nul en face
« De ces dis chevaliers de queste,
« Il ara grant joie et grant feste
« Se il se poet a yaus combatre,
« Et dist que pour son cors esbatre,
« Tous les fera vos prisonniers.
« Regardés s'uns telz chevaliers
« Doit avoir belle amie a dame! »
Ce dist Hermondine : « Par m'ame,
« S'ensi le fait, il sera preus. »
Ensi furent entre elles deus
A Signandon, ne sai quans jours.
Point ne desplaisoit li sejours
De sa cousine a Hermondine,
Mais li moustre et li fait grant signe
De boine amours, et c'est raisons;

Ossi fait toute li maisons.
Au quatrime jour s'en parti
Et tant chemina puissedi,
Que elle s'en revint chiés soy.
Ensi eut on fin de tournoi
Qui par devant la Garde fu :
Li chevalier dou roy Artu,
Qui la furent a la journée,
Partirent une matinée
Et si se misent au retour;
Je ne sçai mies en quel jour *f. 53 c*
Il s'en vinrent a Carlion,
Mais la toute l'entension
Dou tournoy au roy recorderent,
Et moult grandement li loerent
Celi qui en avoit le pris.
On a tous leurs recors escris
Tout ensi que recordé ont,
Et par especial mis sont
En escript li preu chevalier,
Ensi c'on les poet armoiier,
Car mies par aultre ordenance
On n'en poet avoir cognissance.

AFIN que riens nous n'oublions,
A la journée revenrons
Dou tournoy qui fu a la Garde,
Car verités voet c'on regarde
A toutes coses en venant.
Vous savés en quel couvenant
Tout li chevalier s'en partirent.
Bien oïrent et entendirent
C'on avoit donné l'esprivier
Au vaillant et preu chevalier
Qui de bleu s'arme et qui se brise

Dou soleil d'or, que tant on prise.
Li plus dient bien la endroit
Qu'il l'a conquesté de son droit
Et qu'il a esté bien assis,
Mais il y en a trente sis
Qui le vosissent bien avoir.
Agamanor, sachiés pour voir,
S'en estoit ce jour mis en painne.
Il ne sera dedens quinsainne
Liés en son cuer ne resjoÿs.
Plus volentiers euist oÿs *f. 53 d*
Les mos pour lui que pour autrui.
Or, revenons, puisque g'i sui,
A Melyador le vassal.
L'endemain fait a son cheval
Regarder se riens il y faut;
Tous armés en la selle sault,
La targe au col, sa lance porte.
Joie n'est mies en lui morte,
Quant, en l'arroi ou il se trueve,
Amours le semont et le rueve
Qu'il cante la aucune cose.
Adont n'a pas la bouche close,
Mais chante .I. rondelet moult bon;
Vous l'orés, car c'est bien raison.

Rondel

C'EST sans partir, sans cangier, sans muer,
Ma douce amour, que mon cuer vous donnai.

ENTIEREMENT pour tous jours demorer,
C'est sans partir, etc.

7258 sachiés, *B* sachier.

De ce ne vous couvient jamais douter,
Car, par ma foy, ensi je le ferai.
C'est sans partir, etc.

Tous armés jusc'a son hÿaume,
Fist la ceste amoureuse psaume
Melyador en chevaucant,
Et le canta par couvenant,
Bien et biel, car moult bien cantoit.
Ses escuiers, qui chevaucoit
Dalés lui, l'ooit de grant cuer,
Car il ne volsist a nul fuer
Qu'il n'euist le sentement tel,
Fust a la ville ou a l'ostel,
Qu'il avoit et bien le disoit,
Quant l'estat d'Amours li prisoit : *f. 54 a*
« Certes, sire, vos sentemens
« Est uns grans representemens
« Que vous tenrés la droite adrece
« De toute honneur et de proece,
« Et vous avés ja commencié
« Et le vostre corps avancié
« Moult grandement en celle queste.
« Encores n'avons trouvé feste,
« Encontré tournoy ne behourt,
« Dont on n'ait parlé en la court
« Dou roy Artus par vo bien fait.
« Encore espoire jou c'on ait
« L'esprivier, qui vous fu donnés
« Et par jugement ordonnés,
« Porté ou on le portera,
« Autrement la cose n'ira,
« Dedens la ditte court dou roy.
« La dira on en quel arroy
« A ce tournoy vous maintenistes,

« Et tout ensi que vous venistes
« Sus les rens et, de chief en cor.
« Le chevalier au soleil d'or
« Serés vous tenus et nommés,
« De tous prisiés et renommés,
« Car li bien fais ne poet perir.
« Cil sont tout prest dou remerir
« En quel istance on se travelle,
« Et certes ce n'est pas merveille
« Se vous travilliés volentiers,
« Car ce vous est un biaus mestiers
« D'avoir le souvenir en place
« D'un doulz penser qui vous solace
« Pour la belle, plaisant et bonne,
« A cui vos coers dou tout s'ordonne *f. 54 b*
« Et est ja donnés de grant temps.
« Et quant vous estes ce sentans,
« Vous devés trespercier les routes
« Et hors issir de toutes doubtes,
« Car chils ja riens n'achievera
« Qui nulle riens empris n'ara. »

Ensi parolle Lansonnès,
Qui fu moult jolis et moult nès,
A son mestre a fin qu'il y pense
Et qu'il face sa diligense
De poursieuir au droit sa queste;
Je croi qu'il fera sa requeste
Ne ja n'ara aultre pourpos.
Melyador, dont je pourpos,
Chevauce bien .II. jours entiers,
Et tient en voies et sentiers,
A son avis les plus hantées,

7328 plaisant, *B* plaisans.

Les plus froiiées et tantées,
Ainçois qu'il peuist aventure
Trouver nulle, dont escripture
En puist ja estre ensonniie.
Au tierch jour de sa chevaucie
Puis que partis fu de la Garde,
Sus la lande en alant regarde
Et voit .i. chevalier venir,
Qui pooit son chemin tenir,
Moult bien li samble, de la queste.
Onques son hÿaume en la teste
Ne mist si fu venus a li.
Quant il fu priès, si dist ensi :
« Chevaliers, que volés vous faire ?
« Ce nous est cose neccessaire
« Qu'il nous couvient jouster ensamble. »
Et li chevaliers, ce me samble, *f. 54 c*
Respondi et dist : « Ce fait mont. »
Leurs hÿaumes ont mis adont
Et lachiet bien a leur devoir.
Ce chevalier, je sçai de voir
Que Sorelais estoit nommés,
Moult prisiés et moult renommés
D'armes et de chevalerie,
Et portoit pour armoierie
Une targe toute dorée.
Sorelais erranment s'arrée
Pour jouster a Melyador.
Sa targe qui reluisoit l'or,
Joint priès de luy, et prent sa lance.
Quant Melyador la samblance
En veÿ, si refist otel.
En leurs lances sont cop mortel,
Il ne fault fors que bien s'ataindent.
En leurs mains les lances estraindent
Et s'en viennent de grant randon.

Cescuns feri en son blason
Son compaignon si roidement,
Que les lances, tout droitement,
En tronçons des mains lor volerent,
Mais ens es targes demorerent
Li fier qui as tronçons tenoient.
Oultre passent et, quant il voient
Que les lances leur sont perdues,
Si ont trait les espées nues
Et se requierent a plains bras.
Sorelais n'estoit mies cras,
Mais chevaliers bien aligniés.
Nulz ne s'est noient espargniés
Au bon tournoiier des espées.
Melyador, qui les pensées *f. 54 d*
Ot tout dis forment honnourables,
Voit que cilz chevaliers est ables
Et qu'en armes bien se manoie.
Sachiés que pas ne l'en anoie
Mais l'en prise moult grandement,
Et, quoi qu'il euist hardement
De parfurnir ceste meslée,
Il s'apoia sus sen espée
Et se retrait .I. peu arrier,
Et demande au dit chevalier
Que, par Amours, li voelle dire
Quel cose le muet et le tire,
Ne a tiret, en ceste cace,
Et, s'ensi est que il le sace,
Il li dira secondement
Partie de son sentement,
Tant que par honneur en pora
Dire, ne ja n'en mentira.
Sorelais, qui se voit priiés,

7414 en pora, *B* en pora.

Ne s'est nullement detriiés
De parler bien et par raison,
Et dist : « J'estoie en ma maison,
« Chevaliers, ce savoir devés,
« Ou j'ai avoech mon pere més
« Et ma mere qui m'ont moult chier;
« Siques, pour mon corps avancier
« Et par l'ordenance otant bien
« D'une dame qui a le mien
« Coer dou tout en s'obeïssance,
« Je me mis en ceste ordenance,
« Non pas que nullement je tende
« A Hermondine, ne n'entende
« Que ja si bons chevaliers soie
« Que par proece avoir le doie. *f. 55 a*
« Ce c'aler je puis et combatre,
« Ce n'est fors que pour moy esbatre,
« Et moy duire et endoctriner,
« En ce ou voel perseverer,
« En armes et en gentillece.
« Et ma dame par grant liece
« Le me commanda au partir ;
« Si n'oseroie defallir
« A son pourpos aucunement.
« Or vous ay de mon sentement
« La plus grant plenté decouvert.
« Li coers n'est mies siens qui siert,
« Non que nullement me repente
« De ce que j'ay pris a l'entente
« De ma dame premierement
« Et de mon bon avancement.
« J'aroie plus chier a morir
« Que nullement a repentir,
« Et si le me vaurroit trop mieulz,
« Car ma dame d'uns si doulz yeulz
« Me regarda a mon depart,

« Que j'ai tous jours de celle part
« Ma pensée preste et entiere.
« Et si me dist ma dame chiere :
« Va a Dieu a qui te commande.
« Soies telz c'on te recommande
« Pour bon chevalier au retour,
« Et saces vraiement c'au jour
« Que tu revenras devers moy,
« Ou cas que je n'arai de toy
« Oÿ que tous biens recorder,
« Je te voel m'amour acorder.
« Siques, sire, sus cel espoir,
« J'ai chevauchiet et main et soir, *f. 55 b*
« Et pense a chevauchier encor,
« Et, quant des ans venrai au cor,
« Si je puis vivre tel espasse
« Et je le vaille, j'arai grasce
« De ma dame tres souverainne,
« Pour quoi je ne ressongne painne,
« Soing ne travel, quel part que soit. »
Et, quant Melyador le voit
En ce parti, li respont tos :
« Vos avés .I. joli pourpos.
« Je vous ay oÿ volentiers.
« Or sai je moult bien, chevaliers,
« Puisque vous estes si jolis,
« Que bonne amour a en vous mis
« Pluiseurs biaus sentemens pour faire
« Aucun motet qui doient plaire
« A oïr chanter a le fois,
« Que vous estes bien si courtois
« Que j'en arai .I., s'il vous plaist,
« Par tele condition qu'il n'est
« Meshui homs qui a vous me face
« Combatre, et voel encor c'on sace
« Que je dirai d'or en avant

« Qu'en tres biel et bon couvenant
« Vous ay trouvé, il n'est pas doute,
« Et ay mis mon entente toute
« A vous conquerir et mater,
« Mais pour ferir ne pour fraper
« Je n'en ay poüt a chief traire.
« Et ce prommet jou a retraire
« A vo dame, s'il vient a point
« Que je soie en lieu et en point,
« Que vous souffrés c'a lui parolle. »
Sorelais entent la parolle *f. 55 c*
De Melyador moult courtoise.
Si dist : « Sire, voir, il me poise
« Que je ne vous puis honneur faire ;
« Mais, pour vostre bon gré parfaire,
« Ce que je sçai je chanterai
« Et .I. virelai vous dirai,
« Tel que j'ai fait puis .IIII. jours,
« Par l'aÿde dou dieu d'Amours
« Et le souvenir de ma dame. »
Respont Melyador : « Par m'ame,
« Je l'orrai, sire chevaliers,
« Pour certain ossi volentiers
« Que pieça jou oïsse cose,
« Et me pardonnés, quant tant m'ose
« De vous fiier a ceste fois. »
Li chevaliers osta ançois
Son hÿaume qu'il commençast
Son virelay, ne le chantast,
Et puis commença a chanter,
Pour luy bonement acquitter,
.I. virelay gay et plaisant,
Le quel vous orés en lisant.

Virelay.

Or vous voelle souvenir,
Ma tres douce dame, de moy
Qui tous sui vostres, par ma foy,
Entierement jusc'au morir.

J'ai tous jours voloir et desir
De vous tres loyaument servir
Et je le doy.
Car puis c'Amours me fist sentir
Que vostres fuisses sans partir,
Je n'eulz anoy.

Mais ay joie a mon plaisir, *f. 55 d*
Pour ce que moult bien aperçoi
Que tout mon bien de vous reçoi :
De moy faites tous maulz fuïr,
Or vous voelle, etc.

De bon coer me voel esjoïr
Et toutdis liėment tenir,
Pour ce que voi
C'ou monde ne me poet venir
Riens qui me fesist alentir
Ne ce, ne quoi

De vous cremir, obeïr
Et dou tout moy mettre en tel ploy
C'onques amans, si com je croi,
Vers dame fist sans departir.
Or vous voelle, etc.

« Par ma foy, » dist Melyador,
« Chevaliers, je n'ai point encor
« Sus le chemin ou je travelle

« Oÿ nulle cançon parelle,
« Et ce sachiés, sur toute rien,
« Li oïrs m'en a fait grant bien.
« Si vous en remerci .c. fois,
« Il m'en souvenra tout ce mois
« Et si en vaurrai assés mieulz. »
Sorelais, qui fu moult gentieulz,
Li dist : « Sire, j'en sui moult liés. »
Adonques fu la li congiés
Pris d'yaus .II. moult courtoisement.
Melyador presentement
S'est partis et Sorelay lait.
Si s'en chevauce o son varlet,
Tout ensi que voie le mainne,
En cherchant, c'est cose certainne,
Aventure; c'est ses desirs. *f. 56 a*
Or parlerai, c'est mes plaisirs,
De sa sereur la renommée,
Que on appelle Phenonée,
Et d'un tournoy qu'elle mist sus.
.I. jour fu revenus li dus.
Ses peres, de la court dou roy
Artus, en moult tres grant arroy,
Et avoit illuech sejourné
Bien .xv. jours, pour verité.
En ce sejour qu'il ot la fait
On avoit aporté de fait
L'esprivier en la ditte court,
Que Melyador au behourt
Ot conquis par sa grant proece,
Et la demanda : « Quelz homs esce
« Chil qui l'a gaegnié de droit? »
Mais, pour ce c'on ne cognissoit
Melyador, on li dist : « Sire,
« Nous ne savons nouvelles dire,
« Quelz homs c'est, ne de quel afaire;

« S'il a brun ou cler le vïaire;
« Car nous l'avons veü armé
« Et tournoiier a volenté,
« Si tres vaillamment et si bien,
« Que si arroi et si maintien
« Sont recordé pour le millour
« Chevalier qui fust sus ce jour
« Tournoians par devers le Garde.
« Et qui en armes le regarde,
« Tant en poons bien dire encor,
« De bleu s'arme a .i. soleil d'or;
« C'est la devise que cilz porte,
« En qui proece n'est pas morte,
« Mais fait moult a recommender. » *f. 56 d*
Li dus qui en oÿ parler
Moult volentiers, tout pour l'amour
De son fils, ens ou propre jour
Qu'il fu revenus a Tarbonne,
Ceste nouvelle belle et bonne,
Et le conquès de l'esprivier,
Recorda il a sa moullier.
La estoit sa fille en present,
Qui entendi parfaitement
Faire a son pere le recort.
Lors dist en soi : « Je n'ai pas tort,
« Se je croi que ce soit mes freres
« Dont si grandes sont les materes.
« Vraiement bien le poroit estre. »
Adont fait la plaisance nestre
En la pucelle .i. grant pourpos,
Le quel elle n'a pas desclos,
Sitos comme au devant li vint,
Jusc'a tant c'a point il avint.

7617 Le quel, *B* Le quele

Phenonée dont je devis
S'avisa d'un trop grant avis.
Une heure a son pere s'en vint
Et la en parolle le tint,
Courtoisement et sagement,
Et quant dedens son sentement
Perchut qu'il estoit tres bien heure
De parler, adonques s'aheure
Et devant son pere s'avance.
Si dist par tres bonne ordenance :
« Monsigneur, a vo fille chiere,
« Voelliés une seule priiere
« Acorder. » Et li dus errant
Respont liement, en riant :
« Ma fille, je le vous acorde. *f. 56 c*
« Demandés. » Et celle recorde
La ou gist ses desirs entiers :
« Je veroie tres volentiers,
« Monsigneur, par devers Tarbonne,
« Mais que vostres plaisir l'ordonne,
« .I. tournoy telz comme fu chils
« Ou eut tant de bons et gentils
« Chevaliers, et les quels Diex garde,
« Devant le chastiel de la Garde.
« Ce me sera uns grans deduis
« Pour entroubliier les anuis,
« Que j'ai ja porté longement
« Pour mon frere certainnement,
« Que je ne vi trop grant temps a. »
Et adonques li dus parla
Et dist : « Ma fille, par ma foy,
« Je vous acorde ce tournoy ;
« Il en soit a vostre ordenance. »
Et Phenonée qui s'avance
Dist : « Monsigneur, Diex le vous mire. »

Adonques sans plus la riens dire,
Ordonné fu pour envoiier
Hiraus pour par tout chevaucier
Et anonchier la ditte feste.
Ensi li dus a la requeste
De sa fille, sans nul desroi,
Fist errant nonchier ce tournoy
En Escoce et en Danemarce.
Il n'i a ne paÿs ne marce
Ou il ne soit segnefiiés.
.I. jour chevaucoit li prisiés,
Li chevalier au soleil d'or
Et estoit droitement au cor
D'une lande et d'un vert chemin, *f. 56 d*
Et n'estoit mies trop matin,
Mais haute tierce ou environ ;
Si voit venir a l'esporon
.I. hiraut moult quoiteusement.
Adont s'arresta proprement,
Pour savoir quel cose il voloit,
Et lors que li hiraut le voit
Qui le recogneut par sa targe,
Si dist : « Chevaliers, je vous carge
« Que vous soiiés a ce tournoy
« Qui se tenra, a bonne foy,
« Devant Tarbonne en Cornuaille.
« Ce n'est pas raisons c'on y faille,
« Quant la fille dou duch Patris
« A pour li ce tournoy empris,
« Et donra au mieus tournoiant
« .I. faucon joli et plaisant.
« O y soiiés pour vostre honnour.
« Trois mois avés encor de jour. »
Dist Melyador : « Mon ami,
« Se je vif tant, je le te di,
« Je cevaucherai ceste part.

« Or me di, avant ton depart
« Se tu scés nulle autre nouvelle. »
Cils respondi, a vois isnelle :
« Sire, nennil, tant qu'en present. »
Et adonques li hiraus prent
Le chemin tout parmi la lande,
Le chevalier a Dieu commande,
Et Melyador li ossi.
De l'un l'autre se sont parti;
Tantost se furent eslongiet
Que donnet se furent congiet.

Or chevauce forment pensieus *f. 57 a*
Melyador, si m'aÿt Diex,
Pour tant que il est enfourmés
Qu'ens ou pays ou il fu nés
Doit avoir .i. tournoy moult grant.
Et quant il ot la pensé tant
Que par droit li devoit souffire,
Si prist tout bellement a dire
A son varlet : « Entent a moy.
« Ma serour fera ce tournoy
« Pour moi veoir, si com j'espoir. »
Dist Lansonnès : « Vous dittes voir.
« C'est la cause, nulle autre non,
« Car elle a oÿ le renon
« De pluiseurs chevaliers parler
« Qui poeent ceste queste hanter.
« Si veroit volentiers les preus.
« Sachiés que pas ne serés seuls :
« Il en y ara des vaillans,
« Des hardis et entreprendans. »
Dist Melyador : « Je le voel.
« Ja n'ara en moy tant d'orguel
« Que je n'i soie des premiers,

« Car je veroie volentiers
« Ma serour et le duch mon pere.
« Et se la sui, c'est cose clere
« Ja ne m'i ferai cognissable. »
Ensi tint ce pourpos estable
Melyador priès tout le jour.
Ce soir vint prendre son sejour
En .I. manoir, sus une lande,
Ou pays de Northombrelande,
Entre Montgriès et Carmelin,
Et quant levés fu au matin,
Pour ce qu'il faisoit biel et chaut, *f. 57 b*
Et qu'il perchut le soleil hault,
Il ne se volt noient armer.
As camps vint; si prist a chanter
.I. rondelet a clere vois,
En breton, non pas en françois,
Et avoit dit .I. peu devant
Qu'il euist commenciet son chant :
« Tout ce qui au chanter m'encline,
« Ce fait li amour d'Ermondine
« Pour qui je sui jolis et gais.
« Li doulz pensers m'est grans souhais;
« A lui il n'est si vraie cose,
« Et parmi tant moult bien je m'ose
« Fiier d'un seul rondelet dire,
« Car j'ai matere qui m'i tire. »

Rondel.

J'ai pensée et doulz souvenir
A vo biauté et grant valour,
Pour qui je sui tous jours en joie.

Mieus ne m'en poroit avenir,
Car j'en sui ostés de tristour :
J'ai pensée, etc.

Car vous estes voir, sans mentir,
De toutes dames le millour
Et trestous biens a vous s'emploie.
J'ai pensée, etc.

Ensi Melyador s'esbat,
Qui en le contrée s'embat
Ou messires Camelz converse.
Plaisance s'est en soi aherse
Moult grandement en chevaucant,
Car en ce matin chanta tant
Que ses varlès, bien le sachiés,
En estoit tous esmervilliés *f. 57 c*
Comment qu'il li fesist grant bien.
Melyador, en son maintien,
S'esbanoia de grant corage.
Or entra dedens .I. bocage,
Entour heure de miedi;
Desous .I. cesne deschendi,
Qui estoit a merveilles grans
Et grant ombrage entreprendans.
Si tost qu'il ot mis piet a terre,
Ses varlès vint son cheval querre;
Si le loia .I. peu en sus,
Et puis sus l'erbe s'assist jus,
Loing de Melyador arriere,
Ensi que le get d'une piere.
Sitretos comme il fu assis,
Il s'est si tres fort endormis
Que, pour bouter ne pour huchier,
On ne le peuist esvillier.

Et ses mestres, a l'autre part,
Dou dormir a bien pris sa part,
Car il s'estoit levés matin,
Et si avoit sus son chemin
Canté et pensé grant fuison.
Pour quoi il y eut bien raison,
Si com je l'entens et saveure,
Qu'il dormesist fort a celle heure.

En ce terme et en celle espasse,
Une damoiselle la passe,
Moult courtoise et bien ensegnie,
Et si estoit acompagnie
D'un petit page seulement,
Et cantoit moult joieusement
En chevaucant sus son chemin.
Moult bien savoit la a quel fin *f. 57 d*
Li chevaliers est endormis
Et quel aventure l'a mis
Desous l'arbre ou il se gisoit,
Mais elle pas ne cognissoit
Melyador par son droit nom,
Car point n'en veoit le blason,
Et si ne pensoit pas en soy
Que ce fust cilz qui au tournoy
De la Garde qui[st] avant hier,
Ou onques corps de chevalier
Ne fist tant comme il y fist lors.
Moult seroit plainne de confors
Se elle l'avoit ravisé,
Mais a ce n'a noient visé
En dit, en fait ne en corage.
Ce dist la pucelle a son page :
« Il nous fault descendre droit ci. »
Adont sont descendu ensi

Comme elle l'avoit ordené.
Sen palefroi a lors donné
A son page, et puis vient avant,
Et se met tout droit au devant
De Melyador qui dormoit.
Si le regarda et bien voit
Qu'il estoit endormis moult fort.
En soy dist : « J'aroie grant tort
« Se soudainnement l'esvilloie;
« Trop grant desplaisir li feroie.
« Cela ne feroie a nul fuer,
« Mais j'ay or plaisance a mon cuer
« Et raisons si le me conseille
« Que en chantant je le resveille. »
Lors se mist la belle au chanter,
Qui se pooit moult bien vanter *f. 58 a*
Que vois avoit jolie et douce,
Et ossi moult tres belle bouche
Dont la vois en chantant issoit.
Et c'est bien raison que chi soit
Mis li doulz rondelès avant,
Qui li vint droit la au devant,
Le quel chanta pour resvillier
Courtoisement le chevalier.

Rondel

Amis, quel[e] part que je soie,
Jamais ne vous oublierai,
Ains vous serai loyal amie
En tout dis par mon sierement,

Car vous m'estes confors et joie,
Vous estes tout le bien que j'ay
Et serés, voir, toute ma vie,
Amis, etc.

Pour ce, de tres bon coer m'otroie
A vous amer de voloir vrai,
Or en ait dont qui voet envie,
Car il ne sera aultrement.
Amis, etc.

Sachiés que ceste damoiselle
Qui chantoit a vois douce et belle,
Et qui la estoit embatue,
Estoit hors de Montgriès issue
Et si en estoit hiretiere.
C'est Florée la tres entiere,
Qui se tient germainne cousine
A ma damoiselle Hermondine.
Elle avoit adont tel usage
Qu'elle chevaucoit le boscage
Deux ou .III. fois sus le sepmainne.
Mis l'en avoit en celle painne *f. 58 b*
Messires Camelz de Camois,
Car enjoint li eut puis .III. mois
Que elle a le fois chevaucast
En ce bois et si s'avançast
De parler a tous chevaliers,
Qui passoient par ces sentiers,
Et de yaus mener a Montgriès,
Car li chastiaus seoit la priès,
Et li avoit dit tout ensi :
« Damoiselle, je vous en pri,
« Dittes as chevaliers errans
« Que Camelz est forment engrans
« Qu'il se puist a yaus esprouver,
« Et, s'il en pooit un trouver
« Qui fust si vaillant et si fors
« Que mater le peuist de corps,
« Il aroit par tout grant renom. »

Et, pour ce, Florée en ce nom
Estoit la en ce jour venue ;
Mais, quant elle y fu embatue,
Jamais adeviné n'euist
Que cils est. S'elle le sceuist,
Elle en fust toute resjoïe,
Car bien vit sa chevalerie
Devant le chastiel de la Garde.
Florée en cantant le regarde :
Si est assise dalés li,
En arroi plaisant et joli,
Et dist de la ne partira
Jusc'a tant qu'il s'esvillera.

MELYADOR tout en dormant
Ooit bien la vois, je m'en vant,
Et li faisoit grant melodie.
Mais, pour ce, ne laissoit il mie *f. 58 c*
A dormir, car si douce estoit
La pucelle, qui la seoit
Et qui le rondiel chanté ot,
Qu'il ne se poet pas a ce mot
Esvillier, mais toutdis dormoit.
Et quant la damoiselle voit
Que point ne le resvillera,
Se dist que tant travillera
Au canter, car c'est ses mestiers
Et se le fait tres volentiers,
Que resvilliés sera sans doubte.
Et, a ces mos, elle avant boute,
De sa vois qu'elle ot moult jolie,
.I. rondelet a vois serie,
Pour li resvillier sans contraire.
Dou rondiel ne me voel pas taire
Que je ne le die en present.

La damoiselle, qui bien sent
Tout ce qu'elle voet faire et dire,
Au canter doucement s'atire
Le rondelet que vous orés,
En tel maniere que vodrés.

Rondel

DIEX le gart de mal et d'anoi,
Ma douce desirée amour,

CAR je le sçai loyal vers moy.
Diex le gart, etc.

POUR ce desire, par ma foy,
Son bien et dessus tous s'onnour.
Diex le gart, etc.

ENSI la pucelle chantoit
Et Melyador l'escoutoit
En dormant, ce li estoit vis,
Mais ses cuers estoit tout ravis *f. 58 d*
En plaisance gaie et jolie.
Quant ceste cançon fu finie,
Melyador se resvilla,
Qui en resvillant souspira,
Et, quant ensi eut soupiré,
La damoiselle a regardé
Qui estoit plaisans et doucete,
Et seoit la toute seulete.
Or fu trop fort esmervilliés;

7927 gart. *B* gard.

Mais, quant il fu tous esvilliés,
Si dist ensi : « Ce poise mi
« Que j'ai en ce lieu tant dormi. »
— « Pour quoi ? » ce dist la damoiselle.
Ce respont Melyador : « Belle,
« Pour ce c'on y piert sa saison.
« Vous en ay je dit la raison ?
« Je deuisse ja avoir fait
« D'armes quelque voie, ou quel fait.
« Je sçai bien, et s'en sui tous fis,
« Que, puis qu'en la queste me mis,
« Point ne m'est la cause parelle
« Avenue, dont j'ai merveille. »
— « Sire, » la damoiselle dist,
« Environ ce contour chi gist
« Une cose moult mervilleuse
« Et qui est assés perilleuse,
« Car nulz frans chevaliers n'i poet
« Chevaucier, et voelle ou non voet,
« Qui n'i dorme en tele maniere
« Que fait avés, ça en arriere.
« Une fée si l'ordonna,
« Qui au lieu le don en donna ;
« Siques, pas ne vous en anoie,
« Quant trouvé en avés la voie *f. 59 a*
« Et vous paiiés ce qu'elle doit.
« Et se vous voliés, chi endroit,
« .I. peu encores arrester
« Et mes parolles escouter,
« Le certain vous en compteroie,
« Ne ja ne vous en mentiroie. »
Respont Melyador en l'eure :
« Damoiselle, je ne labeure
« Par les landes vertes et belles,
« Fors que pour apprendre nouvelles,
« Car je les och plus volentiers

« Que nulz estragnes chevaliers. »
Et adont Florée li compte,
Qui est lors entrée en son compte :

« Chiers sires, vous devés savoir
« Qu'en ce paÿs a .i. manoir
« Et .i. chastiel joli et cointe,
« Seant droitement en le pointe
« De ceste lande et de ce bois.
« Li chastiaus est nommé Camois,
« Et li sires qui le maintient
« Tres bon chevalier on le tient :
« Cilz chevaliers si est nommés
« De Camois messires Camelz.
« Or avint entour .iiii. ans sont,
« Si com les aventures vont,
« Que cilz chevaliers dont je compte,
« Qui scet bien que proece monte,
« Esleva .i. cerf en ces bois.
« Tant le caça a ceste fois
« C'a .i. chastiel dont sui partie
« L'occist tous seulz, sans sa mesnie,
« Car il l'avoit caciet ce jour
« Sans avoir arrest ne sejour. *f. 59 b*
« Quant occis l'eut, il sonna prise.
« A ceste heure que je devise,
« Estïons moy et ma cousine,
« D'Escoce la belle Hermondine,
« As fenestres de mon chastiel,
« Quant nous veïsmes ou praiiel
« Le cherf et le chevalier la.
« Cescune de nous avala
« Et venimes jusques a li ;
« Moult belement nous recueilli.
« Je l'en menai tout devisant

« En mon chastiel, par couvenant,
« Pour li fester et honnerer,
« Et li priai de demorer
« Apriès souper, plus de .vij. fois;
« Mais il retourna a Camois,
« Dont partis estoit au matin.
« Je le vous recorde a tel fin
« Que je, qui noient n'i pensoie,
« De l'acointance euc peu de joie;
« Car il, si com depuis me dist,
« Son coer et sa plaisance mist
« En ma cousine telement
« Et l'enama si ardamment,
« Seulement et par regarder,
« C'onques puis ne s'en peut oster.
« Depuis revint .II. ou .III. fois.
« Je m'en perçuch, et ce fu drois,
« Par aucuns signes qu'en li vi
« Faire et moustrer, tout a par li.
« Et je, qui a garder avoie
« Ma cousine et qui bien savoie
« Les coustumes dou chevalier,
« Pour tous perilz entrecangier *f. 59 c*
« Alai de ceste oevre au devant,
« Avoeques .I. remede grant
« Qui y sourvint dedens l'anée,
« Car ma niece fu remenée
« En Escoce dont iert partie.
« De ce fu forment resjoïe
« Et Camelz moult fort couroucíés.
« Tantost fu par lui deffiiés
« Monsigneur mon pere et no terre,
« Et nous fist si tres mortel gherre,
« Que nulz n'osoit de no chastiel
« Partir, ne par lait, ne par biel,
« Et, quant on volt savoir de li

« A quel title il nous grevoit si,
« Il respondi apertement :
« Que nulz ne nulle vraiement
« N'i metteroit pais ne concorde,
« Pour Dieu ne pour misericorde,
« Fors moy, et maintenoit tres bien
« Que, par moy et par mon moiien,
« Pais aroie et mes gens ossi.
« Siques, chevaliers, j'en fui si
« Tres fort priie de mes gens
« Que je cangai pourpos et sens,
« Car en prison tenoit mon pere,
« Dont la cose m'estoit amere.
« Tant fist qu'en Escoce en alai
« Et a ma cousine comptay
« L'aventure et le fait tout tel
« Que dit vous ay de ce Camel.
« Ma cousine, qui estoit jone
« Et plus que pour Camel ydone,
« Me demanda et volt avoir
« De moy conseil; je li dis voir, *f. 59 d*
« Quoi que Camelz, n'en doubtés mie,
« Soit si plains de chevalerie
« Que nulz chevaliers estre poet.
« Mais loyauté qui pas ne voet
« Fallir as siens me consilla,
« Et ma cousine s'enclina
« A ce que je vols dire et faire
« Dont pour ma guerre a bon chief traire
« Et le dit Camel apaisier.
« Quant je fui revenue arrier
« Et il se fu trais devers moy,
« Je li baillai en bonne foy,
« Pour li donner joie et plaisance,
« Lettres telles que de creance,
« Faites ou nom de ma cousine,

« Et lors qu'il en perçut le signe,
« Il fu resjoïs grandement
« Et volt savoir entierement
« Son pourpos, et je li comptai,
« Qui tout a fait le machonnai
« En contant que je li disoie.
« La fis tout ce que je voloie
« Et li dis voir que ma cousine
« L'ameroit, mais c'aucun bon signe
« Veïst en li de grant proece;
« Mais, pour ce qu'elle en grant jonece
« Estoit encor, elle voloit,
« Et commandoit et ordonnoit
« Que .v. ans complis et entiers
« Elle asseroit tous chevaliers
« Qui vodroient entrer en queste
« Pour s'amour et a sa requeste,
« Et cilz qui seroit en .v. ans
« Li plus preus, et li plus vaillans *f. 60 a*
« Et plus plains de chevalerie,
« L'aroit a femme et a amie.
« Siques, sire, sus ceste entente,
« Ceste queste qui est presente
« Ou travellent maint chevalier
« Est faite, mentir ne vous quier,
« Ou nom de Camel de Camois.
« Or, estes vous or ens ou bois
« Ou il converse, et ou demeure
« Et ou je vieng quant il est heure
« Pour les chevaliers enhorter
« Qu'il viegnent contre li jouster,
« Li quelz par armes telz les mainne,
« Et si vaillanment se demainne
« Qu'il les fait venir a merci,
« Et a fait venir jusqu'a ci,
« Mors et conquis, par tel raison

« Que j'en tieng pluiseurs en prison,
« Biaus chevaliers et aligniés.
« Siques, chevaliers, telz soiiés
« Tous enfourmés que ceste queste,
« Dont pluiseur chevalier font feste,
« Fu emprise tout par tel cas
« Et par aultre afaire non pas.
« Si vous faudra a lui jouster
« Et vo corps au sien esprouver,
« Ou vos armeüres laissier,
« Et dire ensi au chevalier
« Que jamais, en jour de vo vie,
« Vous ne penserés a s'amie.
« Aultre remede je ne voie
« Qui vous oste de cest anoi. »

ET quant li preus Melyador,
Qui n'est mies trop bien encor *f. 60 b*
Resvilliés, mais il se resveille,
Entent ceste grande merveille,
Si se taist et .I. peu colie
A trop grande merancolie ;
Je le vous dirai maintenant.
Droit la li revint au devant
Une pensée de quoi ja
Ses propres varlès l'avisa,
De quoi adont il ne fist conte ;
Mais maintenant scet bien que monte
Ceste pensée vraiement,
Jalousie, qui ardanment
Li est entrée ens ou corage.
A par soi dist il : « Las! or ai je
« Travilliet mon corps jusc'a ci
« Pour l'amour ceste que ne vi,
« Onqües fors par oïr parler,

« Et elle a mandé, c'est tout cler,
« Si com ceste pucelle dist
« Qui en riens ne s'en contredist,
« A ce chevalier qu'elle nomme
« Et que de proece renomme,
« Que biel se maintiengne et se porte,
« Et qu'en bon espoir se conforte ;
« Qu'il pora bien tant travillier
« Que on le vodra recueillier.
« Haro! se j'en avoie otant,
« J'en seroie tout mon vivant
« Plus gais, plus jolis, et plus frisces
« Et de tous nobles meurs plus riches.
« Ha! Lansonnet, pour quoi dors tu ?
« Pour quoi, compains, ne me viens tu
« Reconforter a ce besoing ?
« Certes, amis, en trop grant soing *f. 60 c*
« Sui entrés puis que m'endormi.
« Jalousie est entrée en mi
« Et si ne sçai mies par u,
« Fors seulement par mon agu.
« A tout le mains se le savoies,
« Tu as bien tant alé de voies
« Que tu m'i trouveroies bien
« De confort aucun grant moiien. »

En cel estat, sans nul confort,
Pense Melyador si fort,
Que la pucelle belle et bonne
S'en perchoit. Adont l'araisonne
Doucement et dist : « Sire chiers,
« Vous estes, je croi, chevaliers
« Preus, hardis et entreprendans,
« Et qui avés ja, par .II. ans,
« Eü des aventures grandes.

« Se cestes vous sont trop pesandes,
« Si vous confortés au besoing,
« Et si me dittes en quel soing
« Vous estes entrés maintenant. »
Respont Melyador errant :
« Je vous diray, ma damoiselle,
« Je tieng a si grande et si belle
« L'aventure que j'ai trouvée
« C'onques cose ne me fu née
« Mieus a point, comme voir est ceste,
« Et en fai en mon coer grant feste,
« Pour tant que cilz amis se claime
« A vostre cousine que j'aime
« Et ay amé sanz nulz faulz tour,
« Telement, puis l'eure et le jour
« Que je vi pourtret son image,
« Que je n'ai ailleurs mon corage. *f. 60 d*
« Or est si com, ce dittes vous,
« Chevaliers tres vaillans sur tous,
« Preus, hardis, et entreprendans
« Et li mieudres de ces .II. ans,
« Qui ait courut a vo semblance.
« Mais dittes moy, par vo plaisance
« S'il fu au tournoy de la Garde. »
Et Florée qui le regarde,
Li dist : « Nennil, mais il en fu
« Trop couroucíés en son argu,
« Et si s'en mist en tres grant painne
« De l'aler, c'est cose certainne.
« Mais onques ne m'i assenti,
« Dont de puis je m'en repenti
« Et repenc encor, quant j'i pense,
« Car je vi la en ma presence
« Des bons chevaliers faire otant
« D'armes, c'onques en mon vivant
« J'en vi ne en oÿ parler. »

Adont li ala demander
Melyador et dist : « Ma belle,
« Qui fu le mieus seant en selle,
« Ce jour, et li mieus tournoians
« Et les dames esbanoians ? »
Et Florée li respont lors :
« Ce fu certes uns vaillans corps
« Et bien tournoians, ce m'est vis.
« Onques ne le vi ens el vis,
« Qu'il n'euist laciet son hÿaume,
« Mais je croi, voir, qu'en .I. royaume
« On faurroit a chevalier tel.
« Cognoistre ne le sçai par el,
« Fors par l'armoirie qu'il porte :
« .I. soleil d'or, qui reconforte *f. 61 a*
« Tous jolis coers au regarder. »
Adonques s'ala afrener
Melyador de plus avant
Parler sus cesti couvenant,
Fors tant qu'il dist trop bien a point :
« Damoiselle, n'atargiés point.
« Montés, faites monter vo page ;
« Alons ent devers vo manage.
« Veci mon varlet qui me vient.
« Je sui moult liés quant il couvient
« C'a ce chevalier je m'esprueve,
« Qui est telz que tous chiaus qu'il trueve
« Il les fait a merci venir.
« Haro ! Bien me doit souvenir
« De la belle et bonne et parfaite
« Pour qui ceste ordenance est faite ! »
Adont sont monté ambedoi,
Florée sus .I. palefroi
Que ses pages la li tenoit.
Si chevaucent a cel endroit
Pour aler devers le chastiel

De Montgriès, ou il fait moult biel,
En devisant de pluiseurs coses.
Pas ne sont en Florée closes
Les pensées de resjoïr.
Melyador volt la oïr
Aucune cose de nouviel,
Et la belle, qui .I. capiel
Tout vert dessus son chief portoit,
Respondi tantos la endroit
Et dist : « Sire, je le dirai
« Pour vostre amour, sans nul delai. »
Et lors commença a chanter
.I. rondelet sans arrester. *f. 61 b*

Rondel

MUÉE sera ma dolour
En joie et en tres parfait bien,
Chiers amis, quant vous reverai,

CAR trop plus desire ce jour
C'onques ne fis nul[e] autre rien.
Muée, etc.

DONT sera çangie tristour
En trestout solas terrïen,
Et tous mes maus oublierai.
Muée, etc.

MOULT grandement se resjoï
Li chevaliers, quant a oÿ
La damoiselle ensi chanter.

8284 tristour, *B* ma tristour.

Ensi peurent tant cheminer
Qu'il s'en sont a Montgriès venu
Et la au chastiel descendu.
Li varlet appareilliet furent,
Qui fisent ce que faire durent,
Car il prisent tous les chevaus.
Melyador, c'est chi consaulz,
En tenant par le doy Florée,
Qui de riens n'estoit effraée,
Sont monté les degrés amont.
Li escuier de laiens ont
Menet en une cambre gente
Le chevalier sans plus d'attente,
Entre li et son escuier.
Trop pooit au coer anoiier
Au damoisiel Melyador,
Quant descouvers n'estoit encor
A Lansonnet de sa pensée,
Et comment la belle Florée,
Qui laiens l'avoit amené, *f. 61 c*
Li avoit dit et recordé.
Siques lors qu'en la cambre il fu,
Sans demander aigue ne fu,
Sus .i. siege s'assist errant.
A Lansonnet dist : « Vieng avant.
« Je te dirai trop grant merveille ;
« Je n'ai point trouvé la pareille
« Puis que je parti de Tarbonne. »
Et adonques il li ordonne,
De point en point, ne plus ne mains,
Tout ensi que Florée orains
Li avoit dit et devisé.
Tres bien en comptant a visé
Que riens il n'i puist oubliier.
Lors se poet moult esmervillier
Lansonnès, ce poés bien croire,

Et pensa sus, et puis dist : « Voire,
« Melyador, Melyador,
« Or couvenra vo soleil d'or
« Faire resclarcir en proece
« Ou morir ; aultre cose n'esce.
« Ci gist li fors de vostre queste.
« Se vous ne faites le conqueste
« De ce chevalier desconfire,
« Je ne donroie .I. pois de cire
« De tout ce que vous avés fait.
« Or se monteplient vo fait,
« De tout en tout, de miex en mieus.
« Or sera demain temps et lieus,
« Quant laciet arés vo hÿaume,
« Que vous pensés a ce royaume
« D'Escoce, et ossi a la dame
« Et ossi sus celi, par m'ame,
« Qui si le vous voet calengier, *f. 61 d*
« Et qui s'est poüs avancier
« De lui segnefiier et dire
« Comment il muert a grant martire
« Pour l'amour de li. Toutes voies,
« Bien deverés fallir a joies
« D'amours, se cesti ne matés.
« Gardés bien, se vous l'abatés,
« Que vous l'ociiés sans merci;
« Si arés en ce pays ci
« Et par tout grande renommée.
« Mais, dittes moy, s'il vous agrée,
« Se point avés a la pucelle
« De ceens, qui est sage et belle,
« Demandé de l'estat de li. »
— « Oïl, je le te certefi.
« On m'a dit qu'il est chevaliers
« Grans et fors, orghilleus et fiers,
« Et qu'il ne prise au jour d'ui home,

« Quel qu'il soit ». — « Et comment se nomme,
« Monsigneur ? » ce dist Lansonnès.
— « Camelz. Il est telz et si fès;
« Qu'il a en armes moult grant grasce,
« Et n'est nulz encor qui le passe
« De proece ne de renom. »
— « Par ma foy, il porte un bon nom »
Dist Lansonnès, « et volentiers
« Le verai, s'il est chevaliers
« Tel, a le main et a l'espée,
« C'on li porte le renommée. »

Tout ensi qu'il se devisoient,
Et que la entre yaus .II. parloient,
Evous Florée la venue
Et sa gent moult bien pourveüe
De conjoïr le chevalier. *f. 62 a*
En la cambre, sans detriier,
Sont entré et grant joie font.
Floré[e] se prent garde adont
De ce que point n'avoit encor
Veü cest dou biel soleil d'or,
Qu'elle voit point en une targe.
Adonques ses coers si se carge
De penser trop plus que devant;
Tout quoiement s'est trette avant
Et au dit chevalier parolle.
Toute tele fu la parole :
« Biaus sire, cognissiés moy voir,
« Se le tenrai a grant savoir.
« Estes vous cilz, en bonne foy,
« Qui conquesistes au tournoy
« L'esprivier par devant la Garde ? »
Et Melyador le regarde,
Si mua .I. petit coulour;

Et Florée, qui toute honnour
Savoit, s'en percut. Si dist : « Sire,
« Vous le poés bien droit ci dire,
« Car vous estes en lieu segur. »
— « Damoiselle, se j'euch l'eür »,
Ce dist Melyador, « dou pris,
« Je ne m'en vante, ne ne pris,
« Mieus que devant, une castengne.
« Des chevaliers a en Bretagne
« Trop plus vaillans que je ne soie,
« Et se la fortune fu moie
« A ce jour, loés en soit Diex!
« Encor prenderoiie bien mieulz,
« S'ensi voloit venir a point. »
Lors s'arresterent sus ce point,
Fors tant que Florée li dist : *f. 62 b*
« Sires chevaliers, on vous fist
« Trop mains que ne deservesistes,
« Car si vaillamment le fesistes
« Que j'en aime et en prise encor
« Vostre corps et le soleil d'or
« Que vous portés d'armoierie.
« Or vera on chevalerie
« Demain, dou jour, venir en place,
« Quant Camelz et vous face a face
« Serés et entrés en bataille,
« Car vous estes tout doi de taille
« Pour bien furnir .I. tel ouvrage.
« Pleuist Dieu que la douce image
« Pour qui de chevaliers vont tant,
« Ma cousine, fu chi devant
« A l'eure que vous monterés
« Et c'as lances assamblerés ! »
— « Voires, » respont Melyador,
« Et il m'euist cousté encor
« Tout ce c'avoir puis de finance,

« Se j'en veoie la samblance,
« J'en vaudroie grandement mieus;
« Et toutes fois, si m'aÿt Diex,
« Puisque tant parlé en avés,
« Damoiselle, savoir devés
« Que j'en sui forment resjoïs,
« Et s'en soiiés segure et fis
« Que li souvenirs de la belle
« M'en fera tenir en la selle
« Plus fricement en tous estas.
« Mais je vous pri sur tous debas,
« Voires, se priiés vous en ose,
« Que vous voelliés faire une çose. »
« — Quele ? » ce respondi Florée. *f. 62 c*
— « C'une cançon soit chi cantée
« En l'onneur de vostre cousine. »
Et Florée, qui lors s'encline
A la priiere de celi,
Moult doucement li respondi :
« Sire, je vous tieng pour mon hoste.
« Se n'est pas drois que je vous oste,
« Ne faire ne voel a nul fuer,
« Le jolieté de vo cuer,
« Et je canterai volentiers,
« Car ce me samble uns biaus mestiers
« Et qui bien affiert a telz gens
« Que vous estes, courtois et gens. »
Adonques commença Florée,
Par joieuse et lie pensée,
.I. rondelet biel et plaisant.
Le dit orés, non pas le chant.
Ce poise moy que ne le say,
Mais le dit mieus retenu ay
Que le chant; pour tant vous l'orés
Et puis apriès en jugerés.
Elle dist qu'elle le chantoit

Pour l'amour celi qu'elle amoit ;
De tant l'oÿ plus volentiers,
Ce sachiés, li bleus chevaliers.

Rondel.

Bonne amour a ce me constraint,
Mon tres dous amis, main et soir,
Dessus toutes riens vraiement,
Quant ma souvenance en vous ay,

Car souvenir point ne me faint
De moy toutdis ramentevoir
La vostre bonté loyaument.
Bonne amour, etc. *f. 62 d*

Et par force mon coer destraint,
C'a tous jours mais, de bon voloir,
Voet estre vostre entierement ;
Pour ce dou tout le vous lairai,
Bonne amour, etc.

Haro ! que cilz rondelès fist
Grant bien au chevalier ! S'en dist
La tantost sen entention :
« Damoiselle, en vostre maison,
« Me tenés vous joieus et aise ?
« Or me dites, mais qu'il vous plaise,
« Voires, se demander je l'ose,
« Car c'est contre moy une cose
« Qui pas n'afiert a demander,
« Mais outrages m'en fait fier
« Dou parler, et pour ce le fay,
« Se ce Camel contre qui j'ay

« A combatre demain, ou jour,
« Vous veriés que par biel estour
« Il fust matés et desconfis. »
— « Oïl, sire, soiiés ent fis,
« Car il nous a fais tant d'outrages,
« De despis et de grans damages,
« Que ne l'adiroie a nul fuer,
« Ne onques ne me peut en coer
« Bien entrer en toute sa vie,
« Ja soit plains de chevalerie. »
Et lors Melyador s'avance
De parler sus ceste ordenance :
« Damoiselle, et a vo cousine
« Que vous appellés Hermondine,
« Peut il onques en riens complaire? »
Et Florée, qui ou vïaire
Regarde adont Melyador,
Dist : « Je ne m'en sui pas encor *f. 63 a*
« Aperceüte nullement,
« Ne ja ne ferai vraiement,
« Car Camels pas a lui n'afiert,
« Se par armes ne le conquiert.
« Mais les fortunes sont si grans
« Que s'il est, entre les errans,
« Esleüs li mieudres de tous,
« Il l'ara, maugret aions nous.
« La cose est ensi ordenée,
« Et dou roy d'Escoce acordée
« Et de ma cousine autant bien.
« Et, ce sachiés, sur toute rien,
« Nous le verïons moult envis. »
Dist Melyador : « J'en sui fis
« Que demain le combaterai.
« Mais, belle, je vous prierai
« Encor d'une cose en present
« Que vous me voelliés erranment

« Les blasons de ces chevaliers,
« Que vous tenés prisonniers
« Si com j'ay oÿ recorder,
« Se je les puis veoir, moustrer,
« Et puis irons souper après. »
Et Florée, par mos exprès,
Respont : « Volentiers le ferai. »
Dont sont parti sans nul delay
De la cambre qui fu moulte belle.
Devant passe la damoiselle,
Florée, qui en mainne o soi
Le bleu chevalier par le doi.

ADONT ont monté un degré.
En une cambre sont entré,
Car Florée deffrema l'uis. *f. 63 b*
Il n'estoit mies encor nuis,
Mais jours biaus, clers, jolis et gens,
Quant en la cambre furent ens.
Lors dist Florée au chevalier :
« Regardés devant et derrier;
Vesla les mors, veci les vis. »
Melyador met son avis
Au regarder parfaitement;
La y recogneut plainnement
Les blasons d'aucuns chevaliers
Qu'il deliveroit volentiers
De prison, si com il le pense.
Et la est Florée en presense
Qui l'enparolle, a chiés de fois,
Et dist : « Li quelz est plus courtois
« De l'autre et trop plus gracieus?
« Li quelz fu plus bachelereus
Au combatre? » La le devise.
Melyador en la devise

Des blasons .I. grant temps s'esbat,
Et si avant adont s'embat
Que il en recogneut bien .IIII.,
As quelz il s'est poüt combatre
Qu'il a trouvés bons chevaliers :
Le blanc et le vert tout premiers,
Et ossi le vert et le rouge,
Et .I. aultre qui le harouge
Fist moult, quant il deut assambler.
Il ne le scet mies nommer;
Mais moult bien, par l'armoierie,
Le recogneut a ceste fie :
C'est cilz qui en ce se deporte,
Qui unes blances armes porte,
A .I. feu vermeil contremont. *f. 63 c*
Le quart ravise bien adont,
De vermeil a .I. vert escu.
Onques n'en canga son argu
Melyador en nul effroi;
Mais, a Florée qui lés soy
Estoit, dist bas et en riant :
« Belle, vous n'avés mies tant
« Prisiet ce chevalier qu'il vault,
« Contre qui combatre me fault.
« Ne sçai comment poet avoir fait,
« Par armes, .I. si tres grant fait,
« Que telz chevaliers desconfis
« Dont je voi la des blasons dis. »
A ces parlers, oultre s'en passe
Et tous les .X. blasons trespasse.
Si vient a .X. blasons des mors,
Et la li est .I. peu remors
Li sans qui li frit et catelle.
Il voit une targe vermeille
A unes noires armeüres;
Puis voit unes aultres parures

De noire a une rouge bende
Et, que clerement on l'entende,
Ceste bende semée estoit
De mouletes faites a droit,
Toutes noires si com li camps.
Li tiers blasons fu biaus et grans
D'or a .ii fasses azurées,
Moult joliement mesurées.
Blans fu li quars, par couvenant,
A .i. lyon d'azur rampant :
Ces armes sont bien en Suede
Et les porte cilz de le Hede.
Li .vez. blasons fu telz :
De geules a .ii. faissiés pels
De blanc et de bleu, ce me samle.
Et li .viez. qui l'asamble
Fu vairiet encontre vairiet,
A .i. baston parmi brisiet,
Qui estoit de blanc et de noir.
Dou viie vous dirai, voir :
De bleu fu a .iii. croissans d'or.
Je ne vous ay point dit encor,
Dou .viiie., con fais il fu :
Il avoit geronné l'escu
De rouge et de noir, ce m'est vis.
Li nuefimes, par mon avis,
Fu blans a une harpe noire.
Li disimes, on m'en doit croire,
Fu d'asur a .ii. blans griffons.
Quant tous ot veüs ces blasons
Melyador li damoisiaus,
Si dist moult bellement a chiaus
Et a celles qui la estoient,
Et qui dalés lui s'arrestoient :
« Bien doit on celui honnourer
« Et bien fait a recommender

« D'armes et de chevalerie,
« Qui, par sa grant bacelerie,
« A mis tous ces blasons ceens,
« Et ossi sont ce bonnes gens
« Qui ont fait par les armes tant
« Que vaillanment en combatant
« Sont demoret sans leurs corps rendre.
« Je voel bien donner a entendre
« Que mon blason sera onsimes,
« Ou il morra par moi meïsmes;
« Car, s'il poet avenir ensi, *f. 64 a*
« Pité n'en arai ne merci. »

A ces parolles avant traient
Doy escuier qui leur retraient :
« Venés souper, prest est pour l'eure. »
Florée la plus ne demeure,
Mais le bleu chevalier enmainne
En une sale qui fu plainne,
De vers jons joncie et arrée
Et moult faiticement parée
Ensi que par le temps de lors.
On ne parla plus des .x. mors
Ne des .x. vis qui laiens sont;
Mais doi escuier avant ont
Amenet le pere Florée,
.I. chevalier de renommée,
Qui messires Los a a nom.
Melyador en estat bon
Le rechut, car bien le sceut faire.
Adonques pour l'estat parfaire
On l'assist tout premiers a table,
Et puis, par ordenance estable,
Melyador fu mis apriès.
Li hiretiere de Montgriès

Sist au desous, ensi le voet.
Vous devés savoir c'on ne poet
Mieulz penser de nul chevalier,
Sans nulle riensnée espargnier,
C'on fist la de Melyador :
A .I. cler voirre bendé d'or
But ce soir vin par mignotise.
Issir voel de ceste devise :
Je croi bien qu'il eurent assés.
Lors que li soupers fu passés
On s'ala .I. petit esbatre. *f. 64 b*
De ce ne poet on riens rabatre.
Melyador en fu menés,
Quant deporté se fu assés
A son gré, parmi le chastiel,
Ou moult faisoit joli et biel,
En sa cambre toute joncie
De vers jons et bien abillie
Pour li et pour son escuier :
La se peurent ce soir aisier
Et reposer a leur devis.
Melyador, par grant avis,
Pensa ce soir a ses besongnes,
Et mist arriere toutes songnes,
Fors que ceste de la bataille.
« Or est temps, » ce dist il, « que vaille
« La pensée qui tant m'encline
« A l'amour ma dame Hermondine,
« Et que demain je le remoustre
« Contre celui qui telz se moustre,
« Qui le voet par armes conquerre.
« Nous ferons une mortel guerre,
« Mais que nous venons as espées,
« Qui sont d'acier dures temprées. »

Ce soir envoia .i. message
La damoiselle belle et sage,
Florée, dame de Montgriès,
A monsigneur Camel, la priès,
Qui se tenoit dedens les bois
En son fort chastiel de Camois,
Et ensi li segnefia
Que dedens Montgriès o soi a
.I. chevalier de grant emprise,
Le quel en armes moult on prise,
Car le pris conquist a le Garde, *f. 64 c*
Et c'a ses besongnes regarde,
Car a Montgriès s'est embatus
A celle fin que combatus
Soit Camelz, comment qu'il aviegne,
Et que demain tous armés viegne ;
Car cilz qui .i. soleil d'or porte
L'attendera hors de le porte
Ou il istera si tretos
Qu'il le vera issir dou bos.
Et, quant Camelz ot ces nouvelles,
Se li sont moult grandement belles :
Si respondi au messagier :
« Di a Florée sans targier
« Que je serai la bien matin. »
Li varlès revint son chemin
Et recorda Florée ensi
Que vous avés devant oÿ.
Or ne mist pas en oubliance
Messires Camelz l'ordenance
De la bataille qu'il attent ;
A nulle riens el il n'entent,
Fors qu'il soit matin a Montgriès.
Petit dormi, il s'est fais près
D'armeüres a son usage,

Puis s'est partis o soi .i. page;
Plus n'en voet de ses gens mener.
Tant peut errer et cheminer
Parmi bois, landes et sentiers,
Le quel chemin fist volentiers,
Qu'il est venus sans nul sejour,
Entre prime et tierce de jour,
A Montgriès, sus le sabelon.
Ja a trouvé son compagnon
Melyador le damoisiel, *f. 64 d*
Qui estoit issus dou chastiel,
Moult bien armés sus son cheval.
Et quant Camels le voit ou val,
La s'arreste; contre lui broce.
A ce premiers pas ne l'approce
Pour ferir, fors que pour parler.
Melyador, qui galoper
Le voit vers lui moult fricement,
Se part de son lieu proprement
Et s'en vient ossi contre li.
Messires Camelz, ce vous di,
L'araisonna et dist premiers :
« Entendés chi, bleus chevaliers,
« Qui a moy vous volés combatre.
« Saciés, se vous estïés .iiii.
« Telz chevaliers que je vous voi,
« Si n'en vorroiie ja arroi
« Contre vous muer ne cangier.
« Rendés vous a moi prisonnier :
« Si ferés sçavoir, non folie,
« Car ma lance est si alignie
« Et de jouster si coustumiere
« Que vostre targe est trop legiere
« Pour les cops sentir et porter.

8768 vorroiie, *B* vorroi ie.

« Tost le ferai oultre passer
« Vos armeüres, je m'en vant. »
Et Melyador, qui avant
Est passés et qui bien l'entent,
Li respondi courtoisement
En disant : « Sire chevaliers,
« Se vous me poés de premiers
« Desconfir par vostre parolle,
« Je tenroie ma targe a molle
« Et ma lance mal aguisie. *f. 65 a*
« Je voel faire ossi grant prisie
« De la moie com de la vostre,
« Et, se la journée n'est nostre,
« Vous y acquerrés haute honnour.
« Partés de ci, car, pour l'amour
« De la belle et bonne Hermondine,
« Jousterai a vous par tel signe
« Que vous m'ocirés ou je vous.
« Aultrement ne marchandons nous. »
Ce respont Camelz : « Je l'otroi. »
Lors retourna sus cest arroi
Et prist lors la lance a son page.
Moult par estoit de fier corage
Et chevaliers de grant emprise.
Qui la le voit, forment le prise,
Tant se manoie gentement :
Il li est avis proprement
Qu'il mettera mort, quoi qu'il couste,
Le chevalier a ceste jouste.

TOUT estoient hors dou chastiel
Damoiselles et damoisiel :
Aultrement ne l'osaissent faire.
Trop le tenist a grant contraire
Messires Camelz, ce sachiés ;

Se Florée ne fust en piés
En la place avoecques ses gens,
Ce li fust uns grans mautalens
Et le tenist a grant desdaing.
Melyador, qui Diex doint gaing,
S'est lors tres devers son varlet
Et li dist : « Ma lance ça met,
« Si le me laisse enventurer. »
Et Lansonnès li va donner.
En donnant li dist comme gens : *f. 65 b*
« Monsigneur, je suis mal contens
« De Camel, par sainte Marie,
« Qui se vante et voelt a amie
« Avoir ceste que tant amés.
« Je vous pri que vous li blasmés
« Hui a la lance et a l'espée. »
Melyador qui sa pensée
A, ce dont pas ne descouvri,
Se taist et sa lance saisi;
Pour ce ne pensa il point mains.
Quant il tint sa lance en ses mains,
Dessus le chevalier regarde
Et encor .I. peu se retarde,
Tant qu'il l'ot moult bien avisé.
Si le voit grant et desghisé,
Ce li samble, et de rude taille,
Et voit que ses varlès li baille
Son glave et si le met a point.
Melyador adont se joint
En sa targe et li muet li sans.
A ces cops n'est il mies sans
Grant hardement et bonne emprise.
Quant cascuns ot sa lance emprise,
Il esporonnent de randon
Et mettent tout en abandon
Corps et membres sans espargnier.

Si s'encontrent cil chevalier
Et se fierent, sus les escus,
Des lances as bons fers agus,
Par une si fiere ordenance
Que cescuns des chevaus s'estance.
Contre les cops, qui sont pesant
Et fort encontré, en boutant,
Les lances ne sont point rompues, *f. 65 c*
Ne les targes ossi fendues ;
Oultre s'en passent sans cheïr.
Mais qu'il ne leur puist mescheïr,
Encores feront une jouste,
Car li bien jouster leur agouste :
Il reprendent rens et conrois.
Melyador fu lons, et drois
Et bien enfourciés en la selle;
Si arreste desous l'asselle
Sa lance qui fu bonne et roide,
A une pointe agüe et froide.
Messires Camelz, d'autre part,
En tel point de son tour se part,
Felenés et mautalentis
De ce que ja n'est desconfis
Ses campïons au premier cop :
Il ne le doubtoit pas dont trop.
Cescuns son cheval esporonne
Et s'en viennent a l'eure bonne,
L'un sus l'autre, par grant aïr.
Au droit se peurent consieuir
Droit en mi lieu de leurs escus.
De ce cop fuissent porté jus,
Se les lances qui sont prisies
Ne fuissent en tronçons brisies ;
Mais, pour ce qu'elles tronçonnerent,
Sus leurs estriers estançonnerent.
Oultre passerent radement.

Elesvous tantos caudement
L'un dessus l'autre revenu :
Si s'encontrent par grant vertu
As espées trencans et nues,
De quoi, as premieres venues,
Il s'en donnent grans horïons. *f. 65 d*
Certes, li mendres d'yaus est bons
Pour la guerre et pour la bataille.
Il jettent tous les cops de taille,
De quoi il vien[en]t contremont.
Merveilles d'apertises font,
Et plaisant les fait regarder
Comment il scevent behourder,
En tournoiant de leurs espées
Et en donnant tres grans collées
Dessus les hÿaumes d'acier.
Il samblent qu'il voelent forgier
L'un sus l'autre. Ensi se detaillent
Et si grans hatiplas se baillent
Que cil qui les voient au tour
Ont merveilles de leur estour,
Comment il poeent tant durer
Sans yaus jus a terre porter
Ou yaus mehagnier malement ;
Mais il se scevent sagement
Couvrir, garder et escremir,
Sans yaus nullement descouvrir.

Messires Camelz fu moult durs :
Ce sambloit que ce fust .I. murs
De son corps montés a cheval,
Et quant au plain poet le vassal
Le bleu chevalier consieuir
De l'espée, par grant aïr,
Il li donne .I. cop si pesant,

Car si brach sont dur et poissant,
Lonch et gros, et de bonne taille,
Et s'a espée qui bien taille;
Tout fait Melyador cliner.
Camels li va .I. cop donner :
Cils jette le targe au devant, *f. 66 a*
Mais cilz cops fu telz, je m'en vant,
Que Melyador cancela.
Li cops en l'espaule avala,
Car la targe tourna envoies.
L'espée entra plus de .III. doies
En l'espaule dou chevalier
Tant que li sans en poet raiier,
Qui jusques au braiier le moulle.
Che dist Camelz : « Il fait ci doulle,
« Chevaliers, je vous materai,
« Ne jamais ne vous prenderai
« A merci, ja soit c'on m'en prie.
« Mar venistes en la partie
« De Montgriès moustrer vo proece.
« Ceste espée que je tieng blece
« Tous chiaus a qui je me voel prendre.
« Vous et li aultre poés tendre
« A tel cose, se Diex me vaille,
« Ou vous n'arés ja par bataille
« Nulle raison encontre moy.
« Je vous dirai raison pour quoi :
« Pour ce que la belle Hermondine
« Ay amé tous jours d'amour fine
« Et vous l'amés par oïr dire.
« On en doit bien truffer et rire. »

Or fu Melyador irés,
Quant ensi se voit rapronnés
De Camel et navrés se sent.

En la place a tel demi cent,
Hommes et femmes tout ensamble,
Qui dient ensi : « Il nous samble
« Messires Camelz vaintera
« Et cest homme desconfira.
« Il en est ou milleur parti, *f. 66 b*
« Ja l'a navré et cilz point li. »
Dist Florée : « Or vous apaisiés,
« Et les .II. chevaliers laissiés
« Faire tout ce qu'il ont empris. »
Melyador, qui fu espris
De mautalent et de courous;
Ses coers qui estoit amourous,
Fiers et hardis comme lupars,
Est a painnes d'aïr tous ars,
Quant navrés ensi il se sent.
Adont double son mautalent,
Et s'avise com vaillans homs
Que cilz dont Camelz est li noms
Est malement soubtilz et fors,
Et qu'il ne le pora de corps
Desconfire, fors par engien.
Tout ce scet Melyador bien;
Si se tient de puis sus sa garde.
Messires Camelz le regarde :
Si cuide que il le ressongne,
Si en prise mieulz sa besongne
Et en entre en tres grant orguel,
Dont li dist : « Par Dieu, je te voel,
« Chevalier, a ce cop occire!
« Ta belle targe ou on se mire
« Envoierai en che chastiel.
« .I. crampon a a .I. estiel
« La ou pendre je le ferai,
« Par quoi devant moi le verai,
« Quant la dedens irai esbatre.

« Il se fault aultrement combatre
« A la guerre c'a .I. tournoy,
« Et especialment a moy
« Qui sai tous les tours de bataille. *f. 66 c*
« Chevaliers, men espée taille
« Plus que la tienne, je m'en vant.
« Se tu le me mes au devant,
« Je te le trencerai en deus. »
Melyadors, en qui li feus
D'Amours est plainnement escrips,
N'a mies en gré ces mos pris,
Que messires Camelz li conte ;
Ançois en a virgongne et honte.
Or s'avise comment fera
Et de cesti se vengera
Qui le reproce et a navré.
Il a son escu acolé
Et l'espée estraint en ses mains.
Cilz Camelz n'en fait mies mains,
Mais enorguellis est si fort
Et s'est si garnis de confort
Que dou chevalier petit donne.
Le cheval .I. peu esporonne
Et vient devant li, par beubant,
L'espée en contremont levant,
Sans nulle autre riens qu'il en face.
Melyador qui en le face
Le voit, comme tous aprestés
Et chevaliers bien arrestés,
Fiert le cheval sus le travers.
Se regarde que mal couvers
Fu messires Camelz, dou lés
De le part ou il fu alés :
Se li donne .I. tour de l'espée
Au travers, a brache levée.
Li cops cheï au grant damage

De Camel et a l'avantage
Dou chevalier de Cornuaille, *f. 66 d*
Car li espée qui bien taille
Cheï dou cop si rudement
Sus le brach, dont cilz proprement
Tenoit l'espée toute nue,
Que le brach ens ou pré li rue,
Tenant l'espée ens ou poing clos.
Par ma foy, ce fu uns biaus cops
Pour Melyador, ce m'est vis,
Et donnés par tres grant avis;
Car, s'ensi n'en fust avenu,
Li pluiseur avoient argu
Que Camelz l'euist desconfi.
Mais, par ce cop, je certefi
Que Melyador vaintera
Et que cilz Camelz perdera.

Or fu esbahis grandement
Messires Camelz, quant il sent
Et voit de son brach .i. quartier
Avoech le poing dessus l'erbier;
Vis li est que marvoiier doie.
Or a perdu toute sa joie.
Ce dist; ne scet mes qu'il fera.
Empensé a qu'il s'enfuira,
Et puis dist : « Ce ne vaudroit riens.
« Vengier me fault. C'est tout li biens
« Que je voi en mon reconfort. »
Adont s'avise en soi moult fort
Par quel voie ce pora estre.
Ilz s'est trais sus le lés senestre.
S'eskeut le brach dont il portoit
Sa targe, qui moult forte estoit
Et tout agüe par le devant :

Entre ses bras le va levant,
Et est tele s'entention *f. 67 a*
Qu'il le boutera ou moilon
De le poitrine au chevalier,
Mais c'a cop li puist emploiier;
Il li pense a crever le cuer.
Melyador, qui a nul fuer
Ne s'en voet laissier approcier,
Voit bien le tour dou chevalier,
Comment il le voet encontrer :
Si se va sur ce aviser.
En sa targe se joint et boute
Et se cuevre tous pour le doubte.
L'espée met dessous l'aissielle,
Ja fera jouste moult nouvelle :
Je ne sçai qui li eut apris,
Mais par ce point ara le pris.

Messires Camelz, qui sambloit
Tous foursenés ou il venoit,
Pour ce qu'il se sent mehagnés,
De ses .II. bras s'est apoiiés
En levant contremont sa targe,
Qui petit li couste et le carge,
Car il estoit malement fors :
Ce sambloit .I. murs de son corps,
Bien enfourchiés sus son cheval.
Or cuide ravaler aval
La pointe de sa targe forte,
Ensi que devant lui le porte,
Pour le bleu chevalier confondre
Et parmi le poitrine fondre.
Melyador, qui de ce cop
Eut avis grandement et trop,
De sa targe moult bien se cuevre

Et, la ou Camelz se descuevre,
Melyador se boute avant, *f. 67 b*
L'espée roide, et, en levant
La pointe, li met en la gorge,
Et la telement li engorge
Desous le hÿaume ens, ou vuit,
Que trouvé li a bon conduit.
Passer li fait, et bien et biel,
Deux piés oultre le hateriel
Et puis retrait a lui l'espée,
Qui tout estoit ensanglantée.
Messires Camelz ne poet plus :
Il vault que mors, il chiet la jus,
Il s'estent, onques ne parla.
En tel maniere s'en rala
Messires Camelz de Camois.
Or en eut pais, pour toutes fois,
Florée, Los et Hermondine.
Ce fu pour li trop povre estrine,
Quant onques le cerf poursieui
Jusc'a Montgriès, car cel anui
A il par le cerf vraiement :
Vous savés assés bien comment.
Car, au jour que prise corna,
D'Ermondine il s'enamoura,
La quele amour, c'est vraie cose,
Si com ceste hystore nous glose
Le fist mourir; aultre riens non.
Et, s'il rechut ce povre don
Pour amer la belle Hermondine,
Qui ne le tenoit mies digne
De li, ne onques ne l'ama,
Il ne fu mies seulz qui a
Le mort rechut pour bien amer.
Leander en morut en mer.
Si fist Narcissus pour Equo,

Tristrans, Priamus et Porro; *f. 67 c*
Et li rois Mennon, on me tonde
S'il n'en fu mués en aronde.
Si en morut Deucalyon
Et Acilles, qui de renom
Passoit tous aultres chevaliers.
On en trouveroit .III. milliers
Qui en sont mort; il n'est pas doute.
Tele est Amours qu'elle ne doubte
Cop d'espée ne cop de lance.
Florée, qui voit l'ordenance
De ce Camel gisant a terre,
Cognoist bien que faite est sa guerre
Et que li dis Camels est mors.
La s'en vient pour veoir le corps
Et ossi font toutes ses gens.
Melyador qui fu moult gens
Est descendus de son cheval;
Encores li couloit aval
Li sans jusques a l'esporon.
Lansonnès l'a mis a raison
Et dist : « Sire, chi ne targiés.
« Venés ent; vous estes blechiés.
« Regarder me fault vostre plaie,
« Car cilz sans durement m'esmaie
« Que j'en voi contreval descendre. »
Bien le peut ses mestres entendre.
Ce fu ce qu'il li respondi :
« Je n'ai garde, je le te di. »

A ces mos, viennent la errant
Damoiselles, gens et servant
Qui s'en entrent dedens la prée,

9129 Deucalyon, *B* Heucalyon.

Et tout premiers y vint Florée
Qui estoit de sa loge issue. *f. 67 d*
Jusques a la s'en est venue
Et voit le corps dou chevalier
Qui tant la poüt travillier,
Pour l'amour sa belle cousine,
D'Escoce ma dame Hermondine,
Qui gist la mors. Sur lui s'arreste
Et li fait oster de la teste
Le hÿaume et le voit au nu.
Adont li dist par bon argu :
« Camelz, es tu venus a fin?
« Encor as tu trouvé plus fin
« Chevalier et mieulz combatant
« Que tu ne fuisses, je m'en vant.
« Je plaing ta grant chevalerie,
« Quant en bien n'estoit emploiie,
« Et je ne te plain qu'un petit,
« Pour ce que fait m'as maint despit,
« A mes hommes et a ma terre.
« Or est venue fin de guerre. »
Adont Florée la ordonne,
Et a .IIII. varlès le donne,
Et leur commande a ceste fois
Que il le portent a Camois.
Tantost fu fait, et de la partent
Qui, oultre ce commant, ne tardent.
Venue en est Florée en l'eure
Au bleu chevalier et l'onneure
De contenance grandement,
Et li demande doucement,
Pour ce qu'ensanglanté le voit,
Comment li est; et cilz, qui doit
Respondre de coer liet et baut,
Dist : « Dieu merci, rien ne me faut. »
La est festé et conjoÿs *f. 68 a*

Melyador, li resjoïs
De toutes et de tous sans doubte,
Et est poursieuois a grant route
De gens, ensi qu'il s'en reva.
Le corps de Camel on leva
Et fu renvoiiés a Camois
Par .IIII. escuiers moult courtois
De ma damoiselle Florée.
Sa mesnie en fu esplorée;
Ce fu raison, car il est telz
Que moult liés estoit ses hostelz,
Et moult cremus en celle lande
Des marces de Northombrelande.
Je ne savoie c'un seul visce :
Orguilleus fu sans nul malice,
Et n'adagnoit ne ne doubtoit
Homme qui devant lui venoit.
Bien cuidoit estre li plus preus
Dou monde et li plus ewireus.

OR sont retournĕ ou chastiel
De Montgriès, en tres grant revel,
Tout cil et celles de Florée,
Car il pensent que delivrée
Est leur terre de grant dangier.
Tout honneurent le chevalier
Au soleil d'or, c'est bien raisons.
Melyador, de cui le noms
Se commence moult a acroistre,
Ne volt mies adont cognoistre
Les .x. chevaliers qui sont la,
Les quelz chevaliers Florée a
En garde de par ce Camel,
Qui mors est; on parlera d'el.
Mais, sans ent avoir cognissance, *f. 68 b*

Il y a mis bonne ordenance,
Car il dist ensi a Florée :
« Damoiselle, c'or vous agrée
« Que vous metés hors de prison
« Ces chevaliers de vo maison
« Et leur rendés leurs armeüres,
« Lance, espée, targe et parures,
« Car par droit acquitté les ay. »
Dist Florée : « Je le ferai.
« De vous leur vient la courtoisie;
« Si n'en doi estre couroucie. »
Venue en est Florée adont
Dedens une cambre, et la font
Tous les .x. chevaliers mander.
Florée lor ala compter,
De chief encor, leur ordenance
Et comment il ont leur quittance
Par le vasselage et l'emprise
Dou bleu chevalier qui se brise
En sa targe d'un soleil d'or.
« Il voet c'on vous face des or
« Courtoisie et, tele l'orés,
« Que tout delivrés en irés.
« Chevaus rarés et armeüres,
« Hÿaume, espée et vos parures.
« Si aiiés avis sur ce point :
« Souviegne vous s'il vient a point. »
Et quant cil ont Florée oÿ,
Si en sont forment resjoÿ,
Car encor cuidoit bien grant temps
Cascuns estre la arrestans.
La en y a, entre yaus, moult bien
Qui dient que, sur toute rien,
Cils chevaliers fait a loer; *f. 68 c*
Il ne le scevent pas nommer,
Mais bien le virent au tournoy

Devant la Garde en tel arroy
Qu'il y fist de son corps merveilles,
Car ilz, et cilz qui les vermeilles
Armes portoit, y fisent plus
Pour la journée, voir que nuls.
« Signeur, » ce leur a dit Florée,
« Bonne vous est ceste journée
« Que vous issiés hors de prison ;
« Et pour .I. tant que tant prison
« Le chevalier qui vous delivre,
« — Car c'est par lui que poés vivre —
« Je vous carge et si vous enjoint
« Que vous en alés, sur ce point
« Que vous estes chi delivré,
« Droit a Carlīon la cité,
« Devers le noble roy Artu,
« Et li recordés la vertu
« Dou chevalier au soleil d'or,
« Et dittes bien au roy encor,
« Quant vous serés par devant li,
« C'onques tel chevalier ne vi. »
Cil respondent tout d'une vois :
« Damoiselle, ce sera drois
« Que nous y alons voirement,
« Et que nous recordons briefment
« Les loenges dou chevalier. »
A ces mos, leur ala baillier
Florée toutes leurs parures,
Chevaus, lances et armeüres,
Ensi que pour le jour avoient
En devant quant il chevaucoient.
Quant armé furent et garni, *f. 68 d*
Il se sont de Montgriès parti.
Si chevauceront, ce me samble,

9292 Chevaus, *B* Chavaus.

Sans yaus descompagnier d'ensamble,
Tant qu'il aront a court esté
Et au roy Artu recordé
Leur aventure toute entiere,
Sans nulle riens laissier derriere.

Entrues que ceste damoiselle,
Que li livres Florée appelle,
Entendi a ces chevaliers
Mettre a point, ensi que mestiers
Estoit, et que les delivra,
Lansonnès ossi regarda
A la navreüre son mestre
Et com parfonde pooit estre;
Si l'a tantée et mise a point.
Melyador ne pora point
Pour ceste plaie chevaucier,
Au mieus venir, .I. mois entier,
Car, quant .I. peu fu refroidiés,
Il ne se fust dou bras aidiés
Pour .M. mars; il n'est pas doubte.
Florée met s'entente toute
A ce c'on songne bien de lui.
Or revenons, je vous en pri,
As .X. chevaliers qui s'en vont.
Bien sçai que tant esploitié ont
Qu'il sont a Carlion venu
Et droit au peron descendu,
Puis sont ens ou chastiel entré.
Le premier qu'il ont encontré,
Ce fu uns chevaliers courtois
Qui s'appelloit Mars li Galois;
Les chevaliers tout bellement *f. 69 a*
Mena vers le roy droitement,
Qui jouoit au jeu des eschès.

La li disent, par mos exprès,
Comment il leur est avenu.
Adont n'a on plus attendu :
Li .xii. esliseur mandé furent,
Car a ce recort estre durent,
Et la disent li chevalier,
Moult liement, sans menchongier :
« Biau signeur, il vous fault escrire
« En escript ce qu'il voelent dire ;
« Premiers toute leur aventure. »
Et puis revient li escripture
As proeces, de cief en cor,
Dou chevalier au soleil d'or ;
Comment par li est desconfis
Messires Camelz et occis,
Et yaus delivré de prison.
Ceste aventure bien prise on,
Et en font la entre yaus grant feste,
Et dient qu'en toute la queste,
Toutes coses mises ensamble,
N'en y a nul qui le ressamble
De renommée ne de pris.
Quant on ot tous les mots escrips
Et registré en un papier,
Congiet eurent le chevalier
D'yaus armer et de traire avant,
Ensi qu'il ont alé devant.
Si partirent de Carlïon,
Environ une Ascention,
Et se si misent tout en queste
Pour faire aucun nouvel conqueste
D'armes, qui les puist avancier *f. 69 b*
Ensi comme bon chevalier.

9348 prise on, *B* prison.

www.ingramcontent.com/pod-product-compliance
Lightning Source LLC
Chambersburg PA
CBHW060333170426
43202CB00014B/2768
* 9 7 8 2 0 1 2 5 8 6 1 7 8 *